탄생 100주년 기념
김동리 문학전집⑮

역사 단편소설집
검군(劍君)

김동리기념사업회
도서
출판 계간문예

탄생 100주년 기념
김동리 문학전집⑮

역사 단편소설집
검군(劍君)

김동리 문학전집 발간에 즈음하여

3만 장에 가까운 선생님 전 작품을 한 그릇에 담는 이 벅찬 감동

2013년 11월 24일은 김동리 선생의 탄생 100주년이 되는 날이다. 1913년 경주 성건리에서 부 김임수와 모 허임순 사이에서 태어나 1995년 6월에 타계했다.

선생은 한국 근대문학 소설사에서 우뚝 선 거목(巨木)으로 왕성한 문단활동과 함께 큰 획을 그으셨던 분이다.

1934년 조선일보에 시 「백로」로 입선하고 1935년 단편소설 「화랑의 후예」가 중앙일보 신춘문예에 당선하면서 본격적인 작품 활동을 시작했다.

선생은 1939년 20대 중반에 유진오의 「순수에의 지향」이란 글에서 신진들이 현실 도피적이라고 비난하자 「순수이의」와 「신세대 문학정신」이란 제목의 평론으로 격렬하게 반박하는 논쟁을 시작했다.

이어 1946년에는 조공계(朝共系)의 문학가동맹에 대항하여 한국청

년문학가협회를 결성하고, 공산계의 계급주의 민족문학론에 대항하여 인간주의 민족문학론을 제창하며 본격문학(本格文學)이란 말을 처음으로 사용했다.

평자들은 선생의 작품경향이 '운명적 문학관의 윤리감각'에 기인되었음을 지적하고, 이는 인간이 천지(天地)와 유기적인 관계에 있고 따라서 인간에게는 공통된 운명이 부여되어 있다는 근원적 인식에서 비롯된다고 했다. 또한 그에게 있어 문학이란 '구경(究竟)적 삶의 형식'으로 지극히 '인간주의'적이며, 인간의 심원적 문제 탐구와 인간성 옹호로 그것이 곧 그의 문학의 본질로서 궁극에 이른다고도 했다.

그런가 하면 또 다른 평자는, 선생이 자연친화적이며 향토색이 짙은 민속적 소재를 다룸은 그 작품이 쓰인 일제 말기의 상황 속에서 얼어붙은 '우리의 민족혼'을 일깨우기 위해서라고 했다.

민족의 얼은 민족 고유의 것과 전통적인 것에서 찾게 되고 따라서 토속적인 풍속과 신화, 원시종교에 이르는 샤머니즘에서 가장 빠르게 흡수할 수 있었기 때문이라는 것.

그러나 과문한 필자의 필력으론 3만 장에 가까운 선생의 작품을 독파할 수도 없었고, 한국의 중진 평론가들이 집필한 300여 편의 작품 평설이나 「김동리론(論)」도 완독하지 못해 선생의 문학 전부를 표현할 수 없음에 답답할 뿐이다.

다만 선생께서 문학을 운명적인 천형(天刑)으로 받아들여 평생을 치열하게 기념비적인 작품을 창출했고, 문학 원천의 본질을 끝까지 고수하며 한국문단을 끌어온 큰 분이셨기에, 작품이 오래도록 전래되게 하는 충정만 가득할 뿐이다.

김동리 전집 기획은 선생의 탄생 100주년을 맞아 본 기념사업회에서 주관하되 오로지 제자들의 성금으로만 만들어지게 되었다. 고(故) 박경리 선생을 비롯하여 110명의 선생의 작가 제자들이 십시일반으로 모금한 금액으로(물론 많이 부족하지만) 33권(시·소설·수필·평론집 등)을 보관용이 아닌 일반 단행본 형식으로 발간키로 했다. 독자들이 손쉽게 각 권으로 구입하여 읽을 수 있도록 한 것이다.

이에 편집 실무자들은 2년 전부터 선생의 원고를 발굴하듯 찾아내느라 도서관과 신문사 잡지사 등으로 불철주야 쫓아다녀 간신히 찾아내어 복사하고 다시 워드작업을 하느라 땀을 흘렸다.

편집진 역시 선생을 존경하고 흠모하는 성금참여 제자들로 구성되어 하나같이 자원봉사를 기꺼이 맡아 주었다.

제작비가 부족한 어려운 여건인데도 선생의 전집 발간을 기꺼이 맡아 준 신아출판사 서정환(수필가) 사장님께 심심한 감사를 드리며, 아울러 성금에 참여해 준 선후배들께도 절을 올린다.

종이책이 점점 격감해진다는 위기에 선생의 빼어난 작품들이 온 국민들에게 다시 널리 읽혀져 새로이 '소설부흥'의 계기가 되었으면 하는 간절한 마음으로 발간사를 대신한다.

김동리 탄생 100주년 기념 김동리문학전집 발간위원회
金芝娟 외

- 일러두기 -

1) 김동리 전집은 한국 근대소설사에 커다란 문학적 성과를 남긴 김동리 문학 세계를 일반 독자에게 널리 소개하고 그 문학적 의미를 정리하는 데 간행의 목표를 둔다.
2) 맞춤법과 띄어쓰기는 발표 당시의 그것을 따르지 않고 모두 현행 맞춤법 규정에 따라 고쳤다. 그러나 대화에 나오는 구어체의 사투리는 그대로 살렸다.
3) 한글 표기를 원칙으로 하여 원본의 한자는 모두 한글로 고쳤으며, 필요한 때에만 ( ) 안에 넣었다.
4) 외래어는 현재의 외래어 표기법에 맞도록 고쳤으며, 장음 표시는 삭제했다.
5) 대화는 " "로, 인용은 〈 〉로, 단편소설은 「 」, 책명과 장편소설은 『 』, 잡지명은 《 》로, 생각은 ' '로 표시하였다.

차례

김동리 문학전집 발간에 즈음하여 _ 004

일러두기 _ 007

검군(劍君) _ 011

회소곡(會蘇曲) _ 030

기파랑 _ 043

최치원 _ 062

수로부인 _ 082

김양 _ 099

왕거인 _ 113

강수 선생 _ 127

놀기 왕자 _ 138

원화(源花) _ 158

우륵 _ 172

미륵랑 _ 187

장보고 _ 200

양화(良禾) _ 215

석탈해 _ 229

호원사기(虎願寺記) _ 255

원왕생가(願往生歌) _ 267

아호랑기(阿尸良記) _ 282

평론 _ 336

김동리 소설 연보 _ 353

검군(劍君)

신라 진평왕 건복(新羅眞平王建福) 사십오 년 팔월에 갑자기 서리가 내려 마악 이삭이 오르기 시작하던 벼가 얼어 버렸다.

이듬해 사십육 년 여름에는 큰 가뭄이 들어 또 곡식이 말라 버렸다.

이렇게 연거푸 두 해 동안이나 천재(天災)를 만난 신라 사람들은 하늘을 우러러 호소하였다.

"오호 하느님도 무씸도다."

"우리 신라에 무슨 죄가 이다지도 지중한고."

이러한 탄식과 함께 여자와 아이들의 울음소리가 높았다.

"어찌 살거나, 어찌."

"무엇을 먹고 산담."

팔월 그믐께까지 나뭇잎과 풀을 다 뜯고 왼 들이 벌거벗었다.

산은 솔잎 따고 도토리 줍는 사람들로 허옇게 덮이었다.

그해 섣달 그믐께 허옇게 쌓이는 눈과 함께 주림과 추위는 점점 더 깊어만 갔다.

오능(五陵) 앞 부락에서 사량궁 창에창(沙梁宮에倉)의 사인(舍人) 벼슬을 다니는 검군은 이날도 해가 선도산에 걸릴 무렵에야 궁에서 나와 여러 날 전부터 벼르던 처가에 문병을 가는 길이었다. 문천(汶川)다리를 건너서서 막 왼손편 지름길로 접어들려 할 때 같은 근랑화랑(近郎花郎)의 낭도(郎徒)인 악부(岳夫)를 거기서 만났다.

악부는 거기서 그를 기다리고 있었던 듯 쑥스런 웃음을 띠며
"여보게 검군!"
하고 그를 불렀다.
"자네 힘으로 쌀 한 되만 어떻게 구할 수 없을까?"
"……"
검군은 한참 동안 잠자코 있었다. 벗이 실망할 것을 생각하여 단번에 안 된다는 말을 못하였다.

악부는 다시 자기도 검군의 사정을 모를 리 없지만 어버이가 병들어 누운 지 이레나 되도록 쌀미음 한 번 쑤어 드려 보지 못한 것이 딱해서 그러노라고 하였다.

검군은 잠자코 악부의 손을 잡았다. 그리고는 말했다.
"악부, 우리 또 만나세."

검군은 길을 걸으며 혼자 생각했다. 신라 서울 허다한 사람 중에 더구나 같은 낭도 칠백 명 중에 유독 자기에게 이 말을 하는 것은 무슨 까닭인가. 자기를 제일 믿는 까닭이리라. 자기의 우정을 제일 믿는 까닭이리라, 검군은 이렇게 생각하였다. 그러나 그뿐일까. 자기가 창에창의 쌀을 맡아있다는 사실을 과연 염두에도 두지 않았을까, 이렇게 생각할 때 그는 이따위 청탁을 받게 된 것은 물론 악부로서 처음이 아니었다.

― 자네는 창에창에 있으니까.

― 혹은―이즘은 창에창 사인이 제일이야.

이따위 소리를 들은 것이 한두 번이 아니었다. 물론 창에창 안에는 아직도 많은 쌀이 쌓여져 있고, 사인 중에는 그것을 도적질하려는 사람들이 없지 않다는 것도 검군 자신 잘 알고 있었다. 그러나 이러한 소문이나 눈치로써 그에게도 으레 쌀이 있으려니 생각하고 말하는 것이다. 악부가 얼마나 쓸쓸한 사람인가, 검군은 생각하지 않을 수 없었다.

그러자 검군은 바로 어제께 일이 생각났다.

어저께 아침 검군이 막 궁에 나아가니 대하나(大河那)란 사인이 그를 기다렸다는 듯이 "검군 당신에게 의논할 일이 있소." 하고 안쪽 구석에 은밀히 그를 불러 "검군도 혹 짐작하시리다만 내일 모레 그믐이 임박했는데 신라 서울에 설 쇨 쌀 가진 집이 몇 집이나 있겠소. 금년 년사라 누구 집 할 것 없이 쌀 한 알 찾아보기 극난할 형편 아니오. 그래 하다못해 우리 창에창 사인 일곱이 의논하고 저쪽 썩은 창고에다 쌀 한 섬을 내놓았소. 다른 사인들과는 의논을 돌렸는데 이제 마지막으로 검군만 승낙하면 일은 다 된 거요. 누군들 양심이 없으리오만 어린 자식들 데리고 모조리 차마 어떻게 굶어 죽는단 말이오. 쌀말씩 갖다 설이나 쇠고 그럭저럭 새 풀 날 때까지 목숨 보존이나 해볼밖에 어쩌겠소." 하는 것이다.

검군은 고개를 들어 광채 어린 눈으로 대하나를 보며

"대하나, 당신 말을 잘 알아들었소. 내 역시 풀죽이나마 언제까지 목구멍에 넘어가게 될 지도 모르는 형편이오. 그러하지만 남이 모른다고 해서 못할 짓을 어떻게 하겠소."

별로 흥분하는 빛도 보이지 않는, 어디까지나 침착하고 부드러운 목소리다.

"그거야 일러 무엇하오. 천만 번 지당한 말이오. 그렇지만 이건 우리가 살려고 남을 해치는 게 아니오, 남이 시재먹고 살려는 양식을 도적질한다든가 혹은 내가 살게 되는 동시에 남이 그만큼 타격을 받는다든가 하는 것 같으면 우리도 차라리 죽으면 죽었지 이럴 생각은 내지 않았을 것이오. 하지만 구곡은 언제나 여유 둘 수 있는 게니까 이걸 융통해 먹고 우리가 목숨을 보존했대도 남에게 몹쓸 적악은 안 될 줄 믿소."

"나도 그것이 그다지 깊은 죄가 된다거나 남에게 몹슬 적악이 되리라고는 생각지 않으오만은 비록 일시적일망정 남의 눈 속이는 일이 싫구려."

어디까지나 침착하고 부드러운 음성이나 그의 얼굴에 도저히 움직이지 않을 결연한 빛이 떠오름을 본 대하나는 드디어

"여러 사람이 다 희망하는 일을 너무 혼자서 그러시기보다 모두가 좋도록 합시다."

하고 다른 사인들 사이에 끼어들어 버렸다.

검군이 그의 처갓집 앞에 이르렀을 때 방문에는 불빛이 보얗게 비쳐 있었다.

기침을 했다. 방문이 열렸다. 방 안에는 침침한 기름불이 켜져 있는 조그만 등잔 밑에 그의 장인 장모를 비롯하여 작은 처제 숙랑(淑娘), 처남 이렇게 네 사람이 앉아 있고 다만 큰 처제 정랑(貞娘) 하나만이 웬일인지 이불을 쓰고 누워 있다. 실상 검군이 문병을 온 것은 그 대상이 정랑이 아니요 그의 장인이었다. 그의 장인이 산에 가 칡뿌리를 캐다가 실족해서 허리를 다쳐 누워 겨우 있다기에 곧 문병을 온다온다 하면서 여러 날이 지나 버리고 오늘에야 와서 보니 그 허리를 다쳤다던 장인영감은 벽에 기댄 채나마 일어나 앉아 있는데 엉뚱하게도 정랑이 이렇게 누워 있는 것이다.

"처제가 편찮아요?"

검군이 입을 떼었다. 그러나 아무도 이에 대답하는 사람이 없었다. 방 안은 갑자기 더 고요해지고 밖에서 바람 부는 소리가 들렸다. 이윽고 정랑이 뒤쓰고 누운 이불이 들썩거리고 어느덧 베개 위에 눈물이 흘러내리기 시작하였다.

"어차피 자네와는 이야길 할 게라서."

하고 얼마 뒤 그의 장모가 침묵을 깨뜨리고 눈으로 정랑을 가리키며,

"섭 상보댁에 혼인시키면 어떤가 생각하는데……."

하였다.

상보(尙保)라면 금년 봄에 상배를 당하고 딸 셋 아들 둘 오 남매를 거느린 얼굴에 주름살이 접힌 중늙은이다. 저 구슬같이 맑고 영롱한 정랑이가 그렇게 시들은 홀아비에게밖에 시집갈 데가 없단 말인가. 그보다도 정랑의 신랑감으로는 정식으로 약혼식을 치르지는 않았을망정 양쪽 부모들까지 은근히 인정하다시피 하고 있는 저 악부의 동생 기악(箕岳)이란 총각이 있지 않은가.

"상보와 어떻게 말입니까?"

"글쎄, 다못 쌀되라도 변통해 온다면 이 동네선 그 집뿐이니께. 그동안 쌀되씩 갖다 먹은 게 벌써 닷 되나 밀리고, 그러니 이걸 금으로 친대도 여간 수얼찮고 또 저쪽에서도 기어이 댐비대는 눈치니께 그러니 이게 아즉 섣달 그믐이라 신곡날 때까지는 까마케 멀고…… 허니 부득이 야속하지만……."

하고 또 말을 끊는다. 기악이란 이름을 꺼내지도 못하는 모양이다.

"그렇지만 처제 생각이 또 어떨는지……."

검군은 우물쭈물 우선 이런 말을 하였다.

"개야 집 형편이 그런 걸, 싫다마다 할가만 부모된 도리에 야속해서…… 저는 그보다 더한 자리래도 괜찮다지만 다만 한 가지가 목에 걸린다구."

다만 한 가지 그 기악이가 목에 걸려 이렇게 여러 날을 물 한 모금 못 마시고 드러누워만 있다는 것이다.

검군은 처가에서 나와 자기의 집을 향해 걸었다. 그동안 눈보라가 날리기 시작하여 길과 숲과 논들을 얼룩덜룩 흰칠을 하고 있었다.
검군의 머릿속에는 오늘 겪은 일이 또 차례대로 떠오르기 시작하였다. 기악의 얼굴, 정랑의 이불을 쓰고 누운 모양, 장모의 얼굴 그리고 아내의 미간에 잡힌 주름살…… 그리고 마지막으로 어저께 상보 사인의 하던 말이 생각났다.
'남들이 다 원하는 일을 혼자 겨르지 말고 좋도록 합시다.'
그러자 그의 눈앞에는 또 그 하얀 쌀알들이 떠오르기 시작하였다. 아아, 얼마나 아쉬운 쌀이냐. 이 쌀만 있으면 아내의 미간에 언제나 잡혀 있는 주름살도 펴질 것이요 이불을 쓰고 누워 있는 정랑과 그 가족도 구해 낼 수 있을 것이요 악부로 하여금 그 어버이에게 미음을 쑤어 드릴 수도 있게 할 것이 아닌가.
그러나 어찌하랴. 이 쌀은 나라의 것을 남몰래 훔쳐서 얻으려는 것이다.
아무리 남들이 이것을 모른다고 하더라도 자기 자신의 마음속을 누구에게 속일 수 있단 말인가. 자기의 마음속을 자기 스스로 속일 때 자기는 이미 자기의 마음속에서 하늘을 잃어 버리지 않는가. 더구나 자기는 자기가 가장 존경하는 벗 근랑(近郞)화랑의 천거로 이 벼슬 자리에 나온 것이다. 근랑과 자기와는 자기들의 가슴속의 하늘을 두고 서로 맹세한 사이다.
'안 될 일이어, 나는 근랑의 의리를 저버릴 수 없어!'
검군은 혼자서 고개를 흔들었다.
이튿날 검군이 궁에 나아갔을 때 이번에는 또 수달이 그를 찾아왔다. 수달은 창예창의 수석사인이었다. 그는 마음이 너그럽고 신의에 있어 가볍지 않아 동료들의 존경과 신임을 한몸에 받고 있을 뿐 아니라 특히 검군과는 서로 마음을 허락하는 사이였다. 그는 검군의 손을 힘있게 잡으며 "검군." 하고 불렀다.

"나는 역시 여러 사인들과 함께 쌀을 훔치는데 참가하게 되어 있소."

잠깐 말을 끊고 조용히 검군의 얼굴을 올려다보고 있다가 일순 검군의 얼굴이 괴롭게 일그러지는 것을 보자

"물론 나는 당신이 이것을 책할 줄 믿고 있었소. 그리고 지금 대하나 사인으로부터 당신이 거절하더란 것도 듣고 왔소. 그러고 보면 별로 더 할 말이 있어 온 것도 아니오."

그는 말을 끊고 한참 동안 고개를 떨어뜨리고 있었다.

그는 다시 말을 이었다.

"내가 아무리 변명을 한 대야 내가 그르고, 당신의 옳음을 뒤집어 놓을 수는 없소. 그른 길에 선 내가 옳은 길에 선 당신을 유혹할 수도 권고할 수도 없으며 또 그래서는 안 될 일이라고 생각하오. 검군 나는 별로 할 말이 없구려."

"……."

"그러나 나는 이 말을 하러 온 것은 아니오. 나는 말하자면 쌀을 훔쳐 먹는 패에 들어있음을 당신에게 알릴 뿐이오. 이 일은 누가 꾸몄는지 내가 참가하는 이상 나는 이런 것도 묻지 않으려고 하오. 다만 내가 참가하듯 당신도 나처럼 참가해 달랄까 말랄까 결국 나는 당신에게 이것을 이야기하지 않을 수 없어 하는 것이오."

"수달!"

검군의 목소리는 무겁게 떨리었다.

"당신 말씀은 잘 알아들었소. 나도 차라리 당신들과 함께 쌀을 훔쳐 먹구 싶으오. 당신들과 한몫 끼이고 싶소. 수달 당신이 그런 말하기가

괴롭 듯이 나도 당신의 말 듣기 괴로운 것을 짐작해 주오. 수달 우리가 추종하는 화랑의 이름은 다를지언정 의를 두고 목숨을 맹세한 것은 나나 당신이나 마찬가지일 것이기에 하필 그것을 내가 말하려는 것은 아니오. 하지만 내가 근랑의 천거로 여기 들어와 이제 그 신의를 저 버린다면 나는 근랑을 배반하고 낯에 침을 뱉는 결과가 되지 않소."

"당신의 의중을 나도 짐작 못하는 바 아니오. 그러나 이제 내가 아무리 반대를 한다고 해도 그들은 기어이 저 쌀을 나눠 가고야 말 것이오. 설사 그 쌀을 먹고 화를 당하는 한이 있더라도 그들은 이것을 중지할 수는 없을 것이오. 일체 책임은 내가 지리다. 다만 당신도 그들의 일에만 끼인 채 해 주시고, 마음으로 들란 것이 아니라 겉으로 끼인 채만 해 달란 말이요."

"수달 당신의 말뜻을 잘 알아들었소. 하지만 마음을 따로 두고 행동은 함께하고 어떻게 그런 것이 되겠소."

검군은 비통한 얼굴로 돌아섰다.

워낙 배가 고프니까 쌀을 갈라가긴 하였으나 나중에 일곱 사람 가운데 검군 한 사람이 기어이 그 공모에서 빠졌다는 사실은 그들에게 견딜 수 없는 불안과 위협이 되지 않을 수 없었다.

"우리 여섯의 목숨은 오로지 검군의 혀 앞에 달려 있다."

"우린 이제 도마 위에 놓인 고기다."

그들은 이런 말로 구석구석에서 수군거리고 틈틈이 비죽거리어 검군을 경계하고 원망하는 것이었다. 그것은 날이 갈수록 그들에겐 무거운 짐이었고 깰 수 없는 악몽같이 그들의 머리를 내리누르는 것이었다. 더구나 주림이 덜고 생활의 의욕이 차차 복구되어 갈수록 검군의 존재는 그들의 모든 희망과 광명을 집어삼키고도 남음이 있을 검은 그림자가 되어 그들의 앞길을 내리 덮었다.

"검군은 의리 깊은 사람이니 설마 제 입으로 우리를 법관에 고발할 리야 없겠지."
그들은 이렇게 자위도 해 보았다.
"그러나 사람이란 모르는 거야."
"더구나 그가 사감으로 우릴 밀고할 사람은 아니라 하지만 무슨 공사로 설토할 필요가 있을 경우엔 서슴지 않고 개인적 의리를 버릴 걸세."
이러한 결론에 도달하자 아무도 이에 반대하거나 의심하는 사람이 없었다.
더구나 그들로 하여금 그들의 앞길에 가로놓인 암영을 없애기로 결정을 촉진시킨 것은 서울 장안 이 구석 저 구석에 떠도는 풍설이었다.
"요즘은 창에 창 사인이 제일이야."
"본래 흉년에 창에창 사인이 땡을 잡는 법이거든."
"보고 안 먹을 장사 없고, 백 잔을 마다할 군사는 없지."
이러한 풍설을 구실삼아 슬쩍 넘겨짚고서 혹자는 대하나를 불러내어
"여보게 조심들 하게. 이즘 별별 소문이 나 나니께. 그런 일은 남이 먼저 아는 법이라네."
하고 은근히 복장을 다뤄 보고는 끝에 가서는 대개
"어린 게 시방 늘어져 누웠는데 쌀되만 어떻게 돌려줄 수 없겠는가. 내 궁함세,"
이따위 수작들이었다. 그들은 이런 말을 들을 때마다 일순 가슴이 뜨끔한 것은 검군의 그림자였다.
한번은 검군이 뒤를 보고 있으니까 새미(稅米) 탄 사인이 뒷간 속에 검군이 든 것을 모르고 뒷간 곁에서 대하나를 불러
"이번 해일(亥日)엔 요절을 냅시다."
한즉 대하나는
"해일이면 아흐레 날이구려."

검군(劍君) 19

"초 아흐레."

"그렇지만 수달이 꺼리고 있으니까."

"혼자 책임을 진다니, 그거야 자기 말뿐이지. 법관이 그걸 인정할 법이나 하오. 괜히 그러다 시기만 늦춰 버리기 고작이지."

"글쎄, 백령(白領)과 열삼지 모두 그러오."

"그리고 수달도 그저 검군에 대한 의리로써 하는 말이지 제 목숨 아깝잖은 사람이 어딨단 말이오."

이런 말을 듣고 있노라니까 검군은 온몸이 걷잡을 수 없이 떨렸다. 검군이 여태까지 그들의 눈치를 채지 못한 것도 아니오 그동안 죽음을 노상 겁내 온 것도 아니건만 이렇게 우연히 엿들은 그들의 조그만 음모엔 왜 그의 심장이 그렇게도 떨렸을까, 그는 난생 처음으로 겪는 무서운 전율을 몸으로 느끼며 간이 찢어지는 듯한 통분에 손끝까지 떨리었다.

그는 지금까지 그들을 법관에게 고발하려는 것 자체를 한 번도 생각해 본 적이 없었고, 더구나 다른 친구들이나 또는 무슨 도당을 더불어 발설은 꿈에도 생각해 본 적이 없었건만 이제 저들이 오히려 그의 목숨을 빼앗으려 함에 있어 자기는 어떻게 해야 된단 말인가.

검군은 그날 밤 집으로 돌아가 밤이 새도록 잠을 이루지 못했다. 아무리 궁리를 해 봐야 그들을 법관에게 고발을 하거나 자기가 이 신라 나라를 떠나버리거나 두 가지 길밖에 달리 그의 목숨을 보전할 도리는 없었다.

그들을 법관에게 고발하는 것은 물론 그의 본의는 아니다. 그러나 이제 그들이 자기 목숨을 해하려 함에는 자기도 목숨을 지키기 위하여 수속을 취함이 마땅하다 하지 않을 수 없다. 이렇게 생각은 하였으나 이것을 실천에 옮기기는 여간해 쉽지 않았다. 게다가 해일까지는 아직 며칠 여유가 있으니까 그동안 좀 더 낌새를 두고 보자는 것이

차일피일 그 당일이 되어 버렸다. 검군은 혼자 앉아 무거운 한숨을 쉬었다. 그리고는 할 수 없이 또 평시와 마찬가지로 궁에 나아갔다. 그러나 웬일인지 그 하루가 다 가도록 별로 전과 다른 눈치가 없고 그날 밤 집에 돌아와서도 이제나 이제나 하고 조마조마 하며 기다렸으나 종시 아무런 변이 없었다.

이렁저렁 또 며칠이 흘러갔다.

열나흘 날 저녁때였다. 그는 직감적으로 내일 대보름날 저들이 반드시 흉계를 저지르리란 생각이 들었다. 그는 혼자서 이것을 부인도 해 보고 눈을 감고 잊으려고도 해 보았으나 역시 모두가 도로였다. 그는 온몸이 흐렁흐렁 이즈러지는 듯한 견딜 수 없는 괴로움에 자기도 모르게 사헌부(司憲院) 앞을 어정대다가 문득 저쪽에서 악부가 걸어오고 있는 것을 보자 정신이 홱 돌아왔다. 그리하여

"거 검군 아닌가?"

하는 소리에 당황히

"어, 자네 잘 만났군."

하며 그때야 비로소 어떤 속박에서 풀리는 듯 가슴이 후련해짐을 깨달았다.

그는 악부가 자기를 그 자리에서 떼쳐 버리고 달아나지나 않을까 하는 것을 두려워하며

"그런데 자네 오늘 어디 급헌 볼일 있는가?"

이렇게 물었다.

"뭐 별로."

"그럼 마침 잘 됐네. 그렇지 않아도 자넬 한 번 방문하려던 차인데 그래 어르신 병환은 좀 어떠신고. 여기서 이말 하기 부끄럽네."

"천만에, 고마운 말일세. 부친환은 그저 그만한 편이네."

검군은 악부를 술집으로 인도하여 그날 밤이 깊도록 술을 마셨다.

술이 얼근히 취했을 때 검군은 얼굴에 웃음을 띠고
"악부, 자네한테 한마디 물어봄세. 자네 내가 자네보다 쌀을 가진 줄 생각하나?"
이렇게 물었다.
"미안하이, 나도 즉시 후회를 했다네."
"천만에, 친구한테 그런 말 안 하면 누구한테 하겠누. 그렇지만 실상 나도 자네와 마찬가지로 쌀이 없었다네. 생각해 보게. 친구의 딱한 사정을 듣고 도와주지 못할 때 적이나 언짢은가? 그런데 악부 자넨, 이 신라 나라가 좋은가? 서울 장안이 몹시 그리운가?"
검군은 침통한 낯으로 돌연히 이런 말을 하였다.
"글쎄, 주릴 땐 주려도 역시 그리워……."
"……."
검군은 잠자코 고개를 끄덕였다. 그는 또 갑자기
"그럼 자넨, 이 신라 나랄 떠나 저 고구려나 당나라나 아주 낯선 곳으로 가 살구 싶을 땐 없는가?"
또 이렇게 물었다.
"갑자기 왜 그런 건 묻는고."
"술을 먹으니 그런 생각이 드네. 오늘이 며칠인고?"
"열나흘."
"열나흘, 그럼 낼이 바로 대보름이군. 그런데 악부 자넨 죽음을 생각해 본 적이 있는가?"
"있네."
"어떻게?"
"역시 병들어 죽느니보다 살아 팽팽한 채로 어디 대질러 부서지듯이 하는 것이 좋잖을까? 그런데 검군 그런 건 왜 묻는가? 자네 어디 상심하나 보이."

"……."

검군은 고개를 떨어뜨린 채 묵묵히 앉아 있었다. 별안간 그에게 모든 것을 이야기하고 싶은 생각이 회오리바람처럼 일어났다. 그는 이 충동을 누르려는 듯이 술을 들이켜고 나서 기어이

"자네 비밀 지킬 자신 있나?"

하고 물었다. 악부가 이것을 승낙하자

"그럼 맹서함세."

하고 그는 자기와 다른 사인 사이에 생긴 이야기를 대강하였다.

이야기를 듣고 난 악부는 분노에 몸을 떨며 두 눈에 불을 켜듯이 하여

"검군, 나라를 위하여 고발을 하소."

했다.

"악부 사람이 굶주려서 오히려 제정신을 지니기란 어려운 듯하네. 그리고 수달 백령들은 평소 나의 친구일세, 그 밖의 네 사람도 본시 불량하거나 도적질할 위인들은 아니고."

"그렇지만 그쪽에서 불측한 짓을 하는 데야……."

"그러니 나도 사헌원을 찾아나선 적도 없지 않아 있었네마는 그렇게도 걸어지지 않는 걸음을 어떻게 걷겠나. 가지질 않아서 결국 못 가고 말았네."

"그렇지만 그렇게 까닭 없이 목숨을 버린단 말인가?"

"……."

"그럼 자네가 몸을 피해야지."

"……."

"아까 자네 말처럼 고구려나 당나라로 아주 떠나기라도 하던지."

"그것도 여러 번 생각해 봤지만 내가 왜 피해야 된단 말인고? 내가……."

검군(劍君)

"그러면 결국……."

"결국 죽고 싶은 것은 아니지만 죽기 싫다고 해서 못할 짓을 하겠나. 떳떳한 길이라 생각된다면 가는 데까지 가 보는 게지. 그런데, 자네 제씰 낼 나한테 좀 보내 주게."

검군은 쓸쓸히 웃어 보이며 술잔을 잡는 것이었으나 그의 두 눈에 불빛이 번쩍이는 것이 있었다.

대보름날 새벽 먼동이 트려 할 때 검군의 집 뒤 홰나무에서 가마귀가 울었다. 잠결에 가마귀 소리를 들은 검군은 가뜩이나 어지러운 머릿속에 갑자기 불길한 생각이 번쩍 들었다. '하필 공교로이 오늘 아침에 가마귀가 운담.' 그가 이렇게 중얼거리고 얼마 오래지 않아서

"누님 누님!"

하는 볼멘소리가 들린다. 이집에 누님이라고 부를 사람이 왔다면 그것은 단 하나밖에 없는 그의 처남일 것이다. 그러자 그의 아내가 방문을 열며

"누구냐? 거림(巨林)이 아니냐?"

하고 밖으로 나갔다.

"누님, 빨리 집으로 좀 가요."

"왜 무슨 일이 있니?"

"정랑 누이가 죽었소."

"뭐? 정랑이 죽다니!"

"아침에 일어나 보니 없어서 모두들 찾노라니까 부엌에서 목을 매 죽었어."

"에고 불쌍해라. 저를 어쩌누?"

검군의 아내는 저고리 섶으로 눈을 가리고 흐느껴 울기 시작하였다.

검군이 거림을 불러

"언제쯤?"

하고 물은즉 소년은 울음 섞인 소리로
 "밤중에 나간 모양이오."
하며 외면을 해 버린다. 거림의 말에 의하면 밤중까지 시집갈 준비를 하고 있던 정랑이었으나 별로 웃지도 지껄이지도 않고 밤 이슥하도록 반짇고리만 앞에 놓고 저고리감을 뒤적뒤적하고 앉아 있었더라는 것이었다. 어저께 저녁때만 해도 친정에서 돌아온 그의 아내는
 "이제 정랑이 일어났더군요."
하기에
 "으음."
하고 그도 한숨을 쉬었던 것이다.

 상보보다 더한 자리에라도 늙은 어버이와 동생들을 위하여 자기 한 사람의 행복을 내던지긴 어렵지 않으나 다만 목에 걸린다면 그것은 한 가지 —기악을 잊지 못하여 드디어 목을 매고 말았다는 것이었다.
 검군의 아내는 두 눈이 시뻘겋게 되어 황황히 친정으로 달려갔다.
 그의 아내가 친정으로 간 지 막 한 시간쯤 지나니 또 밖에서 그를 찾는 사람이 있었다.
 "누굴까?"
 검군은 공연히 가슴이 덜컥 하였다.
 그러나 어찌할 수 없어 기침을 하고 밖으로 나가 보니 수달의 집 하인이 서장(書狀)을 가지고 와서 전했다. 그로부터 서장을 받아쥔 그는 연달아 닥쳐 드는 불길한 예감에 어깻죽지가 으쓱하며 덜덜 떨리는 손으로 피봉을 떼었다. 오늘은 정월 대보름, 일년 중에 제일 좋은 날이니까 한 해 동안의 동료 신수를 축복하며 의와 화를 돈독히 하기 위하여 동료들이 한자리에 모여 술을 나누고 관월(觀月)을 같이하자는 수달의 청첩장이다. 청첩인이 수달이요 이것을 가지고 온 자가 역시

수달의 하인이되 필적이 어딘지 열삼지의 솜씨 같은 것이 느껴졌다. 열삼지로 말하면 사인 중에 달필로 정평이 있어 대외적 서장은 대개 열삼지가 일동을 대표하여 쓸 때가 많다.

그러고 보면 이것도 수달이 열삼지에게 부탁을 하여 쓰게 한 것인지도 모른다고 생각하였다. 주석은 만약 수달의 집에서 편다면 수달은 양심과 의리를 가진 사람이라 그 자리를 이용하여 검군의 목숨을 해치지는 않으리라 그는 생각하였다. 혹은 수달의 수단으로 정말 이즘의 불안과 의혹을 일소하고 흉금을 열어 화목을 초래할 기회가 양성될지 모른다고도 생각해 보았다. 그러나 그렇다고 하면 오늘 와서 이렇게 돌연히 하인을 시켜서 서장을 보내기 전에 수달이 직접 자기의 의사를 대강 통해 둘 것이 아닌가. 만약 그러할 생각이 있었다면 어제고 그제고 또한 기회는 얼마든지 있지 않았던가.

검군은 아주 장지를 찢어 버리고 이 길로 서울을 떠나 버릴까 하고도 다시 한 번 생각해 보았다. 가족과 친구와 사회와 나라를 다 버리고 표연히 길을 떠나는 자기의 쓸쓸한 여장을 머릿속에 그려 보고는 한숨을 쉬었다.

'나에게 무슨 허물이 있어 도망을 간단 말인고. 내가 무엇이 마음이 떳떳하지 못하여 피신을 한단 말인고.'

그는 또 분연히 마음속으로 이렇게 부르짖었다. 그는 몇 번이고 냉수를 들이켰다. 울타리 밑에서 홰를 치고 낮닭이 울었다. 저 닭 우는 소리를 들으며 이집에서 귀여운 자식 청죽(靑竹)일 기르며 살아가는 것이 얼마나 즐거운 일인가. 밖에 나가면 그리운 친구들이 있고 술이 있고 집에 들어오면 참한 아내와 어여쁜 자식이 있고……. 아아, 이 즐거운 세상을 버리고 자기는 어디로 간단 말인고– 검군은 저녁때가 되도록 이렇게 탄식하며 울부짖었다. 그는 무슨 발작과도 같이 벽에 걸린 갓을 벗겨 쓰며 막 밖으로 뛰쳐나가려 하였다. 바로 그때 밖에서

"검군 사인 계시오?"
하는 소리가 들린다. 처음 그는 무턱대고 또 가슴이 덜컥하고 놀랐으나 그것이 기악인 것을 보자 반기는 낯으로
"아, 오는가."
하였다. 그러나 언제나 쾌활한 기악의 낯에 슬픔이 서려 있음을 보고 그와 동시에 머릿속에 정랑을 생각하고
"자네 그럼 저기 다녀오는가?"
한즉 기악은 두 눈에 눈물이 핑돌며
"네."
하고 머리를 수그렸다. 두 사람은 한참 동안 묵묵히 앉아 있었다. 검군은 드디어 입을 열어
"자넬 좀 오라고 한 것은 이걸 부탁하려고……."
하면서 벽장문을 열고 장검(長劍) 자루를 내어 기악 앞에 놓았다.
기악이 어리둥절하여 그의 낯을 쳐다보려니까 검군은 그것을 집어 들더니 째앵- 하는 소리와 함께 번쩍 칼을 빼어 보이며
"어떤고?"
하는 것이다.
기악은 한참 동안 정신 나간 사람 모양으로 그 황홀하게 번쩍거리는 것을 멀거니 바라보고 있다가 문득 자리에서 일어나며
"그 칼을, 그 칼을……."
했을 뿐이고
"이 칼을 자네가 가지게."
하는 검군의 소리를 어렴풋이 귓전으로 들으며 그보다는 칼자루 바로 아래 금으로 새긴 신룡(神龍)이란 두 글자에 정신이 쏠렸다. 기악은 검군에게 신검(神劍)이 있다는 말을 일찍이 들은 적이 있었고, 그것은 검군의 조상때부터 전해 내려오는 가보(家寶)일 뿐 아니라 전 신라 나라에서도

드문 보검의 하나라는 것도 역시 그의 형들로부터 들은 적이 있었다.

검군은 다시 칼을 자루에 넣어 기악에게 주며

"이걸 가지게."

또 한 번 이렇게 말했다.

검군이 어젯밤 이 칼을 기악에게 주기로 결심한 것은 기악이 이 칼로 쌀을 바꾸어 그의 정랑을 구하고 그의 아버이에게 미음을 쑤어 드리게 하려했던 것이나 정랑이 없어져 버린 이제 하필 이것으로 쌀을 바꾸라고 하기는 싫었다.

보검을 기악에게 주고 난 검군은 땅 위의 모든 것과 결별한 듯한 허전하고도 가뿐한 생각으로 집을 나왔다. 골목을 돌아 동네 앞 너른 길로 막 나오자 저쪽에서 백령이 걸어오다가

"저 검군 아닌가."

한다.

"어, 웬일인가?"

"자넬 모시러 오네."

이리하여 검군이 백령을 따라 수달의 집까지 찾아갔을 때 수달의 집에서는 수달 대신 열삼지와 구물(丘勿)이 나오며 연회장소가 수달의 집에서 대하나의 집으로 바뀌었다는 것이다.

"언제 그리 됐소?"

백령이 묻고

"오늘 갑자기 그 부인이 편찮아서."

하는 것은 열삼지다.

그리고

"얼른 가 봅시다."

하고 앞에 나서 가는 것은 구물.

검군도 구물, 열 삼지, 백령 들의 뒤를 따라 몇 발자국 얼떨결에 걸

음을 떼어 놓았을 때 아차, 모두 이 자들의 수작이로군'

이렇게 머릿속에서 번쩍 오는 생각이 있어 고개를 들자 저 건너 소금강(小金剛) 멧부리 위에 바야흐로 대보름 둥근달이 떠오르고 있는 것이다.

"올해도 몇 시 뜨나? 올해도?"
"올핸 늦다 늦어! 비가 흔하겠다."
어디서 이러한 소리가 들려온다.

검군은 정신 나간 사람처럼 달을 한참 바라보고 있다. 문득 자기 곁에 서있는 구물, 백령, 열삼지들이 눈에 비추이자 역시 아무런 의미도 없이

"음, 가자 가!"
이렇게 혼자 속으로 중얼대며 다시 걸음을 떼어 놓았다.

그리하여 소금강 꼭대기에서 한 너댓 발이나 올라온 저 대보름달이 하늘 한가운데쯤 와서 신라 서울을 두루 비추고 있었을 때에는 독섞인 술잔을 집어던진 채 오히려 웃음을 웃는 듯한 얼굴로 쓰러져 누워 있는 검군의 얼굴을 굽어 보고 있었던 것이다.

---

* 김동리 단편소설 검군(劍君)(1949년 5월 15일~(10회) 연합신문 연재)

회소곡(會蘇曲)
― 나미

    나미(那未)는 베틀에 앉아 베를 짜고 있었다. 따드락 딱, 따드락 딱, 따락 따락……. 그녀는 이렇게 한참 동안 부지런히 북을 빼고 바디를 쳤다. 그러나 오래 계속되지 못하고 베 짜는 소리는 뚝 끊기곤 했다.…… 이러기가 이미 몇 날째인지 모른다.
    나미는 북을 놓고 한쪽 손으로 바디를 잡은 채 멍하니 뜰을 내다보고 있었다. 뜰 앞 우물가에는 석류꽃이 빨갛게 피어 있고, 그 곁의 감나무에서는 이따금씩 토드락 토드락 하고 풋감이 떨어지고 있었다. 그 토드락 토드락 하는 소리가 뜰을 지나서 그녀의 귀에까지 똑똑히 들리리만큼 조그만 집 안에 숨막힐 듯한 한낮의 고요가 깃들여 있었다. 그 숨막힐 듯한 한낮의 고요를 깨뜨리기나 하려는 듯이 장독대 곁에서 수탉이 한바탕 날개를 치며 울었다. 고르르 하는 닭 울음소리가 마저 사라지면서 이내 들에는 또다시 쨍한 햇빛과 숨막힐 듯한 고요가 밀려들었다.

멍하니 뜰을 내다보고 있던 나미는 문득 정신이 돌아온 듯 북을 지어서 날(經) 속에 넣고 왼손으로 간신히 빼어낸 뒤 ― 바디를 한 번 치고는 또다시 소리가 멎어 버렸다. 왼쪽으로 빠진 북이 돌아오지 않는 것이다. 그녀의 눈빛이 흐릿하여 날이 보이지 않았던 것이다. 그와 동시에 그녀의 두 눈에는 눈물이 비오듯이 주르르 쏟아져 내렸다. 그러나 그것을 닦으려 하지도 않았다.

"회소(會蘇)."

그녀는 자기도 모르게 이렇게 가만히 불러보았다.

유리 이사금(儒理尼師今―신라 제3대 왕) 구년 팔월의 일이다. 곳은 동쪽 서라벌 한기부(漢崎部)의 토함산(吐含山) 서쪽 마을이었다.

나미는 한기부에서도 제일 인물 아름답고 마음씨 착하고 길쌈 솜씨 좋기로 이름난 아가씨였다. 그렇기 때문에 아들을 가진 어버이들로서는 제각기 자기들의 며느리감으로 은근히 넘겨다보지 않는 이가 없을 정도였다.

그러나 나미는 모든 청혼을 하나같이 거절해 왔다. 그것은 그녀가 시집을 가 버리면 그녀의 부모를 맡을 사람이 없었기 때문이었다. 그녀는 남녀간에 형제가 없었던 것이다. 게다가 그녀의 부모는 나이가 이미 쉰도 넘어 있었다. 그녀의 부모는 서른 살이 지나서 그녀 하나를 낳고는 아주 단산이 되고 말았다. 그리고 보니 벌써 늙마에 들어 있는 외로운 부모를 버리고 자기만이 행복을 찾아 훌쩍 떠나가 버릴 수가 없었던 것이다.

그러한 어느 날이었다. 하루는 밭을 매고 돌아온 그녀의 부모가 서로 마주보고 웃으며 참 이상한 일도 있다고 했다. 무슨 일이냐고 나미가 물어본즉 다른 게 아니라 어저께 저금밖에 매지 않았던 밭을 오늘 나가 보니 누군가가 자기들(부모)이 맨 것보다 훨씬 더 많이 매 놓았더

라는 것이다. 그리고 아버지는,

"누군지 자기네 밭인 줄 잘못 알고 매 놓았다면 미안한 일인데."
하고 웃으니까, 어머니는,

"그렇지만 남의 밭을 자기네 밭인 줄 잘못 알아 볼 사람이 어딨겠수?"
하며 함께 웃었다.

이튿날도 그녀의 부모는 또 밭에서 돌아와 어저께와 같은 이야기를 하며 이상한 일이라고 했다.

"필시 곡절이 있는 일이지 누가 두 번이나 남의 밭을 매준담."
아버지가 이렇게 말하자 어머니도 역시 무슨 까닭이 있는 일 같다고 맞장구를 쳤다.

아버지와 어머니는 아침에 나가서 저녁에 돌아온다. 그렇다면 누가 어디 숨어 있다가 그들이 돌아온 뒤에 들어가 매거나 그렇지 않으면 새벽녘에 나가서 매주는 모양이다.

나미는 그것이 누구의 짓인지 알아보고자 하였다. 그리하여 동무 한 사람과 함께 저녁을 먹은 뒤 자기네 밭으로 나가 보았다. 그러나 밭에는 아무도 없었다. 그렇다면 새벽에 나오는 모양이라 생각하고 이튿날 아침 일찍이 나가 보았다. 그녀가 자기네 밭 가까이 다가갔을 때 어떤 기골이 장대한 젊은이 하나가 호미를 든 채 마침 자기네 밭에서 저쪽으로 걸어 나가고 있었다. 젊은이는 나미네 밭에서 동북쪽으로 걸어가더니 네 번째 밭둑에서 서 버렸다. 거기가 자기네 밭인 모양으로 밭둑에는 지게가 세워져 있었다. 젊은이 지게에서 물병을 뽑아들고 선 채 몇 모금 물을 마시고 나더니 밭이랑을 타고 김을 매기 시작하였다.

나미는 집에 돌아와서 보고 온 그대로를 부모님께 이야기했다. 그러자 그녀의 아버지는 매우 놀라운 얼굴로 아내를 바라보며,

"네 번째 밭둑이면 회소네 밭인데."

했다. 그와 동시에 어머니도,

"참 거기가 회소네 밭이지요. 그러고 보면 회소가 우리 집 밭을 맨 거 아뇨? 회소가 왜 우리 집 밭을 매주었을까?"
하고 나미를 돌아다보았다. 나미는 조용히 아침상을 치웠고, 그 날도, 두 내외는 밭을 매러 갔다. 그리하여 점심때 나미의 어머니는 밀떡 두 개를 들고 회소네 밭둑으로 회소를 찾아갔다. 회소는 마침 삶은 감자 몇 알을 펼쳐놓고 점심을 먹으려던 참이었다.

"회소, 이거 좀 들어보게, 밀떡인데 감자보다는 날 겔세."
나미의 어머니는 회소 곁에 앉아서 밀떡을 펼쳐 놓고 회소에게 우선 이렇게 말을 붙였다.

회소는 머리를 숙여 보이고 밀떡을 집어서 먹기 시작했다.
나미 어머니는 어떻게 말해야 좋을지 몰라 한참 동안 망설이다가,
"요 며칠 동안 우리 밭을 매준 사람이 있어서 누군가 하고 맘속으로 못내 궁금해 했더니 아침에 우리 딸이, 몰래 가서 보고 와 하는 말이 우리 밭에서 네 번째 밭둑에 지게를 받쳐둔 장정이 와서 매고 가더라고. 그러자 바깥 양반이 "그렇다면 회소로군" 하시더니 과연 와서 보니 그대로군. 세상에 놀랍고 장한 일도 있지."

"무얼요. 부끄럽습니다."
"장한 일을 한 것이 무어 부끄러울까."
"아니올시다. 사실은 마을 어른들께서도 아시다시피 저의 아버지는 제가 어릴 때 세상을 떠나시고 저는 홀어머니 손에 자라나지 않았소이까. 그러던 차에 어머님마저 돌아가시고 나니 양친 생각이 나서 견딜 수 없더이다. 저는 왜 이렇게 가엾은 놈인지요. 어려서 아버님을 잃고 이제 자라나서 어머님마저 돌아가시다니, 천하에 이렇게도 원통한 일이 어디 있소이까."

회소는 이렇게 말하며 주먹으로 눈물을 닦았다.

나미 어머니도 회소의 우는 얼굴을 보자 저절로 눈물이 돌았다. 그래 연방 혀를 차면서 옷고름으로 눈물을 닦았다. 회소가 다시 이야기를 계속했다.

"그러던 차에 두 어른이 밭을 매시는 것을 보자 문득 양친 생각이 나더군요. 그래 두 어른이 돌아가신 뒤에 가 보니 밭에 기음이 가득 있더군요. 그것을 보자 저의 양친 생각이 나서 그만 그 자리에 앉아 기음을 한참 맸지요. 그러다가 그 다음날부터는 새벽에 나와서 어르신네 기음을 먼저 좀 매 놓고 그 다음에 저희 밭을 맸지요."

"아이 기특해라, 어릴 적부터 순하디 순하더니 더욱 착한 마음씨가 되었군."

나미 어머니는 이렇게 치사를 하고는 자기네 밭으로 돌아와 남편에게 그 이야기를 자세히 일러드렸다.

마누라에게 이야기를 다 듣고 난 나미 아버지는,

"아마 그렇지, 작년엔가 그 어머님이 돌아가셨잖수?"

하며 고개를 끄덕거렸다.

그날 저녁때 일을 마치고 집으로 돌아갈 무렵 나미 아버지는 회소 밭둑으로 가서,

"여보게, 자네 공을 조금이라도 갚고 싶으네. 오늘 저녁엔 우리 집으로 가서 저녁이라도 같이하세."

하였다.

그 뒤로부터 회소는 자주 나미네 집엘 들렀다. 그리하여 나미 아버지가 미처 거두지 못한 일이 있으면 아무 말도 없이 척척 해 놓고 돌아가곤 했다.

그러는 동안에 나미와도 상당히 친숙한 사이가 되었다. 회소가 나타날 때마다 나미의 얼굴에는 방그레한 꽃이 피어나곤 했다.

이것을 본 나미 어머니는 남편에게 가만히 상의하였다.

"내가 보니 회소와 우리 나미가 서로 좋아하는 것 같고, 또 우리로 말하면 자식이라곤 나미 하나뿐이니 이왕이면 회소같이 의지할 데 없는 총각을 사위로 삼았으면 어떻겠소?"

"나도 그렇게 생각하고 있던 참이오. 그렇다면 내가 회소에게 상의를 해 보리다."

나미 아버지는 이렇게 말하자 그 날로 찾아가 이 뜻을 전했다. 그러자 회소는 그 자리에서 일어나 절을 하고 나더니,

"저 같은 놈에게는 너무나 과분한 말씀인 줄은 아오나 그렇게 해서 일찍이 양친을 여읜 저의 한을 풀어주신다면 저로서는 그 이상의 행복과 영광이 없겠소이다."

하였다.

"회소 고맙네."

나미 아버지는 이렇게 인사했다.

이리하여 나미와 회소는 결혼을 하게 되었다.

동네 사람들은 두 사람의 결혼을 마음으로 축하해 주었다. 나미가 아름답고 훌륭한 아가씨라는 것은 세상이 다 아는 터이지만 신랑 회소가 이렇게도 의젓하고 깨끗한 청년이란 것은 동네 사람들도 이 날에 처음으로 알아본 듯하였다.

"과연 배필이로군."

"회소도 나미만 못지않다."

그 날 잔치에 모인 사람들은 모두 이렇게 감탄을 했다.

그 날부터 두 사람 사이에는 사랑의 사연이 새겨지기 시작했다.

"회소, 당신은 왜 진작 우리 집엘 오지 않았소."

"지금 와 있지 않소."

"좀더 일찍이……."

"훨씬 일찍이 당신을 봤지. 그때도 퍽 아름다웠어, 그렇지만 나는

당신보다 당신의 양친이 나에게는 더 그리웠다오. 나는 그동안 오래 당신을 보지 못했기 때문에 당신의 고운 얼굴은 잊어 버리고, 당신의 양친이 나의 양친이라면 하고 얼마나 부러워했는지 모른다오."

"그럼 지금도 나보다 우리 양친이 당신에겐 더 소중하나요?"

"아아, 나미, 그런 말 마오. 그런 말 마오. 나는 지금 무언지 딴 세상에 온 것 같소. 환하게 밝은 보름달 말이오. 그 보름달 속에 들어앉은 것 같소. 그 보름달 속에 들어 있는 것 같소."

"달은 너무 싸늘하지 않아요."

"아아, 나미, 달은 조금도 싸늘하지 않아요. 그것은 꽃잎같이 부드럽고 솜같이 푹신하다오. 그렇지만…… 당신은 나의 맘을 모를 것이오. 나에겐 양친이 얼마나 아쉬운가를……."

그들이 이렇게 사랑을 속삭일 수 있었던 나날은 길지 못했다. 그들이 결혼을 한 지 달포 남짓 되었을 때였다. 나미의 아버지에게 부역(賦役)이 나왔다. 동해변의 왜적을 방비하기 위한 성을 쌓는 일이었다. 이러한 장기 부역령은 마흔 살 이상의 사람에겐 내리지 않는 게 원칙이었으나 사무적인 착오로 그렇게 되었는데, 그렇다고 해서 그것을 항의하거나 수정을 요청할 겨를도 없이 되어 있었다.

이때 회소가 말했다.

"제가 대신 나가오리다."

나미 아버지는 처음 그것을 허락하지 않았다.

"잘못으로 이렇게 된 것이니, 내가 나간 뒤에 자네는 뒤에서 그 잘못된 것을 바루도록 알아나 보게."

"아니올시다. 그것을 기다려서는 끝이 없는 일입니다. 저를 대신 보내 주십시오."

이렇게 해서 기어이 회소가 성을 쌓으러 나가게 되었다.

그러나 불행한 일은 회소가 성을 쌓기 시작한 지 한 달쯤 되었을 때

뜻 아니 했던 왜적의 기습을 받았다. 회소는 앞장 서서 용감히 싸웠으나 무장한 적군을 물리치지 못한 채 애석하게 목숨을 잃고 말았다.

그것이 작년 봄의 일이었다.

그때부터 일 년 반 동안 나미는 낮이나 밤이나 회소의 이름을 부르며 눈물에 젖어 있는 것이다.

그러나 나미의 설움은 여기서 그치지 않았다. 회소가 성을 쌓으려 나간 뒤부터 그녀의 아버지가 기침병에 걸리자 그것이 고질이 되고 말았다. 그렇게 되니 그들 세 식구는 살아갈 길이 막혀 버렸다. 게다가 또 농작이 잘 되지 않았기 때문에 끼니를 이을 수가 없게 되었다.

밥을 죽으로 바꾸고 세 끼를 두 끼로 줄였으나 나중에는 그것마저 이어가지 못하게 되었다.

이와 같이 절박한 형세를 틈타서 동네의 부자 배실(裵實)이 나미를 후처로 얻어 가려 하였다. 처음엔 나미의 어머니는 물론이요, 나미도 분개한 마음으로 꾸짖어 보냈으나 형세가 워낙 절박하게 된 요즘에 와서는 그렇게 버틸 수도 없는 일이었다.

"아씨 마음이야 물같이 맑고 옥같이 깨끗한 줄 누가 모르나요. 그렇지만 이왕 홀로 된 바에야 부모님이라도 편히 모시는 것이 자식의 도리가 아니겠소? 배 부자님께서 아씨가 허락만 하신다면 그 날로 당장 좁쌀 열 섬을 보내 주시겠답니다."

중매쟁이는 이와 같이 나미를 찾아와 나미의 베틀머리에 앉아서 조르곤 하는 것이다.

"아아, 그리운 회소."

나미는 그럴 때마다 마음속으로 이렇게 부르짖으며 갑자기 눈물에 잠겨버릴 뿐이다. 회소를 생각하면 물도 마시지 않고 이대로 꼬치꼬치 말라서 죽어 버리고만 싶은 나미다. 그러나 한번 병들어 누운 아버지나 배를 곯고 누워 있는 어머니를 생각할 땐 중매쟁이 말대로 이왕 이렇게 된 몸이니 차라리 개가를 해서 부모님이라도 구해 드리는 것이 자식의 도리같기도 하다.

나미가 어떻게 해야 좋을지 몰라서 주야로 눈물에 잠겨 있을 무렵이었다. 어느 날, 베틀에 앉은 채 깜박 잠이 들었는데 꿈에 회소가 와서 나미의 손을 잡으며,

"나미, 그러지 말고 배 부자에게 시집을 가오. 그렇게 해서 부모님을 구하는 것이 나의 소원이오. 나는 성 밖에 기다리고 있을 터이니 우리는 나중에 다시 만납시다."

꿈을 깬 나미는 미친 것처럼 회소를 불렀으나 꿈은 다시 돌아오지 않았다.

그런 지 사흘 뒤, 나미는 드디어 결심을 하고 그녀의 어머니에게 개가를 허락해 달라고 하였다. 그것이 칠월 초순께였다.

그러나 그 해 칠월 보름에서 팔월 보름까지는 나라에서 정한 길쌈일이 있었기 때문에 팔월 보름을 지난 뒤에 시집을 가기로 하였다. 칠월 보름에서 팔월 보름까지에, 나라에서 정한 길쌈일이란 그 해 유월에 정해진 국풍(國風)이었다. 그것은 신라 여섯 고을을 둘로 가른 뒤 공주 두 사람이 각각 두 편의 우두머리가 되어서 그동안에 서로 길쌈을 많이 하기로 하여, 진 편이 이긴 편에게 음식을 대접하기로 하는 일이었던 것이다.

그런데 나미는 이 길쌈 내기에 있어 한기부의 대표적인 일꾼의 한 사람으로 지목되어 있었던 것이다. 나미를 무척 아끼며 우러러보는 한기부 사람들은 그녀가 있기 때문에 자기들 편이 이기려니 믿고 있는 형편이었다.

그럼에도 불구하고 나미는 베를 거의 짜지도 못하고 있었던 것이다. 그때 중매쟁이에게는 팔월 보름까지는 길쌈일이 있어 시집을 갈 수 없노라고 일러 두었지만 팔월 보름이 다 된 오늘까지 베는 절반도

짜지 못한 채 있었다. 아무리 베를 짜려고 해도 자꾸만 눈물이 앞을 가려서 북을 놀릴 수 없었던 것이다.

드디어 팔월 보름이 왔다.

나미의 마을이 들어 있는 한기부는 북편에 속해 있었다. 편은 남북으로 갈렸던 것이다. 북에는 급량부(及梁部), 사량부(沙梁部), 한기부(漢岐部)의 삼 부가 소속되어 있었던 것이다.

그리고 남삼부의 주재자는 아효 공주요, 북삼부의 주재자는 하효 공주로 되어 있었다.

여섯 고을 아가씨들은 각각 자기들이 짠 베를 머리에 이고 대궐 앞마당에 모였다. 그리하여 남쪽 세 고을은 남쪽에 세 줄로 늘어놓고, 북쪽 세 고을은 북쪽 편에다 세 줄로 늘어놓은 뒤, 두 공주와 여섯 고을 대표자(각기 촌장의 딸들)들이 그것을 심사하게 되었다.

하늘에는 달이 환히 밝고, 달빛같이 맑고 깨끗한 아가씨들은 각각 자기들의 길쌈 곁에 서서 두 공주님과 여섯 대표자가 지나가기를 기다리고 있었다. 큰공주(아효 공주)님은 석탈해(昔脫解)의 부인이요, 작은 공주님은 아직 미혼이시다. 그리고 이날 밤 큰공주님은 남삼부의 주재자이시오, 작은공주님은 북삼부의 주재자이시다.

두 공주님과 여섯 고을 대표자들이 한기부의 길쌈을 보러 오셨다. 그리하여 일동이 나미 앞에 왔을 때였다. 작은공주님이신 하효 공주님이 나미의 수그린 얼굴을 한참 바라보시더니,

"얼굴을 들어봐요."

하였다.

나미가 얼굴을 들었다. 달빛이 기다리고 있었다는 듯이 그녀의 얼굴을 정면으로 비춰 주었다. 이마에서 눈썹, 눈, 코, 입, 턱, 목, 어깨, 앞가슴……. 이렇게 위에서부터 아래로 차근차근히 바라보시던 하효 공주님은

"우리 서라벌에 저렇게도 아리따운 아가씨가 있었던가?"
하고 감탄에 잠긴 어조로 물으셨다.
그러자 큰공주님이신 아효 공주님은,
"그렇지만 길쌈은 사람만치 뛰어나지 못한 것을."
하셨다.
이때 곁에 서 있던 한기부의 대표자 배(裵) 아가씨가,
"일찍이는 길쌈도 한기부 고을에서 가장 뛰어났던 것을."
하고 곡절이 있음을 간접적으로 아뢰었다.
그렇게 듣고 보니 과연 나미의 수그린 얼굴에는 까닭 모를 설움이 가득 서려 있었다.
심사 결과는 남삼부의 승리로 돌아가고 말았다. 북삼부는 억울하게도 단 한 필의 차이로 지고 말았다. 그러고 보니 나미는 북삼부의 패배가 오로지 자기의 허물 같기만 하였다. 자기가 그동안에 회소를 생각하느라고 그렇게 눈물에만 잠겨 있지 않았던들 두 필은 더 짜내었을 것이라고 헤아려졌기 때문이었다.
승패가 가려지자 바로 잔치가 시작되었다. 장소는 작은공주님의 거처이신 남안궁(南安宮)이었다. 말하자면 북삼부의 주재자이신 하효 공주님이 세 고을 대표자들과 더불어 한턱을 내시는 것이었다.
여섯 고을 아가씨들은 두 공주님과 여섯 고을 대표자들을 모시고 한자리에 둘러 앉았다. 이때 하효 공주님이 일어나더니,
"우리 북삼부가 길쌈에 졌기 때문에 음식을 조금 장만해서 여러분들을 위로해 드리겠어요. 많이 들어 주세요. 그리고 우리 형님에게는 제가 술을 한 잔 따라 드려야겠어요."
이렇게 말하고 하효 공주는 손수 술을 한 잔 따라서 아효 공주에게 두 손으로 올렸다.
아효 공주는 그것을 받아 마신 뒤 그 잔(술을 쳐서)을 도로 하효 공주

에게 돌리며,
"자, 이번에는 이 잔을 받아요. 그리고 노래도 불러주세요."
하였다.
 이렇게 잔치는 바야흐로 흥취의 절정으로 돌아가고 있었다. 이때 또 하효 공주는,
"그럼 이번에는 저희 쪽에서 노래를 불러 드리겠어요. 한기부 고을의 나미 아가씨 일어나세요."
하였다.
 일동의 시선은 나미에게 쏠렸다. 아까 작은공주님이 우리 서라벌에 저렇게 아리따운 아가씨가 있었느냐고 감탄하시던 그 아가씨다.
 나미가 일어났다.
"공주님의 분부시니 지키겠어요."
 이렇게 한마디 하고는 노래를 부르기 시작하였다.

　　　　앞뜰에 석류꽃 붉고
　　　　우물가에 풋감 떨어지네
　　　　있을 것 다 있는데
　　　　임만 아니 계시는고
　　　　에헤라 이 몸은 어이 살꼬
　　　　바디북 잡고 어이 살꼬

 첫절을 불렀다. 연연하고 맑은 목소리는 끝없는 설움을 풍기면서 듣는 사람들의 귓속으로 스며들었다. 일동은 숨소리마저 죽이며 노래에 귀를 기울였다.
 노래는 다시 계속되었다.

아침에 베틀에 앉아
저물도록 베를 짜도
회소 회소 보고지고
베는 반도 못 짤세라
에헤라 나는 어이 살꼬
바디북 내 말 듣지 않네

수탉 꼬끼요 울고
햇빛이사 쨍 하게 밝네
있을 것 다 있는데
임만 아니 계시는고
에헤라 나는 어이 살꼬
바디만 치고 어이 살꼬

회소 회소 보고지고
회소 어이 못 보는고
회소 따라 못 가리마는
어버이 두고 내 못 가네
에헤라 나는 어이 살꼬
북만 잡고 어이 살꼬

---

*(출) 『김동리 역사소설』, 지소림, 1977.

기파랑

　신라 제34대 효성왕(孝成王)은 성덕왕(聖德王)의 둘째 아들로, 나이 마흔일곱 살 때 왕위에 올랐다. 성덕왕의 재위가 서른여섯 해나 되도록 길었기 때문에, 맏아들 중경(重慶)은 왕위에 올라 보지도 못한 채 먼저 세상을 뜨고 말았던 것이다. 효성왕 승경(承慶)도 형처럼 수명이 길지 못했더라면 왕 노릇은커녕 이미 세상을 뜬 지도 오래일지 모를 일이다. 다행히도 그는 형보다 명줄이 길어서 이제 대권을 계승하게 된 것이다.
　그러나 그에게도 또 다른 불행이 있었다. 그것은 아들이 없는 일이다. 그는 태자로 있을 때부터 그 부인 박씨에게서 아들이 없는 것을 이유로 수많은 미녀를 사냥질하였다. 그러나 그 수많은 젊은 여인들 가운데서도 그를 위하여 아들을 낳아준 사람은 하나도 없었다.
　그는 왕위에 오르자 곧 아들을 낳지 못하는 부인 박씨를 물리치고 새로운 왕비를 맞이하려 하였다. 그러나 그가 이 일을 단행하기 전에 당나라(현종)로부터 본래 태자비로 있었던 박씨를 왕비로 책봉하여 왔다. 태자가 왕위에 오르면 동시에 태자비가 왕비로 되는 것은 정례였지만 여기엔 박씨 일파의 공작도 없지 않았던 것이다. 그러나 이 일이 그에게 있어 그다지 실망할 것까지는 되지 않았다. 당조(唐朝)에서는 신라 왕의 비빈 폐납(妃嬪廢納)에까지 간섭하지는 않았기 때문이다.

형편에 따라서 폐납을 하고 당조에 사실대로 알리기만 하면 그대로 승인이 되게 마련이었던 것이다. 그렇다고 해서 기위 책봉이 되어 온 것을 즉시로 돌이킨다고 하기에도 난처한 일이었다. 한두 해 동안 형식적으로는 그대로 두어 두고 실질적으로 구폐 신납(舊弊新納)을 하면 그만이라 하였다.

이러한 형편과 조건 아래서 새로이 맞아들인 여인이 파진찬(波珍飡) 영종(永宗)의 딸로, 당시에 가장 미모로 이름이 높던 정화(貞華)라는 아가씨였다. 그때 그녀의 나이 열여섯이었다.

효성왕은 정화를 보자 만족한 얼굴로,

"내 그동안 많은 미녀를 보았지만 그대같이 아리따운 여인은 처음이로다."

하고 그녀의 손목을 잡아 끌었다. 이리하여 효성왕은 한 일 년 반 동안 완전히 정화의 미색 속에 빠져 있었다.

그런데 여기 뜻밖의 일이 벌어지게 되었다. 그것은 효성왕 이 년에 중시(中侍-수상직)로 있던 아찬(阿飡) 김의충(金義忠)이 죽고 그 뒤를 이찬(伊飡) 김신충(金信忠)이 이으면서부터 시작된 일이다. 본디 김신충과 효성왕은 그가 아직 왕위에 오르기 이전부터 막역지우로 지냈기 때문에, 그가 중시가 되자 사실상 정권은 그의 손아귀에 들어간 거나 다름없게 되었다. 그런데 그가 중시가 되면서부터 정화에게 난색을 보이기 시작한 것이다. 그것은 정화에게 부덕(婦德)이 없다는 이유로써였다. 그 증거로, 첫째 그녀는 왕을 모신 지 일 년이 지나도록 왕자를 낳지 못했다는 것과, 둘째로 음락을 탐한다는 두 가지 조건이었다. 따라서 이러한 여자를 왕비로 삼을 수는 없다는 것이다.

이것이 억지라는 것은 누구나 곧 알 수 있는 일이었다. 왕자를 못 낳은 이유나 음락을 탐한다는 이유가 모두 왕에게 있는 것이요, 그녀에게는 물을 일이 아니란 것은 너무나 명백한 사실이었기 때문이다. 그럼에도 불구하고 김신충이 이와 같이 정화를 물리치려는 데는 다른 이유가 있었다. 그것은 그의 증손녀뻘이 되는 혜명(惠明)으로 하여금 그 자리를 대치시키려는 심산이었기 때문이었다. 혜명의 아버지인 이찬(伊飡) 김순원(金順元)이 바로 김신충의 조카로서 그에게 있어서는 수족과 같은 사이였던 것이다. 그러니까 혜명이나 김순원을 위해서라기보다 자기 자신을 위해서라도 혜명을 그 자리에 앉히는 것이 권도(權道)를 쓰는 데 필요했던 것이다.

효성왕으로 볼 때는, 정화에게 아직 싫증이 난 것은 아니지만, 아닌 게 아니라 일 년이 지나도록 태기가 없으니 왕자를 바라기는 어렵고, 또 이왕이면 새로운 미녀 하나를 더 들이는 것도 싫지 않은 일이라, 김신충이 아뢰는 대로 김순원의 장녀 혜명을 왕비로 맞아들이는 동시, 박비(朴妃)를 폐했던 것이다. 그것이 효성왕 삼년 삼월의 일이요, 혜명이 그 해 열일곱 살이니 정화와 같은 나이였던 것이다.

이듬해 효성왕 사년 삼월에는 당조에서도 혜명을 왕비로 책봉한다는 조칙이 왔으니 이제야 혜명은 신라 왕의 왕비로서 아무 데도 꿀릴 것이 없었다. 게다가 종조부뻘이 되는 김신충이 엄연히 중시로 있으니 혜명의 위세야말로 왕비 중의 왕비가 아닐 수 없다.

이렇게 되고 나니 정화가 다시 왕비를 꿈꾸어 보기는 다 틀린 일이었다.

그러나 정화와 그녀의 가족들의 억울함은 여기에 그치는 것도 아니었다. 새로 왕비가 된 혜명이 철저하게 정화를 시기하여 잠시도 왕으로 하여금 그녀를 돌아보지 못하게 경계하며 방해하는 일이었다.

왕은 혜명을 왕비로 들인 뒤에도 정화에 대한 애착이 남아, 기회 있는 대로 그녀를 찾으려 하였으나 혜명이 온갖 수단과 방법을 가리지 않고 기어이 이것을 막으며 방해하려 했던 것이다. 그러나 아무리 경계를 하고 단속을 하더라도 왕의 마음을 완전히 사로잡기 전에는 그 사이를 철저히 막을 수 없다는 것을 혜명도 알게 되었다. 그와 동시에 혜명이 왕의 마음을 완전히 사로잡기에는 미모에 있어 자기가 도저히 정화를 따를 수 없다는 것도 스스로 잘 알고 있었다. 그럴수록 정화는 혜명에게 있어 눈 속의 가시처럼 잠시도 그대로 두고는 견딜 수 없는 존재였다. 혜명은 친정 쪽 사람들과 더불어 이 일에 대하여 가만히 상의하였다. 그 결과 정화를 꾀로써 없애는 길밖에 도리가 없다는 결론에 도달하게 되었다.

여기서 그 아버지 김순원이 한 꾀를 내었다. 그것은 정화가 급찬(級湌) 배윤구(裵允丘)와 정을 통하고 지낸다는 허위 사실을 날조하여 왕에게 모함하는 일이었다. 급찬 배윤구로 말하면 일찍이 정화의 아버지인 영종의 추천으로 등용이 된 젊은 관원으로 김신충 일파의 전권(專權)에 대하여 맘속으로 항상 불평을 품어오던 사람이었다. 따라서 김순원에게 있어서는 자기의 숙부인 김신충을 위해서나 자기의 딸인 혜명을 위해서나 이 젊은 급찬 배윤구를 정화와 함께 처치해 버린다는 일석 이조의 큰 이득이 있는 일이라 믿었던 것이다.

여기서 김순원은 모든 꾀를 딸에게 가르쳐 주었다.

혜명은 그 아버지 김순원에게서 꾀를 자세히 들은 뒤 왕의 소매를 잡으며,

"상감 마마, 부디 높으신 몸을 살펴 주소서."

하고 눈물을 떨어뜨렸다.

왕이 어리둥절하여 무슨 일이냐고 물은즉, 다른 것이 아니라 정화가

급찬 배윤구와 더불어 참으로 입에 담을 수 없는 짓을 한다는 것이다.

"이 몸이 마침 후궁으로 바람을 쐬러 나가려니까 그쪽 으슥한 곳에서 그들 두 사람이 무엇을 속삭이고 있다가 이 몸이 나타난 것을 보자 몹시 놀라 달아나며 이러한 종이 쪽지를 떨어뜨렸나이다."

하고 종이 쪽지를 내어 놓는다. 거기에는 〈첩념유랑(妾念惟郎) 낭급구첩(郎急救妾)〉이라고 여필(女筆)로 씌어 있었다.

왕은 눈이 휘둥그레지며,

"비가 아니더면 큰일날 뻔했군."

하고, 곧 엄령을 내려 배윤구와 정화를 잡아 가두게 하였다. 오랫동안 주색에 곯은 효성왕은 몸뿐 아니라 정신마저 사그라질 대로 사그라져서 그런 일도 철저히 조사를 한다거나 검토를 해볼 기력조차 없이 그대로 간단하게 넘어가고 말았던 것이다. 그 해 효성왕의 나이 갓 쉰이요, 혜명과 정화가 함께 열여덟이었다.

이 소식을 전해 들은 정화의 아버지인 파진찬 김영종의 놀람과 분함과 절망은 비길 데가 없었다. 이것이 모두 신비(新妃) 김씨(혜명)의 모함이요, 그녀의 아버지 김순원과 중시 김신충의 모략인 줄은 알지만 궁중의 일이라 무엇을 어떻게 꾸며서 하는 노릇인지 그저 하늘이 노랗고 머리가 빙빙 돌 뿐이었다. 그는 곧 예궐(詣闕)하여 왕 앞에 엎드렸다.

"신의 여식에게 만약 그러한 죄가 참으로 있다면 신의 목을 열 번 바쳐도 서슴지 않으리이다. 여식은 어디까지나 억울한 누명을 쓰고 있는 줄 아나이다. 그 증거로는, 급찬 배윤구가 그동안 신병으로 오랫동안 예궐치 못하고 있었던 점으로도 충분한 줄 아나이다."

"내게도 증거가 있어. 경은 밖에서 들은 말이니 내게는 바로 목도한 사람 및 이에 따른 증거가 있으니, 썩 물러가지 못할까."

왕은 버럭 소리를 지르고 안으로 들어가 버렸다.

영종은 나마(奈麻-제11관등)에게 끌려나오다시피 궁궐 밖으로 나왔다. 그의 두 눈에서는 피 섞인 눈물이 흘러내렸다. 정화나 배윤구의 죽음이 억울하고 원통해서만도 아니었다. 그러한 누명을 쓰고 딸이 죽으면 자기의 가문을 부지할 수 없기 때문이다. 그러한 치욕을 무릅쓰고는 도저히 살아갈 수가 없었던 것이다. 그는 집으로 돌아온 뒤 일체 식음을 전폐한 채 자리에 눕게 되었다.

그런데 그에게는 세상 사람들이 한결같이 부러워하는 아들 사형제가 있었다. 큰아들 기수(耆秀)는 사찬(沙飡-제8관등) 벼슬에 있었고, 둘째 아들 기나(耆那)는 급찬(級飡-제9관등) 벼슬에 있었고, 셋째 아들 기파(耆婆)는 당시 화랑으로 가장 많은 낭도를 거느리고 있었고, 넷째 아들 기지(耆志) 역시 나이는 어리나 총명과 지혜가 형들과 더불어 빠짐이 없다 하였다. 특히 셋째 아들 기파랑(耆婆郎)은 인물이 아름답고 지혜와 총명이 뛰어날 뿐 아니라 충효지심이 열렬하여 온 신라 사람들이 그를 가리켜 사다함(斯多含)의 후신이니 관창(官昌)의 재생이니 하고 아끼며 받들어왔던 것이다.

그러나 이 훌륭한 형제들도 정화가 누명을 쓰고 옥에 갇히게 되자 모두 관직을 내놓고 그 아버지와 함께 집에서 대죄(待罪)하고 있었다. 그런데 여기 한 가지 기묘한 일이 생긴 것이다. 그것은 기파랑이 일찍부터 서로 사랑하는 사이이던 대아찬(大阿飡-제5관등) 김정충(金正忠)의 딸 민정(敏淨)으로부터 이번 사건에 대한 비밀의 한 토막을 엿듣게 된 일이다. 대아찬 김정충은 먼저 죽은 김의충의 친동생이요, 지금 중시로 있는 김신충의 사촌동생으로, 왕비 혜명의 아버지인 김순원의 당숙뻘로서 그와 바로 이웃에 살고 있었던 것이다. 뿐만 아니라 그녀(민정)의 아버지 김정충과 김순원은 친척인 동시에 사돈이기도 하여, 민정의 형이 바로 김순원의 며느리로 그 집에 시집을 갔다는 것이다. 그런데 이번에 〈첩념유랑 낭급구첩〉의 여필도 바로 민정의 형인 월정(月淨)의 솜씨를 빌린 것이라 한다.

민정은 이 말을 전하기 전에 기파랑에게 비밀을 지킨다는 다짐을 받았던 것이다.

"만약 기파랑이 이 말을 세상에 발설한다면 이 몸은 목숨을 잃는 날이오."

민정은 또다시 이렇게 다졌다.

"아아, 민정."

기파랑은 두 손으로 자기의 머리를 움켜잡았다.

민정은 기파랑의 두 어깨에 손을 얹으며,

"기파랑, 이 몸은 당신의 슬픔을 알고 있어요. 당신의 누님이 억울하게 누명을 쓰고 죽게 된 것, 당신의 아버지와 형님들이 또한 그렇게 억울한 누명으로 궁중에서 쫓겨나온 것, 이런 것을 생각할 때 당신의 가슴이 얼마나 찢어질 듯이 슬픈 것인가를 왜 모르겠어요."

"그렇지만 민정, 그대는 나의 슬픔을 덜어준 것이 아니고 보태어준 것이 되었구려. 내가 이 일을 어떻게 말하지 않고 참는단 말이오. 나의 부모 형제가 그러한 누명을 쓰고 죽는데 내가 어떻게 이 말을 참는단 말이오."

기파랑은 미친 것처럼 두 손으로 머리를 움켜쥔 채 흑흑 울기 시작하였다.

"기파랑, 그렇지만 당신은 참아야 해요. 당신이 말하면 이 몸도 마찬가지가 돼요. 이 몸도 부모 형제와 이웃을 팔 수는 없어요. 다만 우리의 사랑을 위해서 당신에게 알린 것처럼 당신도 우리의 사랑을 위해서 그것을 지켜 주셔야 해요. 이 몸과 당신은 부모 형제에게까지도 알리지 못한 비밀을 함께 가지고 싶어요. 그렇게 해 주세요."

"아아 민정, 왜 그 말을 나에게 들려주었소. 물에 빠진 사람은 지푸라기라도 잡는다는데 나에게 사랑을 시험하다니 가혹하지 않소?"

"기파랑, 이 몸의 속을 알아주세요. 이 몸이 그것을 만약 당신에게 전하지 않는다면 이 몸은 당신을 잃는 것이요, 이 몸이 당신을 버린 것이 되어요. 이 몸은 이 몸의 목숨만큼 아니, 그보다도 더 당신을 잃기 싫었던 것뿐이에요. 이제 그것은 당신에게 옮겨졌어요. 당신에게 차라리 버림을 받을지언정 이 몸이 먼저 당신을 잃거나 버리고 싶지 않았던 것뿐이에요. 이 몸의 속을 살펴 주세요."

민정은 희고 갸름한 얼굴을 약간 뒤로 젖힌 채 기파랑을 쳐다보았다. 그녀의 새까만 눈동자는 먼 데를 바라보는 것처럼 흰자위로 에워져 있었다.

"오오, 민정, 나의 사랑! 나의 목숨처럼 짧고 슬픈 것이 또한 나의 사랑이던가."

기파랑은 혼잣말같이 이렇게 부르짖고는 그 자리를 떠나 버렸다.

기파랑은 그 길로 곧 그의 아버지를 찾아갔다.

"제가 거리에서 들으니, 이찬 김순원이 〈첩념유랑 낭급구첩〉이라는 여덟 자를 자기의 며느리에게 씌워서 혜명비에게 전했다 하더이다."

하고, 민정에게서 들은 말을 출처만 밝히지 않은 채 그대로 전했다.

"음, 그것이 사실이란 말이냐."

"네에. 사실임에는 틀림이 없습니다."

"누구에게서 들었단 말이냐."

"김순원의 친척으로 저와 가까운 사람이 있사오니 성명을 밝히지 말아달라고 부탁이 있었습니다."

"……."

영종은 고개를 끄덕였다. 그는 곧 일어나 옷을 갈아입자 궁중으로 향했다. 왕은 아침부터 몸이 괴롭다 하여 침전에 누워 있다가 영종이 예궐하기 조금 전에 겨우 기동을 했던 것이다. 그는 지난 밤 꿈에 정화를 본 것이다. 정화는 머리를 흩뜨린 채 몇 번이나 〈상감 마마, 이 몸은 원통하옵니다〉 하며 흐느껴 울었던 것이다. 아직도 정화의 미모에 대한 미련이 원전히 가시지 않았던 그에게는 꿈에 본 그녀가 몹시 측은하게 보였던 것이었다. 그렇다고 해서 젊은 왕비 혜명이나 중시 김신충들을 상대로 정화를 두고 겨뤄내기에는 기력이 부쳤다. 어떻게 그들과 심히 다투지 않고 정화의 목숨이나 보전해 주었으면 하는 생각이었다. 그는 이런 것을 생각하며 낮이 지나도록 자리에 누워 있었던 것이다. 마침 그러한 심정이 아니었더라면 김영종의 배알을 허락하지도 않았을 것이다.

김영종은 고개를 떨어뜨린 채,

"사뢰옵기 황송하오나 여식 정화의 필적으로 거짓 꾸며진 괴문자(怪文字) 팔자(八字)는 이찬 김순원 경이 친히 아는 일인 줄 아뢰나이다."

하고, 단도직입적으로 요점을 먼저 말했다.

그러자 왕은 이내 이맛살을 찌푸렸다. 그는 김영종이 정화의 목숨을 구출하도록 유리한 증언을 말해 주는 것은 좋으나 그것이 왕비 혜명의 아버지인 김순원에게 죄를 돌리는 결과가 되어서는 난처했던 것이다. 일의 옳고 그름이나, 결과 잘못의 문제가 아니라, 성가시지 않고, 귀찮지 않고 거기다 같은 값이면 너무 억울하거나 원통한 일도 없었으면 했을 뿐이다. 그런데 김영종은 정화의 필적이 김순원에게서 나온 것이라 하니 이는 얼마나 세상을 시끄럽게 하려고 하는 수작인지 모를 일이다. 그는 그것이 대단히 못마땅했던 것이다.

"뭣이? 김순원이 아는 일이라고? 그럼 그 괴이한 글을 김순원이 만들었단 말인가?"

"네에. 황송하오나 그런 줄 아뢰나이다. 원하옵건대 여식 정화의 필적을 감정해 주시옵소서."

"내가 보니 틀림없는 여필이거든, 이찬 김순원이 여필을 흉내냈단 말인가. 만약 정화의 필적이 아니라면 감정한 결과, 정화의 목숨은 구하려니와…… 썩 물러 나가."

왕은 덮어놓고 호령을 하였다.

"아뢰옵기 황송하오나 김순원 경이 손수 쓴 것이 아니라……."

"듣기 싫어. 내 명령에 거역할 참인가?"

왕이 두 번째 호통을 치자, 이번에도 또 먼젓번과 같이 나마가 달려들어 강제로 그를 끌어냈다.

이 소문은 이내 김신충과 김순원에게 전해졌다. 순원은 곧 신충을 찾아가 이 일을 상의하였다.

"내가 내일 아침 일찍 상감께 아뢸 터이니 오늘 밤으로 미리 갑사(甲士)들을 소집해 두고 만일의 경우에 대비해야지)."

김신충의 말이었다.

"만일의 경우라니?"

"내일 아침이라도 나랏님께서 어떠한 분부를 내리실지 모르거든. 그러니까 내가 예궐하여 상감께 아뢰는 대로 곧 행동을 취할 수 있게 준비를 해 준단 말일세."

"그럼 밤중으로 갑사들을 소집하도록 합시다."

이렇게 의논이 되자 그들은 곧 사람을 퍼뜨려 갑사들을 모아들이기 시작하였다.

이 소문은 동시에 김영종에게도 전해졌다.

김영종은 이것을 듣자 이내 네 아들을 불러 놓고 상의하였다.

"지금 김신충과 김순원이 이 밤중으로 갑사들을 모은다 하니 이는 반드시 우리 집을 치려는 것이다. 내 낮에 상감께 배알하고 괴문자의 출처를 사실대로 아뢰었더니 김신충, 김순원의 무리들이 저희들의 죄상이 탄로날까 두려워한 나머지 권세를 믿고 병력으로 미리 우리 집을 치려는 것이다."

김영종의 침통한 어조다.

이에 맏아들 기수가 먼저 입을 열었다.

"상감께서는 저리도 혼약(昏弱)하시고 김신충의 무리는 저리도 간악과 횡포를 다하니 이 가운데서 이제 시비를 가린다는 것은 기대할 수 없는 일이올시다. 더욱이 그들이 이미 갑사를 모은다 하니, 저희가 이대로 팔짱을 끼고 앉아 운명만을 기다릴 수는 없는 줄 압니다."

큰아들의 말이 끝나자, 이번에는 둘째 아들 기나가 또한 입을 열었다.

"형님 말씀이 옳은 줄 압니다. 저희도 곧 장사를 모아야겠습니다. 가만히 앉아서 도륙을 당하는 것보다는 악당을 물리치고 나라를 바로잡아야 할 줄 압니다."

기나의 말이 끝나자 이번에는 기파의 차례가 되었다. 일동의 시선이 그에게 집중되었다.

'너의 생각은 어떠냐?'

"저는 본래 두 분 형님 뒤를 따라 나랏님께 충성을 다하고 부모님께 효도를 다하여 나라를 빛내고 집을 일으키는 일에 목숨을 바치려 했습니다. 이제 아버님께서나 두 분 형님들께서 누님의 억울한 누명을 씻어주려다 도리어 악당들의 모해를 받게 되었으니 이는 더없이 원통한 일인 줄 아오나, 한편 돌이켜 생각하면, 암약(暗弱)한 군왕이요, 횡포한 재상이라 할지라도 김순원의 무리가 이미 군왕의 위의를 빌렸은즉 신자(臣子)의 몸으로 군왕의 위의를 칠 수는 없는 줄 압니다. 이는 부형이 아무리 완매(頑昧)할지라도 자제의 몸으로 부형을 칠 수 없음과 같은 줄 믿습니다."

기파랑은 두 팔을 세워 방바닥을 짚고 머리를 수그린 채 울음 섞인 목소리로 이렇게 대답했다. 방바닥 위에는 쉴 사이 없이 눈물이 떨어지고 있었다.

"……"

김영종은 침통한 얼굴로 기파랑을 묵묵히 바라보고 있을 뿐이다.

"그렇지만 오늘 밤까지는 왕명이 아니니라."

큰형 기수가 우선 이렇게 말했다.

"그렇더라도 김신충, 김순원의 무리가 병부(兵部)와 통해 있으니 처음부터 관군의 이름으로 거동하리라."

아버지 영종이 큰아들의 말에 응수하였다.

그러자 둘째 아들 기나가 분연히 입을 열었다.

"지금과 같은 위기 일발에 처해서 관군이니 아니니를 헤아릴 수가 없습니다. 어진 사람을 모해하고 바른 사람에게 억울한 누명을 씌워서 죽이는 놈들이 악당이 아니고 무어란 말이냐. 악당의 무리가 조위(朝威)와 관군의 이름을 빌렸다 해서 바른 사람이 가만히 팔짱을 끼고 앉아 도륙을 당해야 옳단 말인가. 이리 죽으나 저리 죽으나 죽는 판에 역도(逆徒)의 이름을 면할 줄 아느냐. 다행히 하늘이 도와서 악당을 무찌르고 우리가 이긴다면 저들이 역도가 될 것이고, 우리가 조위를 입지 않겠느냐. 만약 동생이 싫다면 나 혼자라도 내 수하들을 거느리고 순원의 목을 얻으러 가겠다."

기나는 이렇게 큰소리로 외치며 자리에서 일어났다.

"기나의 말이 옳다. 나도 나의 수하 장사들을 거느리고 가서 김신충의 목을 빼앗아 오겠다."

하고 큰아들 기수도 일어났다.

"너는 다시 어떠냐."

아버지 영종이 또다시 기파의 의견을 물었다. 그러나 기파랑은 그의 아버지 앞에 두 손을 짚고 머리를 수그린 채,

"아버님, 이것은 원통함과 분함에서 취하는 일이요, 대의가 분명한 일은 아닙니다. 억울함과 원통함이야 우리가 받을 손해에 불과한 것이요. 그 손해가 비록 죽음과 누명에 이른다 할지라도 이미 정해진

〈손해〉를 면코자 다른 손을 쓰고 싶지는 않습니다. 그런 일에 저의 목숨과 이름을 쓰느니보다는 차라리 아버님께 그대로 돌려드리고자 합니다. 부디 받아주셔서 본디와 같이 없이해 주소서."

이렇게 말하며 그는 자기의 칼을 빼서 두 손으로 아버지께 바쳤다.

그러나 영종은 아들의 칼을 받지 않은 채 침통한 얼굴로,

"어진 아들아. 너는 나를 가르쳐 주었다. 그러나 나는 너에게서 배우지 못하고 너의 형들과 함께 나가 우리의 운명을 시험하겠노라. 지나간 일을 돌이키지 못할진대 이제는 하는 수 없이 되었구나."

이렇게 말을 남기자 곧 무장을 갖추고 밖으로 나가 버렸다.

김영종과 그의 두 아들이 거느리는 결사대 삼백 명은 두 길로 나누어 하나는 김신충의 집으로 향하고 하나는 김순원의 집으로 향해 진격하였다. 김신충과 김순원도 그동안에 이미 약 백 명씩이나 갑사들을 모아놓고 각각 대기를 시키고 있었으므로 공격군이 이르자 양군 사이에는 이내 처절한 격전이 전개되었다. 그러나 김신충이나 김순원으로 말하면 김영종이 먼저 손을 써서 이와 같은 결사대를 이끌고 쳐올 줄도 모르고 그저 경비원 정도로 약 백 명씩을 비치시켜 두었던 것이라 여간 당황하지 않았다. 더욱이 공격군은 기수, 기나 두 형제의 직속 부대로, 그들 두 형제가 이미 죽음을 각오한 싸움이니만큼 그들의 공격은 용감과 장렬을 극했다.

둘째 아들 기나가 공격하는 김순원의 집은 삽시에 불이 붙고, 집을 지키던 약 백 명의 갑사들은 그들을 맞아 싸우기보다 김순원과 그의 가족들을 도망시키기에 더욱 급급한 판이었다. 김순원의 아들 유경은 그의 가족들과 함께 뒷문으로 빠져나가다가 누구의 것인지도 모르는 난데없는 화살에 맞아 죽고 말았다. 다른 가족들도 많이 부상을 입은 채 어둠 속에 싸여 간신히 목숨을 건졌다.

공격군은 노도같이 밀려오며,
"김순원을 죽여라!"
"김순원을 죽여라!"
하고 외쳤으나, 김순원을 찾아내지는 못했다. 그는 남의 집 보릿짚 무더기 속에 숨어 있었던 것이다.

기나의 결사대는 연방 〈김순원을 죽여라〉를 외치며 궁성을 향해 몰려갔다. 그러나 이것은 총지휘자인 김영종의 명령으로 저지되었다. 그들은 김신충의 집을 향해 진격의 목표를 돌렸다.

김신충의 집에서는 그의 큰아들 김중악(金重岳)이 무장이었으므로 김순원과 같이 이내 허물어지지 않았다. 그는 손수 칼을 빼들고 나와 갑사들을 지휘하여 싸웠으므로 본부군이 이르기까지 간신히 버틸 수 있었다. 그리하여 기나의 공격대가 기수의 병력과 합세하였을 때는 이미 본부군이 잇따라 증원되기 시작한 뒤였다. 그리고 그때는 이미 밤도 희뿌옇게 샐 무렵이었다.

불길과도 같이 맹렬하던 기수, 기나 두 형제의 공세도 날이 새면서부터는 차차 무디어지기 시작하였다. 화살이 대개 동이 났던 것이다. 그 반면에 관군은 날이 밝을수록 자꾸 더 증원될 뿐 아니라 우세한 장비로써 반격을 개시하게 되었다. 이리하여 날이 아주 환히 다 샜을 때는 약 열 곱절이나 되는 관군에 의하여 완전히 포위된 채, 공격군의 대부분은 전사를 한 뒤였고, 남은 병사 수십 명도 대개는 부상을 입었거나 화살이 떨어져서 싸울 능력이 없는 사람들뿐이었다.

기수, 기나 두 형제는 날이 다 샌 동시, 거사가 실패로 돌아간 것을 알자 스스로 약속한 뒤 서로 마주 찔러서 죽었다. 그들의 아버지 김영종은 그보다 먼저 그를 호위하고 있던 그의 수하 군사 두 사람의 배반에 의하여 생포되고 말았다.

김영종이 생포되기보다도 또 먼저 기파랑과 그의 바로 손아래 누이

동생인 정하(貞河)는 자기네 집에서 생포되었다. 그들의 어머니 박씨는 자결해서 죽고, 그들의 막내 동생인 기지는 칼을 들고 항거하다가 찔려 죽었다. 그때 기지의 나이 열한 살이요, 그 위의 정하는 열세 살이었다.

이튿날 아침 일찍이 김신충이 효성왕을 배알하고 이 일을 아뢰었다.

"사, 사뢰옵기 황송하오나!"

하고 그의 두 눈이 퀭하여 아직도 놀람이 가시지 않은 얼굴로 입을 떼었다. 그의 입술은 푸들푸들 뛰고 있었다.

"반도의 괴수 김영종이 이찬 김순원을 상감께 중상을 하더니, 그 길로 상감께 원한을 품고 저의 아들들을 시켜서 황공하옵게도 반란을 일으키려 한다는 정보를 사전에 입수하여 관군을 대비시켜 두었다가 그 일당을 모조리 생포하여 대죄시켜 두었나이다."

하였다.

이 말을 들은 왕은 무슨 꿈이나 꾸는 듯한 얼굴로,

"무어, 파진찬 김영종이 반란을 일으켰다고? 누구의 명령으로?"

하였다.

"아뢰옵기 황송하오나 상감께 원한을 품은 줄 아나이다."

"무어, 나에게 원한을 품었다? 여기 곧 대령토록 하오."

왕은 아직도 정신이 채 돌아오지 않은 듯한 얼굴이었다. 그는 이 삼 사 년 동안에 형편없이 늙어 버렸다. 마흔일곱 살에 처음으로 왕위에 오른 때와 지금의 그를 비교한다면 십 년 이상이나 늙은 듯하였다.

김신충이 김영종을 결박하여 왔다.

왕도 이제는 제정신이 돌아오는 모양이었다. 김영종의 얼굴을 한참 동안 멀거니 바라보고 있던 왕은,

"너는 무슨 일로 반란을 일으켰느냐?"

하고 아주 천연스레 물었다. 이때 김영종은 이를 부드득 갈고 나더니,

"성상을 속이고 정사를 문란케 하며, 어진 사람에게 억울한 누명을

씨워 죽이려는 김신충의 무리를 물리치고 성상의 일월지덕(日月之德)을 밝히고자……."

김영종의 말이 미처 끝나기도 전에 김신충이 그의 말을 가로막으며,

"역도 김영종이 조위를 어지럽히고 대신을 모함하였사오니 한시바삐 극형을 내리심이 마땅한 줄 아나이다."

하고 머리를 굽신거렸다.

이때 왕이 다시 입을 열었다.

"네 딸 정화는 내가 특히 생각해서 그 목숨이나 보존케 하려 했더니 네가 새삼 반란을 일으키고 대신을 함부로 모함했기 때문에 이제는 함께 주벌할 수밖에 없다. 그 밖에 다른 소원은 없느냐?"

김영종은 머리를 수그리고 한참 동안 생각하고 나더니 이제는 아무래도 죽게 된 바에 다만 한가지라도 자손을 위해서나 구명을 해두고 싶었던 것이다.

"소신의 네 아들 가운데서 셋째인 기파는 소신에게 극력으로 이 일을 말렸고, 또한 끝까지 가담하지 않았사오니, 만약 그 아이가 살아 있으면 시비를 가려주시기 바라나이다."

"……"

왕은 고개를 끄덕였다.

"그럼 반도 김영종을 그의 여식 정화와 함께 주벌키로……."

하는 김신충의 말을 가로막으며,

"김영종의 가족은 모두 어디 있는고?"

하고 왕이 물었다.

"모두 죽고, 생포된 자는 김영종 외에 그의 셋째 아들 기파와, 그의 둘째 딸뿐인 줄 아나이다."

"그러면 그들 남매는 부형의 죄에 연좌시키지 말고 내가 분부할 때까지 보호해 두오."

김신충도 이 문제를 가지고 왕과 다투고 싶지는 않았다. 그까짓 애들 쯤이야 서서히 도모해도 늦지 않으리라 믿었던 것이다. 그보다도 그에게는 김영종과 정화의 목을 베어 없애는 일이 더 급했던 것이다.
　이튿날 왕은 기파와 정하를 불러들이게 하였다. 한 쌍의 소년 소녀를 보자 왕은 가슴이 두근거리기까지 하였다. 그렇게도 그들 남매는 뛰어나게 아름다운 얼굴이었던 것이다.
　왕은 사흘 동안이나 계속하여 그들 남매를 친히 심문하였다. 그들을 접견하는 일이 한 즐거움같이도 보였다. 사흘째 되던 날 왕은 얼굴에 온화한 웃음을 띤 채,
　"내가 일찍이 너희 남매를 보았던들 이런 참변이 일어나지 않았을 것을……"
하며, 혼잣말같이 중얼거렸다.
　두 남매는 말없이 고개만 깊이 떨어뜨리고 있었다. 왕은 다시 말을 계속하였다.
　"내 너희들을 더 아끼고 싶으나 남의 이목이 있으니 하는 수 없다. 기파에게는 생명을 보존케 하여 내보내어 삼 년 동안은 서울에서 살지 못하게 한다. 정하는 내 전비 박씨를 시봉(侍奉)케 한다."
　이리하여 그들 남매는 왕의 특별한 은사로 인하여 다시 목숨을 얻게 되었다.
　기파랑이 왕의 특별한 은사로 다시 자유스러운 몸이 되었다는 소문을 듣고 김정충의 딸 민정이 야음을 타고 와서 그를 찾았다. 그러나 그는 그녀를 만나지 않고 그의 누이동생인 정하를 통하여 편지 한 통을 전했다. 편지의 내용은 다음과 같다.

　　오오, 사랑하는 민정랑(敏淨娘). 사랑이 무엇이기에 나의 가슴속에
　아직도 그대 생각이 남아 있단 말이오. 민정랑, 이 몸은 이미 죽은 몸이

오. 죽은 몸이 땅 속에 묻히지 못하고 땅 위에 남아 있으니 어찌 서럽지 않겠소.

　사랑하는 민정랑, 이 몸은 일찍이 한 번도 목숨에 집착을 가져본 적이 없었소. 언제든지 그것은 한 번 옳은 일을 위하여 쓰여질 물건같이 생각하여 왔다오. 그러나 복이 없는 이 몸에게는 그러한 기회가 돌아오지 않았소. 그래서 이 몸의 목숨을 이 몸의 아버지께 돌려드리려 하였으나 아버지께서도 받아주시지 않으시매 그 다음엔 억울하게도 주벌을 당해야 할 부형과 연좌되었으나 성상께서 또한 이 목숨을 이 몸에게 돌려주었소. 그러한 이 목숨이거늘 이제 새삼 내 손으로 끊어서 불효불충이 될 수도 없구려.

　사랑하는 민정랑. 아무리 깊은 수풀 속에서 피나게 우는 두견일지라도 이 몸의 슬픔을 다 울지는 못할 것 같소. 사랑이 무엇이기에 이 몸의 가슴속에 아직도 그대가 숨 쉬고 있단 말이오.

　그럼 민정랑. 부디 복되게 사시오. 이 몸은 두 번 다시 사람의 마을에 나타나지 않을 것이오.

　기파랑은 그 길로 흔적을 감추자 과연 다시는 세상에 나타나지 않았다. 어떤 사람은 그 길로 지리산으로 들어가 신선이 되었다고 하고, 또 어떤 이는 어느 절에 가서 중이 되었다고도 한다.

　저 유명한 「안민가(安民歌)」와 「찬기파랑가(讚耆婆郎歌)」를 지은 선승(仙僧) 충담(忠談)은 본래 그의 낭도 중의 한 사람이었다고 한다.

　　　　열치고 나타난 달이, 흰구름 좇아 떠나가는 어디
　　　　새파란 냇물 속에, 기랑의 모습 잠겼세라.
　　　　이로부터 조약돌에나, 그대의 마음결을 찾을까.
　　　　아아 잣(柏)가지 높아 서리 모를 화랑님이여.
　　　　咽鳴爾處米 露曉邪隱月
　　　　白雲音逐于浮去隱安支下 沙是八陵隱汀理也中

咽郞矣貌史是史邪 逸川理叱積惡希
郞也持以支如賜爲隱 心未際叱肹逐內良齊
阿耶栢史叱枝次高支乎 雪是毛冬乃乎尸花判也

---

*(출)『김동리 역사소설』, 지소림, 1977.

최치원

　고운(孤雲) 최치원(崔致遠)의 시에 〈가을 바람은 괴롭게 읊조리는데, 세상에는 시를 아는 사람이 드물구나. 창 밖에는 비가 내리고 밤은 삼경인데, 홀로이 등잔불을 바라보며 마음은 만 리 밖을 생각하다(秋風惟苦吟 世路少知音 窓外三更雨 燈前萬里心)〉는 오절(五絶)이 있다.
　신라 시대의 문호 최치원의 수많은 걸작 가운데서도 뛰어난 작품의 하나다. 나는 어려서부터 이 시를 애송하였다. 나는 그가 소년 시절과 청춘시절을 당(唐)나라에서 외롭게 보냈다는 것을 들었기 때문에, 그가 〈만리 밖을 생각한다〉는 이 〈만리심〉이란, 곧 당나라를 두고 하는 말이란 것을 짐작하였다. 그는 서른이 넘어 고국(신라)으로 돌아왔다고 한다. 그러니까 그동안 당나라에서 맺은 꿈 같은 로맨스도 많을 것이며 쓰거운 경험도 한두 가지가 아닐 것이다. 그렇다면 그날 밤, 비가 내리는 삼경에 등불을 바라보며 생각한 당나라 시절의 추억이란 구체적으로 무엇일까? 나는 항상 이것을 궁금하게 생각하고 있었던 것이다.

그러나 천여 년 전의 일이라, 고운에 대한 기록은 지극히 간단한 것이며, 더욱이 그의 시에 대한 해설 같은 것은 거의 찾아볼 길도 없다.

그런데 우연히도 나는 이러한 나의 연래(年來)의 궁금증을 풀 수 있게 되었던 것이다. 그것은 지금으로부터 스물다섯 해 전이다. 내가 해인사(海印寺)에 묵고 있을 때의 일이다. 하루는 〈백련암(白蓮庵)〉에 계시는 청뢰 선사(淸籟禪師)에게 들렀다가 뜻밖에도 『쌍녀분후지(雙女墳後志)』라는 진기한 책 한 권을 얻어 보게 되었던 것이다.

책 거죽에는 한문 글자로 〈쌍녀분후지〉라 씌어 있고, 그 아래는 역시 한문 글자로 〈신라 최치원〉이라는 서명이 있었다.

"이게 어찌 된 책입니까?"

하고 내가 물으니까, 청뢰 선사는 얼른 대답을 하지 않고 그냥 빙긋이 웃고만 있었다.

이 청뢰 선사는 문학에도 조예가 깊다고 해서, 산중에서는 노소간(老少間)의 존경을 고루 받고 있었다. 나도 이때 이미 소설 「화랑 이야기」가 당선된 뒤라 내딴에는 제법 문학가로 생각하고 있을 무렵이니만큼 문학에 조예가 깊다는 이 노승에 대하여 깊은 존경을 가지고 있었으며, 끝내는 그에게서 거사계(居士戒)까지 받게 되었던 것이다. 그래 나는 자주 그를 찾아 백련암으로 갔고, 그리하여 그가 나에게 이 「쌍녀분후지」를 보여주었을 때는 이미 그와 나의 사이에는 사제지간의 정도 두터워진 뒤였던 것이다.

"그럼 이것도 고운 선생의 저작입니까?"

하고, 나는 빙긋이 웃고만 있는 청뢰 선사에게 또 한 번 물어보았다. 청뢰 선사는 내가 이렇게 두 번째 물었을 때 비로소 입을 열어,

"그래."

하고 나서 다시,

"자네는 고운 선생의 문학 가운데서 이런 제목을 본 적이 있는가?"
하고 물었다.

나는 없다고 했다. 나도 그때 이미 내 백씨에게서 고운의 시문(詩文)에 대한 이야기를 자주 들었을 뿐 아니라, 쌍녀분에 대한 이야기도 대강은 들은 적이 있었으나, 여기 씌어 있는 바와 같이 「쌍녀분후지」란 난생처음 보는 제목이었던 것이다.

그러자 청뢰선사는 그 조그만 눈에 광채를 띠며,

"그럴 걸세."
하고 득의의 미소를 짓고 나서,

"이 책은 아직 세상에 공표되지 않았으니까."
하는 것이 아닌가.

이 말을 듣고는 나도 놀라지 않을 수 없었다. 신라 시대의 문호, 아니 해동 청사상(海東靑史上)의 문호 최치원의 유작이, 그것도 천 년 동안이나 묻혀 있었던 미발표의 작품이 여기 있다니, 이 얼마나 끔찍하고 신기하고 놀라운 일이란 말인가.

"그렇지만 이것이 고운선생의 친작이란 것은 어떻게 압니까. 이것이 바로 고운 선생의 친필이기라도 합니까?"

내가 이렇게 물었을 때 청뢰 선사는 가만히 미소를 띠고 있었다. 한참 뒤 그는 조용히 입을 열었다.

"고운 선생께서 말년에 이 해인사에 들어오셔서 여생을 보내신 것은 자네도 알겠지?"

"예, 그것은 기록에서도 보았고, 또 이 아래 홍류동(紅流洞)에 있는 비석에서도 보았습니다."

"그렇다면 됐어, 내 이야기할 게 들어보게."

선사의 이야기를 요점만 추리면 다음과 같다.

고운 선생이 말년에 해인사의 홍류동천(紅流洞天)에 와 계실 때, 그를 섬기는 제자 한 사람이 있었다. 그해 해인사에 승적을 둔 혜석(慧石)이라는 젊은 학승이었다. 혜석은 고운 선생을 어버이와 같이 받들었으며 고운 선생은 그를 또한 친자식과 같이 사랑하였다. 그리하여 그가 세상을 떠나기 한 달 전에 겨우 끝을 맺은 작품 「쌍녀분후지」를 혜석에게 주며,
"이것은 네가 가지되 세상에 드러내지 말라."
고 유언했다는 것이다.

혜석은 그 뒤 이것을 자기의 후계자에게 전하되 선생의 유훈(遺訓)을 지켜 역시 세상에 공표하지 못하게 하였는데, 이것이 한 신성한 비전(秘傳)이 되어 천 년간을 다음에서 다음으로 내려와서 이제 자기 손에 이르게 되었다는 것이다.

청뢰 선사는 끝으로 다음과 같이 말함으로써 이야기를 맺었다.

"내가 이 책을 물려받은 지도 어언 사십 년이나 되네. 그동안 세상은 많이 변했지. 내 그동안 생각해 보니 우리 윗대 스님들은 대단히 거룩한 어른들이나 너무 고지식했단 말일세. 왜 그런가 하면 그때 고운 선생께서 이 책을 세상에 드러내지 말라고 하신 것은 이것이 시문이 아닌 설화였던 것과, 또 선생 자신의 실기(實記)로 되어 있었기 때문이란 말일세. 요샛말로 하면 뭐라고 하는가. 소설은 소설인데, 즉 자기 자신이 직접 당한 이야기란 말일세. 그런데 옛날 사람들은 그런 것을 잘 쓰려 하지 않았고, 또 쓰더라도 공개하지 않으려 했단 말일세. 그러나 지금 와서 생각하니 그럴 필요가 조금도 없단 말일세. 마침 글을 좋아하는 사람이니 어디 한번 가져가서 읽어나 보게."

나는 청뢰 선사에게 고맙다는 인사의 말을 하고 곧 그것을 읽어 보기로 하였다.

그 결과 그것은 과연 비전이 될 만한 책이란 것을 깨닫게 되었다.

"스님, 이 책을 지금이라도 세상에 발표하는 것이 어떻겠습니까?"

나는 그것을 다 읽고 나서 청뢰 선사에게 이렇게 제안하였다. 선사

는 가만히 웃으면서,

"어떤가, 발표해서 선생께 누가 될 것 같지는 않은가?"

"누라니요? 이것을 발표하면 고운 선생의 더 위대한 점이 나타나지요."

"그래, 그렇다면 자네에게 맡기니까 적당히 해 주게. 나는 자네의 아버지도 알고 백씨와도 잘 아는 사이니까 자네를 믿고 맡기겠네."

나는 선사에게 절하고 나서 이 책을 맡았다. 그러나 이 책의 운명은 정말로 기구를 극하였다. 내가 이 책을 그 당시의 순문예지인 《문장》지에 원문과 함께 역문(譯文)을 연재하려고 교섭을 하고 있을 때, 나는 불행히도 일제 경찰에 의하여 검거되는 동시에 나의 귀중한 책들이 모두 압수되는 통에 그것도 그 속에 끼여들고 말았던 것이다.

그 뒤 나는 반년이나 지나서 석방이 되긴 하였으나 그 책은 끝내 경찰의 손에서 찾아내지 못하고 말았다. 그동안 내가 이 책을 찾기 위하여 바쳐온 노력이란 필설로 다할 수 없는 것이었으나 책은 결국 돌아오지 않고 말았다(경찰에서는 그 책이 폭격에 의하여 경찰서와 함께 타고 말았다는 것이다).

이에 나는 고운 선생이나 청뢰 선사에 대한 죄송스러움과 내 자신의 안타까움을 참지 못하여 그때에 내가 읽은 기억을 자료로 하여 「쌍녀분후지」를 여기에 공개하려 하는 바이다. 원문은 물론 한문이요, 그것도 또한 지금도 기억에 남은 것만 자료로 하느니만큼 이것이 원문 「쌍녀분후지」와 꼭 같다고 장담할 수는 없다. 군데군데 나의 주관이 많이 섞이게 될는지 모르지만 이 점에 대해서는 미리 양해를 구해 두는 바이다.

내가 당나라로 건너간 것은 열두 살 때요, 당나라에서 과거를 본 것은 열여덟 살 때다. 나는 과거에 등과하여 진사가 되고, 이내 선주(宣

洲) 율수현(溧水縣)의 현위(縣尉)로 임명되었다. 그러니까 이 이야기는 내가 현위로 임명된 이듬해의 일이다.

하루는 친구들과 더불어 현내(縣內)의 명소인〈쌍녀분(雙女墳)〉을 구경하게 되었다.〈쌍녀분〉은 율수현의 남쪽 언덕 위에 있었는데 무덤 앞에는 석문(石門)이 있고, 그 석문에는〈쌍녀분〉이란 세 글자가 현판과 같이 가로 새겨져 있었다. 무덤 위에는 잡초가 우거져 있고 잡초 속에는 개구리와 여치가 뛰고 있었다. 나는 무엇인지 서글픈 생각이 들었다. 그리하여 나는 동행을 돌아다보며 이렇게 물었다.

"이것이 누구의 무덤이오?"

"쌍녀분."

동행은 이렇게 대답하였다.

"글쎄 쌍녀분이란 것은 석문에 새겨져 있으니까 나도 알지만 어떠한 내력이란 말이오?"

"그건 나도 모르겠소."

이 말을 듣자 나는 더욱 서글픈 생각이 들었다.

나는 무덤에서 내려왔다. 그리하여 그 근처의 주막에 들어가 술을 마셨다. 그러는 동안에도 나의 가슴은 무언지 뭉클한 것이 울결(鬱結)된 채 풀리지 않았다. 얼굴은커녕 이름도 성도 모를 두 여자의 무덤. 것도 어제 오늘의 일이 아니요, 수백 년 전에 이미 흙이 되어 버린 − 알지 못할 두 여자의 무덤, 그것이 왜 그렇게 나의 가슴을 아프게 하는지 알 길이 없었다(지금 생각하면 그것도 한갓 나의 젊은 날의 여수에 지나지 않았는지 모르지만).

그날 밤 나는 관사에 들어갔어도 잠을 이루지 못했다. 밤이 깊도록 내 마음은 까닭 모를 회포에 잠긴 채 아득한 옛날로 돌아가 헤매이기만 하였다.

닭이 첫 홰를 울었을 때였다. 내 마음속에서 홀연히 다음과 같은 시

(칠언율시) 한 수가 떠올랐다.

누구 집 두 처녀가
이 무덤 남겼기에
해마다 잡초 속에
설운 봄을 맞는고.
아리따운 그 모습
저기 저 달 되었는가
이름 암만 불러도
무덤은 대답 없네.
애달픈 정 사무치어
꿈길 속에 오가거니
긴긴 밤 나그네의
시름만 돋우누나.
외로운 이 자리에
그대 만나본다면
안타까운 이 마음
풀어본다 하련만,
誰家二女此遺墳 寂寂泉聲幾恐春
形影空留溪畔月 姓名難問塚頭塵
芳情儻許通幽夢 永夜何妨慰族人
孤館若達雲雨會 與君幾賦洛川神

나는 이튿날, 이 시를 나의 시우(詩友)로서 마침 나를 찾아준 장수(張秀)에게 보였다.
　장수는 혼자서 목청을 돋우어 가며 두어 번 낭송을 하더니,
　"자네 이러다가 귀신하고 연애하겠네."
하였다.

나는 그의 말에 쓴웃음을 지으며,
"설마 그렇기야 할라고."
하였다.
그런 지 달포 지난 뒤였다.
하루는 진덕(陣德)이 찾아와서,
"자네 저번에 지은 시 내 보았네."
하였다. 장수에게서 들었다는 것이다.
진덕으로 말하면 나의 가장 친한 시우의 한 사람이요, 그의 집은 이 고을에서도 가장 이름 높은 구가(舊家)였던 것이다.
내가 역시 쓰거운 웃음을 띠고 있으려니까 진덕은 다시 말을 계속하였다.
"우석(于石-장수의 字)이 자네가 귀신과 연애하겠다고 걱정했다면서, 나도 동감일세. 자네의 그 그윽한 회포를 내 헤아리지 못할 배 아니지만 유명(幽明)을 달리 한 색시를 두고 공연히 심신을 손상시킬 필요는 없지 않은가."
"이 사람아, 혼자서 그렇게 속단하지 말게. 누가 심신을 손상시키고어쩌고 한단 말인가."
"그럼 다행이지. 그런데 그 쌍녀분의 고사는 내가 들은 것이 있어. 그건 옛날 장씨가(張氏家)의 두 딸 형제가 놀라운 문재(文才)를 가졌었는데 그 부모가 소금장수한테 시집을 보내기로 하니 함께 분사(憤死)를 했대. 그래서 거기가 함께 묻었다는 거야."
"그것을 진작 좀 알려주었더라면 좋았을 것을……."
"아무튼 좋아. 내 오늘은 자네를 위하여 술을 마련해 두었네. 자네의 신작시를 위한 피로연이라고 할까."
"자네의 후의는 고맙네만 제발 너무 놀려 주지는 말게."
"자네의 시에 자네의 심정이 나타나 있기에 하는 말이지, 내가 자네를 놀려 주려고 그러는 줄 아는가. 아무튼 좋으니 나와 함께 가세."

이리하여 나는 그를 따라 진씨촌(陣氏村)으로 가게 되었다. 나는 그 전에도 그를 따라 몇 번 이 동네에 와서 놀다 간 일이 있었지만 이 진씨촌 가운데서도 진덕의 집은 가장 크고 넓은 편이었다.

진덕은 나를 그의 서재로 인도하여 들인 뒤 술과 음식을 차려 내어 오게 하였다. 그런데 내가 처음부터 좀 이상하게 생각한 것은, 그의 말대로 나의 새로 된 시를 위한 피로연이라면 왜 다른 시우들을 초청하지 않을까 하는 점이었다.

그와 내가 술상을 사이에 두고 마주앉자, 가기(家妓) 두 사람이 들어와서 양쪽 상머리에 앉아 술을 따라 주었다.

"자아, 들게."

그는 자기의 술잔을 받아 나에게 마시기를 청했다. 우리는 함께 첫잔을 내었다.

"다른 친구들은 오지 않는가?"

내가 이렇게 물으니까,

"음, 오늘은 조용히 자네와 단 둘이서 마시고 싶네."

하고 대답하였다.

"그럼 저희들은 물러나가리까?"

기생 하나가 샐쭉이 웃으면서 이렇게 말참견을 하자,

"애가 왜 이러느냐?"

하고 그는 점잖게 꾸짖었다.

"우리 이제부터 자리를 바꾸어서 마셔볼까?"

하였다.

나는 어찌 된 영문인지를 몰라서, 뭐 그럴 게 있냐고 했더니, 그는 또 그 둥글넓적한 얼굴에 부드러운 미소를 지으면서 〈좋은 일이 있으니 따라와 보게〉 하는 것이다. 나도 그를 따라 일어났다.

그의 집은 워낙 넓었기 때문에 같은 담장 둘레 안에도 이루 다 헤아릴 수 없는 수많은 집과 수풀과 연못과 언덕이 있었다. 나는 그를 따라 수풀을 돌아 연못가에 나왔다. 머리 위에는 보름 좀 지난 둥근 달이 떠 있었다. 달빛은 못가에 서자 갑자기 환히 밝아지는 듯하였다.

이때 그는 못가에 있는 별당 한 채를 가리키며,

"저것이 나의 별당일세."

하고 자랑스럽게 말했다.

우리는 그쪽을 향해 걸음을 옮겼다. 가까이 갈수록 그 일대에 어우러져 피어 있는 꽃 향기가 우리의 코를 찌르는 듯하였다.

별당에는 불이 켜져 있었다. 진덕이,

"애야."

하고 부르자 안에서 계집애 하나가 문을 열고 나왔다.

그는 그 계집애에게,

"가서 아가씨 모시고 오너라."

하고 나서, 나를 돌아다보며,

"자 들어가세."

하였다.

방 안에는 이미 술과 음식상이 차려져 있었다(진덕이 미리 모두 시켜두었던 모양이었다).

우리가 자리에 앉자 이내 두 차례째의 술을 들기 시작하였다. 그도 술이 이미 반취나 된 듯해 보였다.

"이 집은 그래도 우리 집안에서는 제일 운치를 살리노라고 지은 집일세. 자네 보기엔 어떤가. 그다지 속되지 않지 않은가?"

"속되다니. 천만에, 썩 훌륭한 걸."

나도 얼큰한 편이라 거침없이 칭찬을 해주었다.

"음, 그럼 안심이야, 그럼 됐어. 자아 한 잔."

이렇게 우리가 또 술잔을 기울이고 났을 때였다. 아까의 그 계집애가 방문을 방긋이 열며,

"아가씨 모셔왔어요."

하였다.

진덕이 일어나더니 마루로 나갔다. 그러자 이내 어떤 소복 단장의 처녀 하나를 데리고 들어왔다. 처녀는 열아홉가량 나 보이는 절색이었다. 나는 그때까지 그다지 많은 여자를 보지는 못했지만 내가 일찍이 본 어떠한 여자보다도 월등하게 아름다웠을 뿐만 아니라 그렇게도 아름다운 여자는 세상에 다시 있을 것 같지도 않았다. 만약 내 곁에 진덕이 앉아 있지 않는다면 나는 내가 꿈속에 들어 있거나 그렇지 않으면 무슨 선녀나 귀녀(鬼女)에게 홀려 버린 것이라고 생각했을 것이다.

"너 이 손님께 인사드려라."

진덕이 나의 이러한 망상을 깨뜨리려는 듯이 의젓한 목소리로 이렇게 말했다. 그러자, 처녀는 절을 나붓이 하고 앉았다.

'유명하신 고운 선생이시다."

그는 먼저 이렇게 나를 그녀에게 소개하였다. 그리고 나서 다시 나를 바라보며,

"이 애는 내 누이동생일세. 더 자세히 소개하면 나의 사촌 누이일세. 우리 숙부의 측실에서 난 애지. 그런데 우리 숙부께서 일찍이 세상을 떠나시고 또 그 뒤가 없으시니 이 애들을 종가에서 맡은 셈이야. 이름은 수랑."

진덕은 말을 마치고 나서 또 그녀를 향해,

"손님께 술잔 올려라."

하였다.

수랑은 그가 시키는 대로 공손스레 두 손으로 술잔을 올렸다.

나는 가슴이 와들거리는 것을 간신히 참으며 푸들거리는 손으로

그 잔을 받아 마셨다.

　진덕은 또 입을 열었다.

　"이 애는 시서(詩書)와 가무(歌舞)에 모두 소질이 있다네."

하고 나서,

　"너 고운 선생의 시 한 수를 읊어라."

하였다.

　수랑은 수삽한 듯이 고개를 소곳이 수그린 채 응답이 없었다.

　"내가 시키는 대로만 해라. 알지?"

하고 진덕이 다시 한 번 재촉하자, 이번에는 그녀도 목소리를 내기 시작하였다. 어느 사이에 외웠는지 나의 「쌍녀분」을 읊지 않는가. 나는 정신 나간 사람처럼 그녀의 얼굴만 멍하니 바라보고 앉아 있었다. 내 머릿속에는 은하수가 곧장 흘러내리는 것만 같았다. 그녀의 목소리는 그렇게 맑고, 높고, 시원하였다. 그것은 도저히 밥을 먹고 배설을 하고 사는 사람의 그것 같지 않았다. 이야말로 구름과 안개를 타고 다니는 선녀의 그것 같기만 하였다.

　"어떤가, 자네의 시를 그다지 손상시키지 않지 않았는가?"

　"천만에, 여기다 대면 내 시가 부끄럽지."

　"아무튼 고맙네."

　진덕은 또 나에게 술잔을 들라고 재촉하였다.

　"그리고 내 누이에게도 한 잔 권해 주게."

하였다.

　나는 그의 말이 은근히 고맙기도 하였으나 그들의 풍속을 자세히 안다고 할 수는 없으므로,

　"그래도 괜찮은가?"

하고 진덕을 바라보았다.

　"괜찮다 뿐이가, 영광이지. 모든 걸 나에게만 맡기게."

나는 그의 말에 용기를 얻어서 그녀에게 술잔을 돌리기로 하였다. 그녀는 꿇어 앉은 채 두 손으로 그 잔을 받더니 마시지도 않고 놓지도 않고 그냥 들고만 있었다.

"마셔라."

진덕이 명령하였다. 그래도 주저하고 있는 그녀에게,

"너는 모든 것을 나에게 맡기면 된다. 알지?"

하자 그녀는 잠자코 그것을 입으로 가져갔다.

술잔을 내고 난 그녀에게 진덕은 다시,

"이번에는 너 춤을 한 번 추어라."

하였다. 뒤이어 그는 곁방을 향해,

"얘, 유야, 현금 타라."

하고 명령하였다.

나는 더욱 정신이 어리둥절하였다.

곁방에 이미 현금 탈 사람이 대기하고 있었으리라고는 꿈에도 생각하지 못했던 일이었던 것이다(이 방과 곁방 사이엔 창호지로 바른 미닫이 문이 닫혀 있었다).

그의 명령이 떨어지자 그쪽 방에서는 곧 현금의 줄 고르는 소리가 뚱땅거리며 들려왔다.

'대체 유라고 불린 사람은 누구일까. 여자일까, 남자일까. 그는 왜 이 방에 들어오게 하지 않고 곁방에서 현금을 타게 할까.'

나의 의문은 끝이 없었으나 나는 그것을 참고 있을 수밖에 없었다.

이윽고 곁방에서 〈뚱지땅땅〉 하고 가락이 튀기 시작하였다. 수랑도 현금에 맞추어 춤을 추기 시작하였다. 이때의 그 음악과 춤을 나는 지금도 어떠한 말로써든지 나타낼 수 없다는 점에 있어서 매한가지다. 그때 나의 입에서 부지중 다음과 같은 말이 흘러나왔지만 이것은 나의 부질없는 망상에 지나지 않았다.

오오, 임은 서리 찬 하늘가에
새초롬히 웃으며 새벽달인 양
안개와 강물로 차라리 막으시는데
저 하늘을 찢는 듯한 울음 소리
그 울음 소리에도, 오오 그냥
위태로이 웃고만 계시는가.
학(鶴)이여, 네 새벽달과 입맞춘
슬픈 학이여, 누가 알랴,
여기 물결 자욱한 바다 위를
너 혼자 울음 삼키며 나는 줄을
하늘은 아홉 하늘, 아아
임은 그냥 저만치 웃고만 계시는가

춤과 음악이 멎었다.
나는 진덕에게 턱으로 곁방을 가리켜 보였다.
현금을 타는 사람이 누구냐는 뜻이었다. 그러나 진덕은 이에 대하여 아무런 대답도 없이 그저 고개만 끄덕이고 나서,
"이제 손님에게 인사드리고 너희들은 물러나라."
하고 명령했다.
수랑은 역시 처음 번에와 같이 절을 사뿐히 하고는 말없이 물러나가 버렸다. 그와 동시, 곁방에서도 사람이 물러 나가는 듯한 기척이었다.
그때도 나는 그가 〈너희들〉이라 하고 복수를 쓰는 것이 무언지 이상하게 들리기는 하였으나, 그가 곁방에 대해서는 설명을 하지 않으려는 태도임을 보았기 때문에 또다시 물을 수도 없었다.
수랑이 나간 뒤에 그는 나에게 이런 말을 물었다.
"자네 그 애 어떻게 보는가?"
"절색이로군."

"맘에 드는가?"

"그건 왜 묻는고?"

"맘에 든다면 그 앨 자네에게 줄려고 그러네."

"고맙네."

그때 내 입에서는 나도 모르는 사이에 이런 말이 새어나와 버렸다. 그러나 다음 순간 나는 취중에서도 좀 겸연쩍다는 생각을 하며,

"그렇지만 내가 어려서 단신으로 고국을 떠나와 있다는 것은 자네도 알지 않는가."

하고 자기의 현실적인 조건을 말했다.

"그야 알다 뿐인가. 그러니까 나에겐 조건이 없네. 더 깨놓고 말하면, 자네에게만은 걔를 기생 같은 조건으로 맡겨도 좋다는 뜻일세. 그 복잡한 이유를 나는 다 말할 수 없네. 다만 한 가지, 걔는 아무 데도 시집을 가지 않으려고 하네. 집에서 무리로 보내면 제 손으로 목이라도 매어 죽을 애야. 그런데 마침 자네의 「쌍녀분」 시를 보고 어떻게나 애송을 하는지 자네와 접촉을 시키면 그 애의 마음도 움직여지지 않을까 하는 생각이라네."

이 말을 듣자 나는 또다시 얼떨떨한 생각이 들었다. 나와의 접촉에서도 수랑의 마음이 움직여지지 않는다면 나는 헛물을 켜고 말지 않는가하는 생각이 들었기 때문이었다. 그러나 진덕의 말에 의하면 나에게만은 기생과 같은 조건으로 맡기겠다고 하니 미리 겁을 먹고 달아날 필요는 없지 않느냐 하는 생각이기도 하였다.

이렇게 하여 나와 그녀와의 접촉은 시작되었다. 이틀이나 사흘에 한 번씩 나는 진덕을 찾아가 그의 별당에서 그녀와 만나 놀곤 하였다.

그렇게 네 번째 그녀와 만났을 때였다. 나는 그녀의 그 형용할 수 없이 아름다운 얼굴과 몸과 목소리와 춤과 노래에 빠진 채 이제는 그 이상 자기 자신을 지탱할 수 없게 되었다. 밤이 이슥했을 때였다. 나

는 그녀의 손목을 잡고 부르르 떨며, 동침하기를 청했다. 그러자 그녀는 곧 고개를 흔들며,

"놓으세요."

하였다.

"나는 놓을 수 없다. 귀랑(貴娘)을 잊을 수 없다."

하고 떼를 쓰다시피 말했다.

"그래도 안 돼요. 나는 언제든지 곧 죽어 버릴 수 있는 년이에요."

이렇게 말하는 그녀의 눈에는 어딘지 파란 칼날이 돋힌 듯도 하였다.

나는 섬뜩한 생각이 들어서 슬그머니 손을 놓아 주었다. 그러면서 말했다.

"나는 귀랑을 본 뒤부터 미친놈이 되었다. 나는 귀랑을 잊을 수 없어. 무언지 가슴이 뻐개지는 것만 같애."

나의 목소리는 거의 울음에 가까웠고, 나의 두 눈에서는 뜨거운 눈물이 주르르 쏟아져 내렸다.

그때 그녀는 말없이 긴 한숨을 내쉬었다.

"저에게는 귀랑과 같은 눈물이 없는 줄 아세요. 제가 귀랑의 「쌍녀분」을 읽었을 때부터 얼마나 귀랑을 뵙고 싶어한 줄 아세요. 제가 만약 낭군을 맞이할 수 있는 몸이라면…… 아아……."

수랑은 이렇게 말하다가 갑자기 흑흑 느껴 울기 시작하였다.

울음을 그친 뒤 수랑은 손가락으로 곁방을 가리키며,

"지금도 저 방엔 제 동생이 앉아 있어요. 그날 현금을 타던 바로 그 애야요."

하였다.

"무어 동생이라니?"

하고 내가 질겁을 하고 놀라서 물으니까, 그녀는 다음과 같은 이야기를 하는 것이었다.

개와 저는 쌍둥이야요. 어려서부터 둘이 다 퍽 이뻤어요. 옛날 삼국 시대에 오(吳)나라에 이교(二喬)라는 자매 미인이 있었다지요. 사람들은 저희가 쌍둥이 미인이라 해서 쌍교(雙喬)라 불렀답니다. 그런데 사람들이 어쩐지 저보다 저의 동생을 모두 더 뛰어난 미인이 될 거라고 그랬어요. 저는 어린 마음에도 그런 말이 여간 듣기 싫지 않더군요. 시기가 나서 견딜 수 없었어요. 한 번은 저희 외삼촌 아주머니가 와서, 저더러, 〈얘, 넌 암만 해도 네 동생보다 못 하겠다〉 하기에 그만 앙앙 울어 버렸어요. 그 뒤부터는 누구든지 그런 말만 하면 당장 달려들어 입을 찢어 주고 싶더군요. 그런데 한 번은 또 저의 오촌 아저씨가 와서 저희 형제를 두고 하는 말이 〈수가 조비연(趙飛燕)이라면 유는 조소의(調昭儀)로구나〉 하시잖아요. 그 전에는 저는 조비연이 천하의 미인이지만 그 동생 조소의만은 못해서 천자님의 총애도 그 동생에 기울어졌다는 이야기를 들은 적이 있었기 때문에 오촌 아저씨의 그 말이 골수에 사무치도록 분해서 견딜 수 없었어요. 사건이 일어난 것은 바로 그 날 저녁때야요. 마침 후당(後堂)에 다른 사람은 없고 저와 저의 동생만 있었는데, 동생이 잠이 들어 있었어요. 저는 화로에서 끓고 있는 주전자의 물을 가지고 잠자는 동생의 곁으로 갔어요. 그리고 한쪽 손으로 동생의 잠자는 눈을 벌려 뜨게 해 놓고 거기다 그 끓는 물을 몇 방울 흘려 부어 버렸어요. 동생이 뛰어 일어나며 죽는다고 소리를 질렀지만 소용이 있겠어요. 그 길로 동생은 그 눈을 아주 잃고 말았 걸요. 그때부터 저는 죽을 결심을 했어요. 그런데 동생은 이상하게도 저를 그다지 원망하거나 미워하는 빛을 보이지 않고 오히려 종전보다도 더 저를 따르더는군요. 무슨 좋은 물건이 생기면 꼭 두었다가 저에게 주곤 했어요. 참 이상한 아이였어요. 그렇지 않아도 저는 동생이 불쌍해서 죽고 싶은데 더구나 그렇게 저를 믿고 따르니 어떻게 되겠어요. 동생은 저 혼자 있는 틈을 타서 송곳으로 저의 성한 눈

알 하나를 마저 찔러 버렸어요. 왜 그랬느냐고 제가 울면서 물으니까, 자기의 그런 눈으로 세상을 바라보는 것이 너무나 슬퍼서 그랬대나요. 지금도 그때 걔가 하던 말이 귀에 쟁쟁 들리는 듯해요(거울을 볼 때마다 저의 흉한 얼굴이 그렇게 슬픈 줄 알우? 아니라오. 나는 내 얼굴을 볼 때보다 언니의 얼굴을 볼 때 열 곱절도 더 슬프다오. 이렇게 차라리 아무것도 못 보게 되니 얼마나 편안한지 모르겠는걸) 그 애는 이렇게 말했어요. 제가 지금까지 죽으려고 한 것은 열 번도 넘지만 그것도 팔자에 없는지 여태 죽지 못하고 있을 뿐이에요. 저희들이 열여섯 살 났을 때에도, 그러니까 지금으로부터 사 년 전이지요(올해 저희는 스무 살이에요). 하루는 동생이 저의 손목을 더듬으며, 〈언니, 쌍둥이는 한날 한시에 시집가야 잘 산다는 말 있잖우? 그게 빨간 거짓말이라오〉 이런 말도 했어요. 누가 그러더냐고 저는 동생에게 묻지도 않았어요. 저는 동생이 거짓말을 하고 있는 것임을 묻지 않아도 잘 알고 있었어요. 우리는 어려서부터 쌍둥이는 한날 한시에 시집을 가야 잘 산다는 말을 무수히 들어왔기 때문에 동생이 왜 그 말을 했는지는 잘 알 수 있었지요. 동생은 자기가 눈이 멀어서 시집을 갈 수 없게 된 것을 알고, 내가 저와 한날 한시에 가려고 하다가 혹시 혼기를 놓치지나 않을까 해서 하는 말이었어요. 그때 제가 동생에게 무어라고 대답한 줄 아세요. 〈유야, 나는 시집가지 않는다〉 이렇게 말했어요. 나의 이 말을 듣고 동생은 어떻게 생각했던지 아무런 대답도 없이 잠자코 눈을 감고만 있었어요. 나는 다시 말했어요. 〈유야, 내가 너를 두고 시집갈 것 같으니? 나는 너한테 시집온 거나 마찬가지야. 나는 죽을 때까지 너와 함께 있다가 네가 죽으면 나도 죽는다〉 그 날 밤 우리는 밤이 새도록 서로 껴안고 울기만 했어요.

 그 뒤에 물론 저에게는 혼담이 그칠 새 없었어요. 그때마다 저는 만약 무리로 저를 시집가게 한다면 죽어 버리겠노라고 버티어 왔어요. 저의 오빠(진덕을 가리킴)가 아니었다면 저는 이미 죽어버렸을 거예요.

다행히도 저의 오빠가 저의 심정을 살펴 주시고, 오늘까지 저를 보호해 주신 거예요.

저는 잠시도 동생이 없는 데서는 누구와도 만나지 않기로 되어 있어요. 그래서 그 날도 저는 동생을 저 곁방에 와서 현금을 타게 했던 거예요. 지금도 동생은 곁방에서 저의 이야기를 다 듣고 있어요. 그렇게 해야만 하도록 되어 있으니까요.

수랑의 이야기를 다 듣고 나자 나는 내 자신도 모르게 긴 한숨을 내쉬었다.

그러나 수랑 자매의 슬픈 운명은 여기서 그치지 않았다. 수랑이 나에게 자기들의 슬픈 과거를 이야기한 지 사흘째 되던 날이다. 진덕으로부터 시환이 와서 급히 좀 와달라고 하기에 곧 말을 타고 달려갔더니, 수랑 자매가 그 날로 모두 자살을 했다고 하지 않는가.

그날 밤 수랑이 나에게 하는 이야기를 유랑이 곁방에서 다 엿듣게 되었다는 것이다. 결국 수랑이 나에게 뜻은 있지만 자기(유랑)와의 정의를 끊지 못하여 혼인 할 수 없다는 뜻으로 들었다는 것이다. 이에 유랑은 자기가 죽어 버리면 수랑이 나(고운)와 가연을 맺을 수 있으리라 믿고, 이 뜻을 유서로써 남긴 뒤, 스스로 목을 매어 죽었다는 것이다.

그러나 수랑은 언제나 동생이 죽는 날 함께 죽겠다고 언약했을 뿐 아니라 그렇게 결심하고 있었기 때문에 그녀도 동생의 뒤를 따라 역시 목을 매고 말았다는 것이다.

진덕은 나에게 수랑의 유서 한 통을 내주었다. 그녀는 진덕과 나에게 각각 유서 한 통씩을 남겼더라는 것이다.

유서의 내용은 다음과 같았다.

귀랑, 저는 동생을 따라 이 세상을 떠나기로 합니다. 다음 세상에 제가 만약 동생과 쌍둥이로 태어나지 않거나, 제 마음대로 낭군을 모실 수 있게 된다면 저는 기어코 귀랑의 실인이 되고자 신명님께 다짐합니다. 귀랑께서는 부디 수복 공명(壽福功名) 누리소서.

수, 절하고 올림

---

*원제:「쌍녀분후지(雙女墳後志)」, (출)『김동리 역사소설』, 지소림, 1977.

수로 부인

　수로 부인의 성은 김씨요, 이름은 수로(手爐·首路)였습니다. 신라 성덕왕조(聖德王朝)의 견당사(遺唐使)로 다녀온 김지량(金志良)의 따님이었지요.
　우리 스님[一然禪師]이 지으신 『삼국유사(三國遺事)』에는 강릉 태수 순정공(純貞公)의 부인이라 하셨지만 좀더 자세히 말씀드리면 그분의 재취였지요.
　그렇게 천하 절색으로 이름난 수로 부인이 왜 하필 재취로 갔느냐고요? 예, 거기에는 여러 가지 이야기가 있습니다. 하기야 수로 부인에 대한 이야기로 말하면 그것뿐이겠습니까. 그분 평생이 이야기로 일관되어 있는걸요.
　그러면 소승(小乘—寶鑑國師 混丘)이 저의 스님(일연 선사)에게서 들은 이야기를 그대로 말씀드리죠.

그런데 수로 부인에 대한 이야기가 왜 그렇게 많으며, 또 왜 그렇게 기이한 이야기를 많이 낳게 되었는지, 그것은 소승도 똑똑히 말씀드릴 수가 없습지요. 아무튼 날 때부터 죽을 때까지 모두 이야기로 되어 있으니까요. 그럼 날 때 이야기부터 시작하기로 하겠습니다.

위에서도 말씀드렸지마는, 수로 부인의 아버지는 견당사 김지량이올시다. 김지량이 늦게까지 자식이 없었지요. 그래 그 부인이 항상 절에 가서 자식을 보도록 해 줍시사고 부처님께 빌었습지요. 그랬더니 하루 저녁에는 관세음보살님이 부인의 꿈에 나타나 뜸부기같이 생긴 기이한 새 한 마리를 품에 넣어주시더랍니다. 그날 밤부터 부인에게는 과연 태기가 있었다고 합니다. 그리하여 열 달 뒤 낳은 아기가 바로 수로랑(水路娘)이었다고 합니다.

수로랑은 나면서부터 여러 가지 이야기를 낳기 시작하였습니다. 어떤 사람은 수로 부인이 나던 날 밤, 김지량의 지붕 위에 무지개가 선 것을 보았다고도 하고, 또 어떤 사람은 수로랑이 나던 날 밤, 김지량의 집 앞에 서 있는 느티나무에는 온갖 새들이 다 모여와 앉아 있었다고도 합니다.

이와 같이 나면서부터 이야기를 퍼뜨리기 시작한 수로랑은 어려서부터 과연 다른 사람보다 뛰어난 점이 많았다고 합니다. 첫째 인물이 특이하게 잘났을 뿐만 아니라, 가무에 대한 재주가 또한 다른 아이들과 같지 않았다고 합니다. 그리고 그녀가 노래를 부르고 춤을 추면 언제든지 집 앞의 느티나무에는 여러 가지 기이한 새들이 모여와 앉았다는 것입니다. 특히 뜸부기같이 생긴 새 한 마리는 그녀가 어디로 가기만 하면 언제나 나타나 그녀의 머리 위에서 함께 날아가곤 하였다는 것입니다.

수로 부인의 나이 열두 살 났을 때, 그녀의 이름은 이미 온 신라 서울에 모르는 이가 없게 되었습니다. 그만큼 그녀의 미모와 가무는 세상에 이미 뛰어나 있었던 모양입니다.

　그리하여 이듬해인 열세 살 나던 해엔 뽑히어 나을 신궁(奈乙神宮)의 신관(神官)이 되었습니다. 상고(上古)적부터 신라에서는 미모를 특히 우러러보는 풍습이 있었습지요. 그것은 신명(神明-검님)께서 미녀를 좋아하시고 따라서 미녀의 치성에 잘 응감하신다고 보았기 때문이올시다. 그래서 그랬는지는 모르지만 우리 수로랑께서 제관(祭官)이 되신 뒤, 태종 대왕(太宗大王)과 문무 대왕(文武大王)의 양대 신위(兩大神位)께서 웃음소리를 내시었다고 합니다. 또한 성덕 대왕 꿈에도 이 양대 신위께옵서 나타나 신관(수로 부인)을 기다리셨다고 합니다. 아무튼 수로랑의 미모와 가무는 온 신라 사람들의 자랑이요, 꽃이었다고 하겠지요.

　그러자니까 수로랑이 장차 어느 남자와 친하게 되나 하는 것은 모든 신라 사람들의 한결같은 관심사가 되지 않을 수 없었습니다. 그러나 그녀는 남자들과 사귀기를 즐겨하지 않는다는 소문이었습니다.

　그렇게 한 해가 지나고 열네 살이 되었습니다. 하루는 신궁에서 늦게 집으로 돌아와 잠이 들었다고 합니다. 그런데 분명히 잠결 속에서 홀연히 어디서 피리 소리가 들려왔다고 합니다. 그 피리 소리는 쉬지 않고 그녀의 귓속으로 곧장 스며들었다고 합니다. 그것은 무어라고 형언할 수 없이 아름답고 슬픈 가락이었다고 합니다.

　"이것은 내다. 나의 목소리다. 나의 소리다. 아니 검님의 목소리다. 검님이 부르시는 소리다."

　이렇게 그녀는 잠결 속에서 부르짖었다고 합니다. 물론 그것은 느꼈을 뿐이요, 과연 그 소리를 내어 부르짖었던 것은 아니겠지요.

　그러나 그녀는 좀처럼 잠을 깨고 일어날 수가 없었다고 합니다. 그 피리 소리에 가위가 눌리듯이 되었나 봅니다. 그런 채 그녀는 그 피리 소리에 맞추어 춤을 추노라고 했다는 것입니다. 저절로 춤이 춰졌다는 것입니다. 만약 곁에서 보는 사람이 있었다면, 그때 분명히 자기는 잠결에서 어깨를 꿈틀거렸을 게라고 합니다.

"아가, 왜 자꾸 잠꼬대를 하니? 몹시도 고단하냐?"

어머님은 이렇게 물었습니다.

잠을 깨고 일어난 그녀의 두 눈에는 이상한 광채가 서려 있었습니다.

"어머니, 누가 피리를 불었어요."

"피리라니, 아무도 피리를 분 사람은 없단다."

"아니예요. 줄곧 불었어요. 저는 그 소리 땜에 가위에 눌렸어요. 어머니, 들어보세요. 지금도 들려요, 들려요. 저 보세요. 아까와 꼭 같은 소리예요. 그 소리예요!"

이렇게 말하며 귀를 기울였습니다. 어머님도 딸이 시키는 대로 귀를 기울였던 것입니다. 그러나 어머니의 무딘 귀에는 그 소리가 얼른 들리지 않았던 것입니다.

"애, 내 귀에는 잘 들리지 않는구나. 무슨 모기 소리만큼 들리는 듯하다가도 안 들리기도 하고……."

"아니예요. 어머니, 잘 들어보세요. 저의 귀에는 똑똑히 들려오는 걸요."

이리하여 두 모녀는 또다시 귀를 기울였던 것입니다. 그 결과 어머니 되시는 분도 드디어,

"오냐, 들리기는 들린다. 틀림없는 피리 소리기는 하다. 그렇지만 저렇게 멀리서 부는 소리를 어떻게 너는 잠결에서 들었단 말이냐?."

"잠결에서는 더 똑똑히 들렸어요."

"오냐, 그럴 때도 있느니라. 그런 거 너무 마음 쓰지 말고 어서 자거라."

어머니는 이렇게 말하고 큰방으로 건너가셨습니다.

어머니가 큰방으로 가신 뒤, 수로랑은 곧 옷을 갈아입고 밖으로 나갔습니다.

수로 부인

방문을 열었을 때 그녀는 가슴이 찌르르했다고 합니다. 그것은 너무도 달이 밝았기 때문이라고 합니다. 그녀는 보름달을 잊고 잠이 들어 버렸던 자기 자신을 여간 나무라지 않았다고 합니다. 뜰에 내려선 그녀는 피리 소리에 연방 귀를 기울인 채 한참 동안 달을 쳐다보고 있었습니다. 이윽고 피리 소리가 들리는 쪽을 향해 발을 떼어 놓기 시작하였습니다.

피리 소리는 문천(蚊川-南川)가에서 흘러오는 듯하였습니다. 그래 그녀는 문천가로 나갔습니다. 달은 천 조각 만 조각 부서진 채 문천 여울물에 흐르고 있었습니다.

그것은 달빛이 아니고 어쩌면 피리 소리가 그렇게 산산 조각으로 부서져서 흐르고 있는 것인지도 모른다고 느껴졌습니다. 왜 그러냐 하면 곁에서와 같이 똑똑히 들려오는 피리 소리건만 그것을 어디서 누가 부는지 부는 이의 그림자는 찾을 길이 없었던 것입니다.

그렇다면 불 건너 저쪽 어느 풀밭 속에 숨어 앉아서 불고 있는지도 모른다고 생각하고 다리를 건너가 보았습니다. 그러나 건너편 언덕에서도 피리 부는 사람은 찾아볼 길이 없었습니다. 피리 소리는 좀더 저만큼 앞쪽에서 들려오고 있었습니다. 그것은 바로 산기슭이었습니다. 수로랑은 마음속으로,

"내가 도깨비에 홀린 것이나 아닐까."

하고 자신을 의심하기도 하였습니다. 그러나 그 피리 소리를 듣고는 참을 수가 없었습니다. 도깨비를 만나더라도 하는 수 없다고 생각했습니다. 그만큼 그 피리 소리는 그녀에게 어찌할 수 없는 무서운 힘을 가진 것이었나 봅니다.

수로는 피리 소리에 이끌리어 산기슭으로 올라갔습니다. 그것은 법조사(法照寺)로 들어가는 어귀였습니다. 꾸부정한 늙은 소나무가 서 있고, 그 소나무 아래는 널찍한 바위가 하나 놓여 있었습니다. 그리고 그

바위 위에는 나이 한 열일곱 살 되어 보이는 미목(眉目)이 수려한 소년 하나가 피리를 잡고 서 있었습니다. 그 소년을 보자 수로는 가슴이 와들와들 떨렸습니다. 무언지 무서운 생각이 들었습니다. 그와 동시에 발이 떼어지지 않음을 느끼었습니다. 돌아서 올 수도 없고 소년의 곁으로 다가갈 수도 없었습니다. 한참 동안 바위 아래 얼어붙은 듯이 서서 소년의 얼굴을 쳐다보고 있었다고 합니다. 소년도 처음엔 조금 놀라는 기색이었으나 이내 그녀가 누구인지를 알아보는 눈치였습니다.

"낭자께서는 나을 신궁의 수로님이 아니신지?"

소년이 먼저 입을 열어 이렇게 물었습니다.

"이 몸의 이름을 어떻게 아시는지?"

"이 몸은 화랑 응신(應信)이오나, 신라 서울 사람으로 수로랑을 모르실 이는 아무도 없을 것을."

"부끄러운 이 몸을……."

"그렇지만 이것은 꿈속이 아닌지."

응신랑(應信郎)은 하늘의 달을 한참 쳐다보고 나더니 다시 고개를 돌리며,

"낭자께서는 어떻게 이 밤중에 이까지 오셨는지, 혹시 법조사에 치성이나 가시는 길이온지?"

하고 물었습니다.

수로는 마음속으로 찔끔하였으나, 그러나 그의 앞에 아무것도 감추고 싶지 않았다고 합니다.

"응신랑께서 피리로 이 몸을 불러 주시지 않았사온지."

수로는 이렇게 말하며 그 달같이 희고 아름다운 얼굴을 들어 응신랑을 똑바로 쳐다보았습니다.

그때 응신란은 바위 위에 무릎을 꿇으며,

"오오, 낭자님, 무엇을 감추오리까. 이 몸은 피리로 낭자님을 불렀

사옵니다. 여러 날, 여러 밤을 오직 낭자님의 귀에만 들려줍시사 하고 이 피리를 불러 왔사옵는 것을 오늘 밤에 비로소 이 몸의 소원이 이루어졌소이다."

"놀라우셔라. 이 몸의 이름을 그렇게 여러 날 불러 주셨다니, 그것이 오늘 밤에야 이 몸의 귀에 들렀다니. 잠결이 아니던들 듣지 못했을 그 소리를."

그러나 수로랑은 응신랑이 왜 그렇게 여러 날, 여러 밤에 걸쳐 자기를 찾았는지 그에 대해서는 묻지 않았습니다. 그리고 또 물을 겨를도 없었습니다. 그것은 응신랑이 그때 이미 피리를 불기 시작했기 때문입니다. 그와 동시에 그네들은 피리 소리를 타고 하늘 위로 둥둥 떠오르기 시작하였습니다. 그리하여 끝없이 높이 떠올랐습니다. 아마 삼십삼천(三十三天)의 끝까지 올라갔던 모양입니다. 그 하늘 위의 하늘을 날아다닐 때의 황홀스러움이야 당자들 외에는 상상할 수도 없는 노릇이겠지요. 어쨌든 가락이 멎고 그들은 도로 반석 위로 내려오게 되었습니다. 그와 동시에 그들은 피차 아무것도 더 물을 것이 없어지고 말았습니다. 왜 그러냐 하면, 그렇게 함께 피리 소리를 타고 하늘로 날아오르기 위해서 그가 그녀를 불렀고, 그녀가 그를 찾아왔다는 것을 그들은 만족하게 생각했기 때문입니다. 따라서 그들은 아무런 약속도 나눌 것이 없었습니다. 아쉬울 때마다 피리 소리로써 부를 수 있었기 때문입니다. 만약 피리 소리가 들리지 않는다면 그때에는 이미 만날 필요도 없어진 것이라고 그들은 믿을 수 있었던 것입니다.

여러 스님들께서는 이 응신랑이 누구신지를 잘 모르실 것입니다. 그것은 그가 이내 이름을 갈아 버렸기 때문입니다. 저의 스님(일연 선사)의 저서에 월명사(月明師)라고 나오는 스님이 바로 이 응신랑이올시다. 월명 거사(月明居士)라고도 합지요. 출가하면서 월명이란 이름을 쓰게 되었는데 그의 본명이 응신이라는 것은 그 뒤 아무도 전한 사람이 없었던 것입니다.

스님의 저서에서 보면 월명 거사는 신라 서울의 사천왕사(四天王寺)에 계셨는데 피리를 어떻게나 잘 부시었는지 일찍이 피리를 불며 달 밝은 밤에 절 문앞에 거니니 달이 가기를 멈추었으며, 그래서 그곳을 월명리(月明里)라 부르게까지 되었다고 합니다(明常居四天王寺 善吹笛 嘗月夜吹過門前大路 月馭爲之停輪 因明其路曰 月明里). 피리에는 아주 신통을 했던 모양이지요. 물론 피리뿐 아니지요. 시나위(詞腦・鄕歌)의 월명은 더욱 유명하지요. 그렇습니다. 저 유명한 시나위「도솔가(兜率家)」나「제망매가(祭亡妹歌)」의 작자가 바로 이 월명 스님이올시다. 그리고「헌화가(獻花歌)」도 사실은 이 월명 거사가 지으신 것입니다. 그러나 이런 것은 모두 그가 노인이 된 뒤의 작품들입니다. 그가 수로랑과 처음 만날 때에서 헤아린다면 사십여 년이나 지난 뒤의 일이 됩니다.

예, 알겠습니다. 그건 그렇다 하고, 하여간 수로랑의 이야기를 다시 계속하겠습니다. 물론입지요. 그 뒤에도 여러 번 만났습지요. 한 달에 꼭 한 번씩 달이 제일 밝은 밤에만 만났다고 합니다. 그것도 위에 말씀드린 바와 같이 구두로 약속을 해서 만나는 것이 아니고 응신랑이 피리를 불면 그 소리를 듣고 수로랑이 찾아가 만났던 것입니다.

만나서 어떻게 했느냐구요? 예, 가만히 들어보세요. 만나서 어떻게 했느냐 하면 언제나 응신랑이 피리를 불고, 수로랑은 그에 맞추어서 춤을 추거나 노래를 불렀습니다. 늘 그것만 되풀이했느냐구요? 네에 그렇습니다. 늘 그것만 되풀이했습니다. 싱겁지 않냐구요? 천만에 말씀입니다. 그들은 그 이외의 것이 필요없을 만큼 그것으로써 늘 만족하고 늘 황홀했습니다.

그렇게 이태가 지났습니다. 수로랑이 열여섯 살이 되고 응신랑이 열아홉 살이 되었습니다. 그때 수로랑의 아버지 김지량 공은 수로랑을 당시 대아찬(大阿飡)으로 상대등(上大等-上大臣) 벼슬에 있던 배부(裵

賦)의 아들에게 시집을 보내려 하였습니다. 이 말을 듣고 수로랑이 응신랑에게 전했습니다.

"이 몸은 응신랑을 잊을 수 없소이다. 응신랑께서 만약 이 몸을 취하신다면 이 몸은 이 몸의 부모님께 그 뜻을 아뢰어 상대등댁의 혼담을 막으오리다."

"아니오, 수로랑. 우리는 헤어질 때가 왔소이다. 이 몸이 수로랑을 취하여 내 아내로 삼기보다 이 몸은 항상 멀리서 수로랑을 생각하며 살고 싶다오."

"그럼 평생 홀몸으로 계시려오?"

"그렇소이다. 나는 평생 피리 하나만 가지고 살아가려오. 이 피리 속에는 언제나 수로랑과 달님이 들어 계시니 나는 외롭지 않으리이다."

"그렇다면 이 몸은 슬퍼서 어찌 사오리까. 응신랑!"

"수로랑, 그것은 참아야 하오리다. 우리가 서로 지것들(부부)이 된다면 나의 피리나 낭자의 가무는 다함께 꽃피기 어려우리다. 차라리 멀리서 그리며 길이 잊지 않느니만 못할 것을."

"응신랑, 그렇다면 이 몸도 그러하리라. 마지막으로 피리를 불어서 이 몸을 돌아가게 해 주사이다."

이와 같이 그들은 마지막 피리와 마지막 노래로써 이별을 짓고 말았습니다. 그리하여 그 길로 응신은 출가하여 이름을 월명이라고 고치고 말았습니다.

수로랑은 집으로 돌아오자 곧 자리에 눕고 말았습니다. 따라서 혼담은 저절로 중단이 되고 말았습지요. 조금씩 회복이 되려다가도 혼담만 대두되면 병세는 갑자기 악화되곤 하였다고 합니다. 그러니까 그 부모님도 나중에는 그녀의 혼담을 아주 단념할 수밖에 없었다고 합니다.

이렇게 수로랑은 앓으며 나으며 하며 삼 년이란 세월을 흘려 보냈습니다. 그러니까 그녀의 나이는 열아홉 살이었지요. 그렇게 앓다 말다 하는 가운데서도 그녀의 아름다움은 조금도 축이 가지 않았습니다. 더욱이 그 무렵엔 병줄도 거의 떨어진 셈이라 그녀의 아름다운 얼굴은 그대로 보름달과같이 완전무결했다고 합니다.

그런데 하루는 이상한 일이 생겼습니다. 그것은 성덕왕의 족제(族弟)가 되는 순정공이 갑자기 와서 그녀에게 혼인을 청한 사실입니다. 그때 순정공은 상처를 하고 독신으로 있었습니다. 그것도 보통 사람들과 같이 중매를 넣어서 은근히 청하는 것이 아니라 당자가 직접 와서 규수의 아버지인 김지량을 만나고, 또 규수인 수로랑을 만나서 담판을 지었다는 것입니다.

그때 순정공이 청혼한 경위와, 담판 지은 내용을 잠깐 말씀드리면 다음과 같습니다.

"내 일찍부터 공에게 어여쁜 따님이 있다고는 들었소이다. 그러나 그 이상 다른 아무런 생념도 관심도 없었소. 그런데 이상한 일이 생겼소. 바로 사흘 전이요. 꿈에 내 죽은 아내가 나타나더니 나더러 하는 말이, 빨리 가서 수로랑에게 혼인을 청하라는 것이오. 그래 수로랑이 누구냐고 한즉 바로 공의 따님이라 하지 않소이까. 그러고는 아내는 사라졌소이다. 꿈이 깨인 뒤, 측근자에게 공의 따님을 물으니까 과연 그 이름이 수로랑이라 했소이다. 그렇지만 사람이 꿈과 귀신을 믿고 함부로 움직일 수가 없어 그냥 있으려니까 연사흘 달아서 꿈에 보이며 재촉을 하지 않소이까."

"거 참 신기한 일이올시다. 그럼 두 번째나 세 번째도 늘 같은 말을 일러 주셨소이까?"

"예, 대체로 같은 말이었소. 나중은 아주 꾸짖는 표정이었소이다. 그리고 이녁(亡妻)이 저승에 가서 연적부(戀籍簿)를 펼쳐보니 그렇게 인연이 맺어져 있더라는 것이었소. 그리고 또 덧붙여서 말하기를 반드시 남을 시키지 말고 직접 가서 아가씨(수로랑)를 만나 청하라 하였소이다. 그렇지만 예절이 있는 바에 어디 그럴 수야 있소이까. 그래서 먼저 공을 만나서 청하는 것이오."

"황송하온 말씀이오."

김지량은 고개를 수그렸습니다. 같은 김씨 가문이라고는 하나 그는 바로 왕의 족제라 지체로 보나 권세로 보나 일개 여색에 대한 탐심으로 없는 일을 꾸며서 말할 처지가 아니라는 것은 김지량 자신 잘 알고 있었습니다.

김지량은 다시 말을 계속했습니다.

"그러하오나 여식(女息)이 어려서부터 자못 시나위에 혹하더니 자람에 그로 인하여 병이 된 채 삼 년을 자리에 누웠으니 이를 어쩌면 좋으리까?"

"지금도 누워 있소이까?"

"지금은 일어나 있소이다."

"그럼 내가 한 번 만나보리다."

"황송하오이다."

김지량은 곧 들어가더니 수로랑을 데리고 나왔습니다. 순정공은 수로랑을 한 번 보자 곧 정신이 황홀해져 버렸습니다. 그것은 도저히 화식(火食)을 먹고 땅에 사는 사람같이 보이지 않았습니다. 그와 동시에 저런 사람 같으면 곁에서 그냥 보기만 해도 행복할 것이라고 느껴졌다고 합니다.

김지량은 수로랑에게 순정공의 이야기를 전했습니다. 이야기를 들은 수로랑은 수줍은 듯이 고개를 수그린 채, 그러나 맑고 또렷한 목소리로,

"검님께서 명하시고, 부모님께서 시키시는 일이라면 좋으오리다."

라고 했습니다.

이리하여 즉석에서 혼담이 성취되었던 것입니다.

순정공은 수로랑을 자기의 부인으로 맞이한 뒤에도 항상 그녀를 어려워하며 모든 것을 삼갔다고 합니다.
　그것은 그녀가 너무도 아름답고 너무도 훌륭했기 때문이기도 했겠지만 그보다도 보통 사람과는 같지 않은 것이 너무도 많았기 때문이라 합니다. 첫째 음식부터가 그랬습니다. 그녀는 집 안에서도 항상 제단을 만들어 두고 아침 저녁 검님을 배례했다고 합니다. 그리하여 그 제단에 한번 놓았다 물려 나온 음식 이외에는 아무것도 입에 대지 않았다고 합니다. 그것도 어떻게나 식량이 적은지 아침 저녁 꼭 세 숟가락씩밖에는 밥을 뜨지 않았다고 합니다. 하루에 여섯 숟가락을 먹고 어떻게 사느냐고요? 그렇습니다. 그 밖에 먹는 것이 있었습니다. 그것은 여러 가지 과실과 생수였다고 합니다. 생수는 새벽마다 남산에 가서 길어오게 하고, 그것을 한 사발씩 제단에 놓았다가 마셨다고 합니다. 과실은 무엇이나 다 좋아했는데, 특히 겨울이 되면 홍시와 밤과 배와 석류를 즐겨했다고 합니다. 그리고 그녀가 사철을 통하여 가장 즐겨하고, 또한 그녀에게 있어 가장 중요한 식료가 된 것은 은행 열매였다고 합니다. 봄철에는 진달래꽃도 몹시 즐겨했다고 합니다.
　그래서 그런지 수로 부인의 몸에서는 언제나 꽃향기가 났다고 합니다. 이러한 부인을 가리켜서 그 남편인 순정공은 언제나 꽃님이라고 불렀다고 합니다.
　"그대는 사람 세상에 태어난 검님의 꽃이요, 향기 높은 꽃님이오."
　그러면 수로 부인은 순정공을 가리켜,
　"그대는 이 몸의 지아비, 검님께서 정하신 이 몸의 지아비."
　이렇게 말했다고 합니다.
　그달이 혼인을 한 지 일 년쯤 지났을 때입니다. 순정공은 갑자기 황명을 받고 강릉 태수로 부임하게 되었습니다. 수로 부인도 물론 남편을 따라서 동도(同道)하게 되었습니다. 그것은 늦은 봄철이었다고 합니다. 도중에 길을 쉬고 점심을 먹게 되었습니다. 길 동쪽은 동해 바다요, 서쪽으로는 천 길이나 될 듯한 층암 절벽이 병풍처럼 둘러 있었다고 합니다. 그런데 그 석벽 맨 위에 진달래꽃이 탐스럽게 피어 있던 것입니다. 수로 부인은 그 절벽을 가리키며,

"누가 이 몸을 위하여 저 꽃을 꺾어다 주시올지?"

하고 좌중을 둘러보았습니다. 그러나 감히 응낙하는 용사가 없었습니다. 바로 그때 암소 한 마리를 몰고 그곳을 지나던 웬 늙은이 하나가 걸음을 멈추고 서서 수로 부인을 바라보고 있더니, 아무도 부인의 청에 응낙하는 사람이 없는 것을 보자,

"그렇다면 이 늙은 몸이 감히 저 꽃을 꺾어다 드리오리다."

하고서는 손에 잡고 있던 암소를 놓고 절벽으로 올라갔다 합니다.

사람들은 그 늙은이가 반도 올라가지 못하여 곧 떨어져 죽으리라고 믿고 있었다고 합니다. 그러나 뜻밖에도 늙은이는 수월하게 절벽 끝까지 기어 올라가서 그 탐스러운 진달래꽃을 한아름 꺾어 안고 내려왔습니다.

> 자줏빛 바윗가에 잡은손 암소 놓고
> 날 아니 부끄러이 하시면 꽃을 꺾어 바치오리다
> 紫布岩乎邊希執音乎手母牛放教遣
> 吾肹不喩慚肹伊賜等 花肹折叱可獻乎理音如

이 유명한 시나위 「헌화가(獻花歌)」는 실상 그 노인이 직접 읊은 것이 아니고, 그 뒤에 이 일을 전해 들은 월명 거사가 수로 부인과 그 노인을 생각하여 지은 노래입지요. 그런데 여기 또 이상한 사건이 벌어지게 되었습니다.

노인에게서 꽃을 한아름 받아 안은 수로 부인은 노인에게 다시 청

하기를, 노인의 암소에 한 번 태워줄 수 없느냐고 했습니다. 그러자 노인은 서슴지 않고 부인을 부축하여 자신의 암소에 올려 태웠습니다. 꽃을 안고 암소 위에 탄 수로 부인은 그 남편인 순정공을 돌아다보며,

"서방님, 이 몸을 이 암소에 태워 보내 주소서. 이렇듯 또한 돌아오리다."

하였습니다.

순정공은 그때 차마 그것을 허락하지는 않았다고 합니다. 그러나 물론 반대할 수는 없었습니다. 그것은 평소부터 그녀가 항상 신명(神明)에 취해 지냈기 때문에 속견(俗見)으로 그것을 막으면 이내 파탄이 오고 말리란 것을 잘 알고 있었기 때문이라 합니다. 이와 같이 순정공이 어찌할 줄 모르고 어리벙벙해 있는 동안, 노인은 부인을 태운 채 암소를 몰고 가 버렸다고 합니다.

기록에 청룡이 나와서 부인을 끌고 바다로 들어갔다는 것은 이때의 일을 그렇게 돌려서 표현한 것이올시다.

부인이 안계(眼界)에서 사라지자 그때야 순정공은 정신이 돌아온 듯 곧 사람을 시켜 부인을 찾게 하였습니다. 그러나 부인은커녕 그 노인도 암소도, 간 곳이 없었습니다. 순정공은 부인이 암소를 타고 떠난 그 자리에 제단을 쌓게 하고 목욕 재계한 뒤 산신에게 제사를 올리기로 하였습니다. 그렇게 하루 밤낮을 빌고 났을 때 부인은 먼저와 같이 암소를 타고 노인과 함께 그 자리에 나타나게 되었습니다.

부인이 다시 나타난 것을 보자 순정공은 너무나 기쁘고 반가운 나머지 그동안의 모든 슬픔과 걱정도 순식간에 다 사라지고 말았다고 합니다.

부인을 도로 찾은 순정공은 기쁜 마음으로 임지까지 부임하게 되었습니다. 그리하여 한 해 동안은 지극히 행복스럽게 지냈습니다. 그러나 신명에 취한 미인을 아내로 삼은 그에게는 또다시 슬픈 일이 닥

쳤습니다.

그것은 그가 강릉 태수로 부임한 이듬해 유월이었습니다. 신라 전역에 무서운 가뭄이 들어서 곡식은 타고 사람은 지친 채 식수에 허덕이게 되었습니다.

여러 스님께서도 잘 아시는 바와 같이 신라에서는 무슨 변괴가 있을 때마다 제사를 지내는 것이 그 독특한 풍습이었습니다. 그래 그때도 기우제를 지내게 되었던 것입니다.

나라에서는 거국적인 기우제를 지내기 위하여 전국에서 제일 가는 도사를 찾게 되었습니다. 그 결과 강릉 용명산(龍鳴山)에 있는 이효 거사(理曉居士)를 모시게 되었습니다.

왕(성덕왕)의 특명을 받고 기우제를 맡게 된 이효 거사는 임천사(林泉寺) 앞의 못가에 제단을 쌓게 한 뒤 왕의 특사에게 청하기를 이번 제사에는 월명 거사의 피리와 수로 부인의 춤이 있어야 신명의 응감을 받을 수 있다고 하였습니다.

이 말을 들은 왕사(王使)는 곧 사람을 시켜서 사천왕사의 월명 거사와 강릉 태수 부인으로 있는 수로 부인을 모셔 오게 하였습니다. 월명 거사와 수로 부인도 이 일이 국왕의 특명이요, 또한 백성의 생사에 관한 것이라 사양하지 않고 임천사로 급히 향해 왔습니다.

제단 좌우에는 청룡·황룡을 흰 비단에 크게 그려서 높은 장대에 달아 세우고, 제단 위에는 소머리와 돼지를 생으로 놓고, 그 밖에 여러 가지 떡과 과일과 밥을 가득 차렸습니다.

그리하여 제사는 아흐렛 날 자시(子時)에 시작이 되었습니다. 먼저 이효 거사가 제문을 읽고 절을 한 뒤 용신(龍神)을 부르는 경문을 읽기 시작했습니다. 자시니까 캄캄한 밤중입지요. 월명 거사와 수로 부인은 함께 제단 좌우에 나와 있었으나 두 분이 모두 소책(素幘)을 썼기 때문에 서로 바라볼 수는 없었습니다. 처음 경문에 따라 월명 거사께서 피리를 부시고, 나중에 수로 부인께서 춤을 추셨습니다. 그때에 그 피리 소리와 수로 부인의 춤이 어떠했는지는 여러 스님들의 상상에 맡길 수밖에 없습니다.

아무튼 그렇게 반 날을 빌었습니다. 즉 자시에서 오시까지입니다. 오시부터 빗방울이 떨어지기 시작했습지요. 물론 그날 아침부터 구름이 오락가락하고 구름 속에 용의 꼬리가 조금씩 보이고 하기는 했다고 합지요.

그러던 것이 오시부터 빗방울이 떨어지기 시작하여 빗줄기는 점점 세어졌다고 합니다. 그리하여 그 비는 열흘 동안이나 계속되었다고 합니다.

제사가 끝난 뒤 이효 거사와 월명 거사, 그리고 수로 부인 세 사람이 함께 자리를 같이했다고 합니다. 그때 이효 거사는 두 분께 말하기를,

"월명과 수로가 처음 만난 것도 신명의 인연이요, 둘이 헤어진 것도 또한 신명의 시키심이오. 그때 만약 둘이 헤어지지 않고 한몸을 이루었던들 오늘의 이 비를 보기는 어려웠을 것이오. 이 비는 이제 우리 나라 모든 사람들의 생명수가 되었소. 두 분의 공덕이 얼마나 큰 것인가를 깨달으시오. 한 사람과 한 사람의 만남과 헤어짐이 또는 가뭄도 되고 또는 비도 되는 것이오. 나는 오늘 두 분에 나리신 신명의 사랑을 빌어 이 비를 얻게 하였거니와 내가 설령 그것을 오늘에 쓰지 않더라도 그 인연은 그대로 남아 선한 풍토를 이룩함에 이바지했을 것이오. 이런 법이 없다면 길 가던 늙은이가 한 부인을 위하여 층암 절벽에 올라가 꽃을 꺾어 내려온 그 공덕을 무엇으로 헤아리며, 그때 그 부인을 태워서 나의 암자로 모신 그 암소의 머리가 오늘의 이 비를 빌기 위한 제물로 제단 위에 놓이게 된 인연을 무엇으로 헤아린다 하겠소."

이효 거사는 말을 마치고 두 사람에게 차를 권했습니다. 이효 거사의 강화는 도인 특유의 어려운 말이 많아서 이해하기에 힘듭니다마

는, 월명의 피리나 수로의 춤과 노래가 다 신명에서 얻어진 재능이나, 둘이 결합하지 않고 헤어짐으로써 그 재능은 신명의 응감을 불러 일으키는 데 주효할 수 있었던 바, 그것이 이 번에 비를 비는 일에 쓰였다는 뜻인 줄 압니다.

비가 내리는 열흘 동안 월명 거사와 수로 부인은 이효 거사와 더불어 임천사에 머물게 되었습니다. 스님의 말씀을 빌면 이효 거사는 여러 가지 신이력을 가진 도인으로, 옛날, 그 해변에서 노인과 암소를 수로 부인에게 보낸 것도 이효 거사의 신이력의 소치였다고 합니다.

전하는 말에 그것은 이효 거사가 월명과 수로의 미진한 회포를 풀어 주기 위한 것이라고도 하고, 또는 수로 부인이 미달한 경계를 깨우쳐 주기 위한 것이라고도 합니다. 어느 쪽인지는 분명히 모르지만, 아무튼 이효 거사가 두 분께 이렇게 말한 것은 사실인 듯합니다.

"선남 선녀(善男善女)에게는 속계와 같은 절제가 없겠으나, 두 분께서 하고자 하는 일은 피리와 춤과 노래밖에 없을 줄 믿으오."

거사가 이렇게 말했을 때 월명은 잠자코 피리를 내어 불었고, 수로 부인은 얼굴을 조금 붉혔다고 합니다.

비가 멎은 뒤 월명은 사천왕사로, 수로 부인은 강릉 태수 순정공에게로 각각 돌아가고, 이효 거사는 도로 용명산으로 들어갔다고 합니다.

---

*(출)『김동리 역사소설』, 지소림, 1977.

김양

 홍덕왕(興德王-신라 제42대 왕) 구년 구월, 보름날이다. 이날 서울(신라) 교외의 서형산(西兄山) 아래서는 군병의 사열이 있은 다음 궁사(弓射)의 겨룸이 있었다. 이 겨룸에서 우승의 영광을 차지한 사람은 무주 도독(武州都督-지금의 光州) 김양이요, 이에 버금가는 사람이 시위부(侍衛府) 무관 배훤백(裵萱伯)이었다.
 "저기 누군가, 저 푸른 깃의 젊은 무사는?"
 왕이 손가락으로 가리키는 이가 바로 이날의 우승자 김양이었다.
 "네에, 그는 태종 대왕의 구세손(九世孫)이옵고 주원(周元) 이찬(伊飡)의 증손이며, 정여(貞茹) 이찬의 아들로, 지금 무주 도독으로 있는 김양인 줄 아나이다."
 곁에 시립하고 있던 대아찬(大阿飡) 김우징(金祐徵)이 대답했다. 그는 이찬 김균정(金均貞)의 아들이요, 왕의 당질로 시중(侍中) 벼슬에 있는 사람이다.

"거 놀라운 무사로다."

왕은 만족한 듯이 고개를 끄덕였다.

그날 밤 김양은 흥덕왕의 조카가 되는 대아찬 김명(金明)으로부터 초대를 받았다. 자리에는 이날 함께 입상한 배훤백과 아찬 이홍(利弘)도 있었다.

"오늘 밤엔 달도 밝고 하니 두 분의 우승을 축하도 해드릴 겸 변변치 않으나마 따로 자리를 마련했으니 허물없이 들어주시기 바라오."

김명이 술상 앞에서 이렇게 인사를 했다.

술이 울근히 돌았을 때, 이홍이 김양의 곁으로 오더니 술잔을 건네며,

"오늘의 궁사는 참으로 훌륭했소이다."

했다. 뒤이어 다시,

"요로에 있는 대신들이 인재를 등용할 줄 모르고, 유능한 무사들을 지방으로만 내돌리고 있으니 개탄할 일이 아니겠소?"

하며 김양의 의중을 살피려는 듯이 그의 얼굴을 넌지시 바라본다.

김양은 맘속으로, 이홍이 누구를 지명하지 않고 그냥 요로에 있는 대신들이라고 말하지만 그것이 바로 김우징을 가리키는 속셈이란 것은 짐작하고 있었다. 그리고 그가 유능한 무사들이라고 한 것도 은근히 자기를 가리키는 말이라고 헤아려졌다. 그러나 그는 대꾸를 하지 않았다. 이홍의 말이 온당치 못하다고 생각되었기 때문이다. 우선 자기를 두고 생각해 보더라도, 스물아홉 살에 무주 도독의 자리라면 결코 불우한 편이 아니며, 또한 그의 나이 스물세 살 때 고성군 대무(固城郡大武)로 등용시켜준 것도 바로 김우징이 처음으로 시중 벼슬에 오른 뒤의 인사였던 것이다.

이홍은 김양이 잠자코 있는 것을 보자 자기의 말을 묵인이나 하는

줄 아는지,

"조정에 그런 무리들만 늘어가니 걱정이오. 우징은 자기가 시중 자리에 있으면서 그것도 부족해서 자기 아버지를 다시 상대등으로 끌어들이려고 애를 쓴다오."

"……."

김양은 이번에도 역시 듣기만 하고 있었다. 자기는 일개 부장의 몸으로서 그와 같은 조정 안의 인사 문제에까지 신경을 쓰고 싶지도 않았지만 더구나 술자리에서 그런 것을 왈가왈부하고 싶지는 않았던 것이다.

그날 밤은 그대로 헤어졌다.

그런 지 반 년이 지나 김우징의 아버지 김균정이 과연 상대등이 되고 김우징은 시중 벼슬을 내놓고 나왔다. 그러자 김명이 그의 후임이 되어 들어앉았다.

김명이 시중이 되자 정계는 은연중에 두 갈래로 갈라지게 되었다. 김명과 김우징파의 대립이었다. 김명파의 거두로는 그의 매서(妹壻)요, 흥덕왕의 당질 되는 제륭(悌隆)이요, 김우징파의 대표로는 김균정, 김우징 부자와 역시 김우징의 매서 되는 김예징(金禮徵)이었다.

그들이 이렇게 세력을 만들어 대립하게 되는 데는 공통된 한 개의 목적이 있었다. 그것은 흥덕왕이 후사가 없었기 때문에 근친 중에서 누가 왕위를 계승하지 않으면 안 되게 되어 있었던 것이다. 여기서 김명은 흥덕왕의 당질이요, 자기의 매서인 제륭을 추대할 계획이었고, 김우징은 금상왕의 종제(從弟)요, 자기의 아버지인 김균정 상대등을 추대할 속셈이었던 것이다.

이 경우, 미리 계략을 꾸미지 않고 조신들의 협의에 맡긴다면 김균정에게 대권이 돌아갈 것이다. 그것은 그들 부자가 전왕(憲德王)과 현왕 양대에 걸쳐 여러 번 시중을 지내며 많은 업적을 남겼을 뿐 아니라, 특히 김균정은 관위로 보더라도 인신지위(人臣之位)로서는 제일 높은 상대등 자리에 있으므로 어느 모로 보나 가장 유력한 후보자가 아닐 수 없었다.

김명도 물론 그것을 잘 알고 있었다. 그렇기 때문에 미리 계책을 세워 만일의 경우에 대비코자 하고 있었던 것이다. 조의(朝議)로써 돌아가지 않으면 — 대체로 그러리라 보았지만 — 무력으로써 강점하리라는 것이 그의 배짱이었던 것이다.

그러할 무렵, 배훤백이 김양을 찾아왔다. 그들은 일찍부터 친분이 있는 사이였던 것이다. 문벌이나 인품으로 보아서는 배훤백이 김양의 적수가 못 되었지만 무예에 있어서는 백중을 겨룰 만한 장재(將材)였던 것이다.

배훤백은 김양을 보자, 무인다운 솔직하고도 단순한 어조로,

"장군은 김명과 김우징을 어떻게 생각하시오?"

이렇게 물었다.

김양은 그동안 배훤백이 김명 쪽에 기울어져 있다는 말은 들었지만 그의 무인다운 단순한 태도에 호감이 갔으므로 자기도 단순하게 대해 주리라 결심하고,

"나는 김우징이 훌륭하다고 믿소."

솔직하게 대답했다.

배훤백은 한참 동안 무엇을 생각하는 모양이더니,

"그러면 후계 왕을 세운다면 장군은 누구를 적임자로 생각하시오?"

또 이렇게 물었다. 아주 노골적인 질문이다.

김양은 이번에는 그와 같이 노골적으로 나올 수가 없었다.

"그거야 조정의 중신들이 있으니까 알아서 할 일이지 우리 같은 무인이 미리 이렇다 저렇다 할 수가 있겠소?"

김양의 너무나 당연한 대답에 배훤백도 별로 할 말이 없는지 한참

동안 눈을 내리깔고 있더니 다시 입을 열었다.
"사실은 내가 장군을 찾은 것은 이홍 아찬의 부탁이오. 장군과 나는 어려서부터 사귀어온 사이요. 특히 내가 장군께 여러 가지 가르침을 받아 왔으니까, 모든 것을 있는 대로 털어놓으리다. ……이홍 아찬의 말을 들으면 시중 김명 대아찬은 흥덕왕이 승하하시면 후계 왕으로 제륭 이찬을 추대할 작정이라고. 그런데 김우징 대아찬도 그 자리를 노리는 듯하니 이것을 막아내기 위해 장군께 의논해 달라는 거요. 한마디로 말하자면 그 일에 장군의 힘을 빌리자는 거요."
"임자가 그렇게 까놓고 말하니 나도 감추지 않고 내 생각을 말하겠소. 나는 아직 김균정 상대등이나 김우징 대아찬으로부터 그러한 의논을 들은 일이 없소. 그뿐 아니라 누구에게도 들은 적이 없소, 임자한테서밖에는. 그러니까 그쪽에서도 미리 계책을 쓰지 말고 허심탄회로 대하는 것이 어떻겠소?"
"그거야 한 나라의 왕위를 미리 계책도 없이 그냥 내버려둘 수 있소?"
여기에는 배훤백이 제법 자신을 가지고 반문했다.
"내버려두는 게 아니고 하늘의 뜻에 맡긴단 말이오."
"하늘의 뜻이라니?"
"미리 왕이 되겠다고 세력을 만들고 병력을 짜서 싸우지 말고, 왕께서 승하하신 뒤 제일 어질고 훌륭한 인물을 뽑아 후계 왕으로 모신다는 뜻이오."
"그렇지만 세상이 어디 그렇게 돌아가오? 한쪽에선 병력을 준비하고 세력을 만드는데 한쪽에선 하늘의 뜻에 맡기고 가만히 있으면 결국 낭패만 보지 않소?"
"그러니까 우리 같은 무인들은 그런 일에 걸려들지 말고 가만히 방관을 하고 있자는 거요. 그랬다가 누구든지 하늘의 뜻을 좇는 사람을 돕자는 거요. 그와 동시, 누구든지 하늘의 뜻을 기다리지 않고 미리 계책을 세우고 편당을 짜고 병력을 준비하는 사람은 이미 하늘의 뜻에 배반하는 사람이니 우리는 그 사람과 싸우자는 거요. 아까 임자가 말한 대로 김명이 그의 매서 제륭 이찬을 왕으로 추대할 계획으로 군사를 준비하고 있다면 그는 이미 하늘에 거역하는 사람이니 우리는 힘을 합하여 그와 싸우자는 거요."

김양의 너무나 적극적이고 당당한 태도에 배훤백은 대꾸할 말을 잃고 멍하니 앉았더니 약간 풀이 죽은 목소리로,

"더 까놓고 말하자면 김명 대아찬이 만약 그렇게 미리 계획을 세우고 군사를 준비하지 않으면 대권은 자연히 김균정 부자에게 돌아가고 말 것이 아니오……"

"미리 계획을 쓰지 않고 중망(衆望)에 의하여 자연히 돌아간다면 그 사람에게 하늘의 뜻이 있는 것이 아니고 무어겠소? 그만치 인망과 관록이 이미 쌓여 있기 때문에 자연히 돌아가는 것 아니오?"

"그러면 장군은 김균정 상대등을 추대할 생각이오?"

"김균정 상대등이 김명 대아찬처럼 그 자리를 노려서 미리 꾀를 세우고 군사를 준비하기에 급급하다면 나는 그를 돕지 않을 뿐 아니라 오히려 그와 싸우게 될지도 모르오. 그러나 그는 임자 말대로 가만히 있어도 대권이 자기에게 돌아가도록 되어 있다면 구태여 그것을 방해할 필요도 없지 않소? 자연히 돌아가도록 되어 있다는 것은 이미 그에게 하늘의 뜻이 비쳐 있다고 보아야 하지 않겠소? 그렇다면 구태여 하늘의 뜻을 거역할 이유는 무어란 말이오?"

"……"

배훤백은 머리를 수그린 채 아무런 대답도 없었다. 과연 할 말이 없는 모양이었다.

김양은 여기서 다시 말을 계속했다.

"임자와 나는 어려서부터 서로 무예를 다투어는 왔지만 나라를 위

하여 충성을 다하자는 뜻에 있어서는 언제나 하나가 아니었소? 임자가 우리의 구정(舊情)을 잊지 않고 나를 찾아와 숨김없는 심중을 털어 이야기 해 주었으니 나도 우정으로써 나의 흉중을 털어 말하겠소. 나와 손을 잡고 함께 하늘의 뜻을 받들어 대의를 지킵시다. 이것이 나의 진정이오."

"……."

배훤백은 고개를 들어 김양의 얼굴을 한참 동안 묵묵히 바라보고 있었으나 역시 입을 떼지는 않았다.

김양이 다시 말을 계속했다.

"나라에 공이 많고 백성들에게 덕망이 높은 사람에게 자연히 대권에 돌아가도록 우리는 힘을 합하여 지켜줍시다. 이것이 하늘의 뜻을 받드는 일이요, 나라에 대한 충성이 아니겠소?"

이때 배훤백이 고개를 들며,

"그렇지만 사람은 자기를 알아준 사람을 위하여 죽는다고 하지 않소? 내가 이미 김명 대아찬이나 이홍 아찬의 지우(知遇)를 받고 그들의 일을 돕기로 맹세한 이상 어떻게 다시 두 마음을 가진다 하겠소?"

이렇게 반문했다.

김양은 광채가 서린 두 눈으로 배훤백을 한참 지켜보고 있더니 다시 입을 열었다.

"임자는 지금 김명 대아찬의 지우를 받았다고 하지만 생각해 보시오. 임자를 등용하도록 당시의 시중 극정(極正) 사찬(沙飡)에게 추천한 사람이 누구란 말이오? 그 당시 시중 벼슬에서 물러나 있는 김우징을 찾아가 임자를 부탁한 것은 나지만, 극정에게 다시 임자를 추천한 사람은 김우징이 아니오? 나와는 친구간이니까 말할 거 없다고 하더라도, 임자를 처음으로 관에 등용토록 한 것은 김우징과 극정이 아니오. 그러니까 김우징이나 극정의 지우를 받았다고 한다면 말이 될지 모르지만, 김명이나 이홍으로 말하자면 이미 관에 중용되고 있는 임자를 자기들의 사사로운 계책을 위하여 이용하려는 것밖에 무슨 지우라 할 것이 있단 말이오? 나는 구우로서 충고하니 들어주시오. 그러한 무리들과 손을 끊고 나와 함께 나라의 대의를 위하여 싸우도록 합시다."

김양의 간곡하고도 조리가 뚜렷한 우정에 넘치는 권고를 받고 한참 동안 말을 잃은 듯 멍하니 앉아 있던 배훤백은 그대로 자기의 초지는 굽히지 않을 결심인 듯,

"그렇지만 남아가 한 번 뜻을 허락하고 나서 반전한다면 세상 사람이 나를 뭐라고 하겠소? 오늘 밤 장군이 나에게 일러준 충고는 구의의 표적으로 고맙게 생각하나 변심자라는 누명까지 들을 짓은 하지 않겠소."

이렇게 끝내 자기의 태도를 밝히고는 자리에서 일어나버렸다.

그해 겨울에 흥덕왕이 승하하셨다. 그러자 과연 시중 김명이 자기의 매서 제륭을 후계 왕으로 추대하고 나왔다.

그와 동시에 김우징은 그의 아버지 상대등 김균정을 역시 후계 왕으로 추대하고 나섰다.

김명을 돕는 대표자로는 이홍 아찬과 장군 배훤백이 있었고, 김우징을 돕는 대표자로는 김우징의 매서 김예징과 장군 김양이 있었다. 일반적인 인망은 물론 김균정이 훨씬 높았지만, 당시 시중이란 요직에 있는 김명이 미리 계획적으로 많은 조신들과 무관들에게까지 손을 뻗치고 있었기 때문에 쉽사리 판결이 나지 않았다.

이렇게 두 갈래 세력이 대치하고 있을 때, 김양은 김우징과 상의한 뒤, 수하 군사들을 거느리고 먼저 상대등 김균정을 궐내로 모시고 들어가 왕위를 잇게 하였다.

그러자 김명은 배훤백을 시켜 미리 준비해 두었던 군사를 풀어 궁궐을 포위하게 했다.

김양은 궁성 밖을 향해,

"김균정 상대등께서 조신들의 추대로 보위에 즉위하셨는데 너희들이 그러하면 역도들이 아니냐?"

크게 소리치고 꾸짖었으나 김명은 오히려 코웃음을 치며,

"조신들이 언제 김균정을 왕으로 추대했단 말이냐? 거짓말 말고 빨리 항복하고 나오너라."

이렇게 맞섰다.

처음 김양의 생각으로는 누가 보든지 마땅히 후계 왕이 됨직하다고 생각하여 온 상대등 김균정이 왕위에 올랐다고 하면 아무리 김명의 무리라 해도 단념을 하고 수그러들 줄 알았는데 일이 그렇게 되지 않고 끝까지 실력으로 결판을 짓자고 든다면 여간 난처하지 않았다. 왜 그러냐 하면 궁성 밖에서 포위하고 있는 군사와 궁성 안에서 포위되어 있는 군사가 오래 대치된 채 싸운다면 그 이해와 득실은 자명한 노릇이었기 때문이다.

사흘 밤낮을 가리지 않고 윙윙거리며 화살이 날아다니고 나니 궁성 안보다 밖이 더 많은 사상자를 낸 것은 또한 자명한 이치였다. 그러나 보다 더 당황한 것은 성 밖이 아닌 성 안이었다. 김양이 배훤백의 화살에 맞아 다리를 쓸 수 없게 된 것과 또 한 가지는 화살이 이미 동나가고 있었기 때문에 오래 끌면 끌수록 전세는 역전될 것이 뻔했기 때문이었다.

그날 밤 김양은 수하의 장사들과 상의한 뒤, 상대등 김균정을 모시고 궁성 앞으로 혈로를 내어 탈출할 계획을 세웠다. 그와 동시, 성 밖의 어느 민가에 숨어 있던 김우징은 김양이 궁중에서 밖으로 탈출할 계획이라는 정보를 받자 전세가 이미 위급해진 것을 알고 가족들과 더불어 서울을 빠져나갔다.

직계 장사 몇 사람과 함께 김균정을 모시고 궁성을 탈출한 김양은 어둠을 타고 발길이 닿는 대로 도망을 쳤다. 그러나 그들이 겨우 한기부

(漢岐部)까지 도망쳐 왔을 때 김균정은 적군의 화살에 맞아 죽고 말았다.

김양은 하늘을 우러러 통곡한 뒤 김균정의 시체를 땅 속에 대강 감추어 두고 목숨을 살려 달아났다. 그러나 한번 위치가 바뀐 그들을 기쁘게 맞아줄 사람은 없었고, 설령 뜻이 있다고 하더라도 그만한 힘을 갖춘 사람은 더욱 없었다. 이제는 김명의 군사가 관군이 되어 버린 것이다.

김양보다 먼저 서울을 탈출했던 김우징이 먼저 청해진(靑海鎭)으로 장보고(張保皐)를 찾아갔다는 정보는 김양도 듣고 있었다.

그 당시 장보고로 말하면 청해진(지금의 완도)에 근거를 두고 서해와 남해에 걸터앉아서 그야말로 해상의 왕자 노릇을 하고 있었던 것이다. 그가 한번 청해진 대사로 나와 앉은 뒤로는 어민들을 괴롭히던 당나라와 왜나라의 해적들이 자취를 감추게 되었고, 따라서 신라 사람으로서 해적에게 잡혀 남의 나라의 노예가 되는 일도 없어지게 되었다. 그만큼 장보고의 실력과 용명은 높이 떨쳐져 있었던 것이다.

장보고는 자기 자신이 워낙 무용에 뛰어난 명장이기도 하지만 수하 장수들에게 쉴 새 없이 무술에 대한 훈련을 시켜서 한번 싸움이 벌어지기만 하면 어떤 적군도 당해 내지를 못했다.

이러한 장보고가 김우징과 그의 가족들을 받아들이게 되었다는 것은 놀라운 사실이 아닐 수 없었다. 왜 그러냐 하면 조정에서는 그들을 이미 역도로 몰고 있었기 때문에 한번 관군에게 패하기만 한다면 장보고 자신도 역도의 무리라는 낙인을 받고 처형될 판이었기 때문이었다.

그러나 그만한 각오와 대책도 없이 그들을 받아들일 장보고는 아니었다. 무엇보다 그가 본디부터 의협심이 강한 사람이란 것은 더 말할 나위도 없었지만, 자기대로의 정견과 포부가 없는 것도 아니었다. 그도 전왕에 후사가 없기 때문에 근친 중에서 보위를 계승할 수밖에 없다는 것은 미리 잘 알고 있었으므로, 그렇다면 누굴까 하고 자기 나름대로 혼자 그 적임자를 헤아려 본 일도 있었지만, 그때마다 김균정 상대등이라고 가늠을 해왔던 것이다.

　여기엔 물론 자기의 개인적인 의리 관계가 없는 것도 아니었다. 그가 당나라에서 돌아와 처음으로 왕을 배알하고 바다 도둑을 쳐서 우리나라 백성이 끌려가 남의 나라의 노예가 되는 일을 막게 해 달라고 아뢰었을 때, 그 일을 위하여 같이 힘을 쓰고 그로 하여금 청해진 대사를 삼도록 주선해 준 사람이 바로 당시 시중 자리에 있던 김우징이었던 것이다.

　따라서 그는 공적으로나 사적으로나 김균정 상대등이 마땅히 후계 왕이 되리라고 믿었으며 그것을 희망해 왔었는데, 그럼에도 불구하고 그들 일족이 김명의 무리에게 쫓겨 육지를 버리고 자기를 찾아온 것을 보았을 때 의분을 금할 수 없었던 것이다.

　장보고가 김우징 일족을 받아들였다는 소문을 듣자 김양도 그윽이 기뻐하며 하늘이 의인을 돕는다 하고 곧 자기도 청해진을 찾아갔다. 희강왕(僖康王) 3년 이월이었다.

　두 해 만에 서로 만난 김우징과 김양은 손을 잡고 울었다. 그러고는 장보고에게 그들의 원수를 갚도록 해 달라고 간청했다.

　한편 싸움에 이긴 김명은 자기의 계획대로 매서 제륭을 왕위에 오르게 하고, 자기는 상대등이 되고 이홍에게는 시중 벼슬을 주고, 배훤백에게는 시위부 대장을 임명했다. 이것이 흥덕왕 십일 년 십이 월인 동시에 희강왕 이 년이 된 셈이었다.

　그러나 본디부터 야심가인 김명은 자기의 매서 제륭(희강왕)을 왕위에 오래 두지는 않았다. 겨우 한 해를 참은 뒤, 그러니까 희강왕 삼년 정월이 되자, 그는 이홍과 함께 군사를 일으켜서 조신들을 죽이고 왕에게 죽음을 강요하여 자살케 했다.

　왕과 조신들을 처치해 버린 김명은 아무런 항거도 없이 왕위에 올랐다.

그가 곧 민애왕(閔哀王)이다.

그러니까 민애왕 원 십이월이다. 김우징은 김양으로 평동 장군(平東將軍)을 삼고, 장보고에게 장군 세 사람과 장병 오천 명을 얻어 김명을 치기 시작했다.

그때 장보고가 김우징에게 내준 세 사람의 대장이란 염장(閻長), 장변(張弁), 정년(鄭年)이었다.

이밖에 김양이 본디부터 길러온 장군으로 낙금(駱金), 장건영(張建榮), 이순행(李順行)의 세 대장을 합쳐 평등 장군 김양 휘하의 육원대장(六員大將)이라 하였다.

일기 당천(一騎當千)의 육원 대장에 장사 오천 명을 거느리고 김우징과 김양이 뭍으로 올라오니, 무주(武州) 근방까지 거의 항전하는 군사도 없었다. 무주 철야현 북주(鐵冶縣 北洲)에 이르니 김명의 대장 김민주(金敏周)가 관군을 이끌고 나와 비로소 항전을 시도했다. 이때 김양의 휘하에 있던 낙금과 이순행 두 장군이 수하 장사들을 데리고 날 듯이 말을 몰아 적진으로 뛰어드니 그들의 용맹과 사기에 눌려 관군은 싸움다운 싸움도 붙어 보지 못한 채 무너지고 말았다.

평동군은 패주하는 관군을 무찔러 거의 전멸시켰다.

그러나 김양은 관군의 주력이 대구(大丘-지금의 大邱) 방면을 중심으로 집결되어 있다는 것을 알았으므로 서전(序戰)의 승리로 조금이라도 만심을 가져서는 안 된다고 휘하 장군들에게 타일렀다.

서전에 있어 쉽사리 관군을 전멸시키다시피 한 김양의 평동군은 의기충천하였으나 김양은 대구 방면의 결전에 대비하여 서서히 진격하며 모든 계책을 대비하도록 하였다.

이듬해 정월에 평동군이 대구 남방의 비슬산(琵瑟山)에 진을 치고 관군과 대치하자 김양은 먼저 격문을 돌려 김명의 비행과 죄상을 천하에 널리 퍼뜨렸다.

〈김명은 상대등 김균정 이찬이 조신들의 추대와 온 백성의 추앙으로 대권을 맡게 된 것을 사사로운 병력으로 이를 물리치고 자기의 매서 제륭을 잠깐 왕으로 옹립했다가 이내 자결을 강요한 뒤 드디어 검은 배짱을 드러내어 스스로 보좌를 짓밟은 천인 공주(天人共誅)할 극악인이니 이를 돕는 자는 수하를 막론하고 형벌을 면치 못하리라〉 하니, 군사들도 그 말이 대체 진실한 것을 알므로 아무도 왕을 위하여 용감히 싸우려는 자가 없었다.

이와 같이 관군이 전의를 잃고 있는 틈을 타서 김양은 승승장구의 휘하 장병들로 하여금 적진을 무찌르게 하니 관군의 주력도 예상 밖으로 빨리 무너져 버렸다.

이 소식을 들은 김명은 신하 몇 사람과 더불어 이궁(離宮)에 가 숨었으나 이내 이쪽 군사에게 붙들려 칼에 찔려 죽고 말았다. 왕이 죽으매 군사들은 다 흩어지고 아무도 그를 위하여 항전하는 사람이 없었다.

그동안 김명에게 붙어 있던 신하들 가운데는 산중으로 달아나 숨는 자도 있고 혹은 엎드려 대죄하는 자도 있었으나 아무도 김명을 위하여 변호하려는 자는 없었다.

김양은 이렇듯 조야가 감히 평동군에 대하여 항거하는 빛이 없음을 보자 군기(軍紀)를 단속하여 일체 살상이나 약탈이 없도록 엄중히 포고하였다.

"본디 하늘의 뜻을 좇아 간악을 물리치고 정대(正大)를 세우려 했던 바 이제 그 원흉을 주벌했으니, 그보다 더 형벌을 넓히지 않겠다. 일반 의관 사녀(衣冠士女)와 백성들은 두려워 말고 생업에 힘쓰며 맡은 바 직책을 각각 다하라."

하였다.

그러나 그동안 김우징, 김양이 겪은 고초와 분노를 생각하면 아무래도 일대 복수가 단행될 것이라고 사람들은 수군거리며 좀체 마음을 놓지 않았다.

　이 말을 들은 김양은 일찍이 자기의 다리에 화살을 꽂아 주고 김명을 위하여 가장 공을 많이 세웠던 배훤백을 잡아들이게 하고,

　"개도 주인을 보고는 짖지 않는다. 그대가 그대의 주인을 위하여 나를 쏘았으니 주인에 대한 충성이라 하겠다. 내 그대를 따로 해치고자 하지 않으니 안심하고 물러가라."

하였다. 김양이 돌아오면 제일 먼저(김명 다음으로) 목이 달아날 줄 알았던 배훤백도 처벌을 받지 않은 것을 보자 온 나라 사람들이 김우징, 김양의 어질고 큰 그릇됨에 열복하지 않는 이가 없었다.

　그해 사월에 궁성을 깨끗이 청소한 뒤 김우징을 맞아들여 왕위에 오르게 하니 그가 곧 신무왕(神武王)이었다.

　김양은 파사 현정(破邪顯正)의 대의를 성취하자 사저(私邸)에 물러앉았다. 권력과 영달에는 뜻이 없는 듯 조용히 금서(琴書)를 즐기고 있던 그는 헌안왕(憲安王) 원년 팔월 십삼일에 세상을 떠났다. 왕은 크게 애통하여 그에게 서발한 각간(舒發翰角干)의 벼슬을 추증하고, 각간의 장례에 준하도록 태종왕(太宗王)의 능에 배장(陪葬)케 했다.

---

*(출)『김동리 역사소설』, 지소림, 1977.

왕거인

 진성 여왕(眞聖女王)이 즉위하면서부터 각간(角干) 위홍(魏弘)이 정권을 잡게 되었다. 위홍은 본래 진성 여왕의 유모의 남편이었으나, 그녀가 왕위에 오르기 전부터 가만히 통하며 지내다가 등극한 뒤로는 거의 공공연하게 부부생활을 하였다.
 위홍은 이와 같이 진성 여왕의 떳떳하지 못한 남편 노릇을 하고는 지냈으나 본래 명문의 출신으로 일찍부터 글을 좋아했었다. 그는 정권을 잡게 되자 곧 진성 여왕에게 신라의 고유한 사화집(詞華集)을 편찬하도록 아뢰었다.
 "일찍이 공부자(孔夫子-孔丘)께서는 주대(周代)의 성덕(盛德)과 문화를 보이기 위하여 당대의 가요 삼백 편을 엮어 놓고 스스로 해명해 가로되 시 삼백(三百)을 일언이폐지(一言以蔽之)하면 사무사(思無邪)라 하였소이다. 우리 나라로 말씀하오면 시조(始祖-朴赫居世) 개국 이래 구백사십여 년에 주대의 가요에 비길 만한 시가가 수백으로써 다 헤아릴 수 없을 만치 있사오니 이를 모두어 한데 엮어 두심이 마땅한 줄 아뢰오."

위홍의 이 말에 진성 여왕은 고개를 끄덕여 찬의(贊意)를 표하며,

"각간의 말씀이 지당한 줄은 아나 그 일을 누구에게 맡겨서 이룰 수 있을는지."

하였다.

여기서 위홍은 자기의 고우(故友)인 동시에 당대의 명사 두 사람을 천거했다. 그들이 곧 대덕(大德) 대구 화상(大矩和尙)과 석학(碩學) 왕거인(王巨仁)이었다. 대구 화상으로 말하면 이미 경문왕(景文王) 때부터 향가의 권위자로 이름이 높아, 왕실의 분부에 의하여 「현금포곡(玄琴抱曲)」 「대도곡(大道曲)」 「문군곡(問群曲)」 따위 노래 세 수를 지어 바쳤던 대가요, 왕거인 역시 당대의 학자이며 문장가로 첫 손가락에 꼽히는 사람이었던 것이다. 하나는 비록 불도를 숭상하는 승려의 몸이요, 다른 하나는 공맹지교(孔孟之敎)를 닦는 유자(儒子)이긴 하였으나 그들이 다 함께 국학(國學)을 존중하고, 사뇌가(詞腦歌-鄕歌)를 아끼는 점에 있어서는 뜻이 같았다.

이뿐 아니라 세속적인 영달과 부귀 공명을 탐하지 않고 오직 〈도〉를 구하여 스스로 만족하며 높은 경지를 닦아나가는 점에 있어서도 뜻이 같았다. 대구 화상으로 말하면 이미 속계를 버리고 출가한 〈화상〉이니 더 말할 것도 없지만, 왕거인으로 말하면 출가를 하지 않고서도 속세에 물들지 않고 홀로 금서(琴書)를 즐기며 높은 도경(道境)에서 살아가는 철인(哲人)이었던 것이다. 따라서 당시의 사람들은 대구 화상을 높이어 사화 대덕(詞華大德)이라 부르고, 왕거인을 높이어 부르기는 〈국사(國士) 왕거인 선생〉 혹은 〈은사(隱士) 왕거인〉이라 하였다.

〈사화 대덕 대구 화상〉과 〈국사 왕거인 선생〉은 함께 조정의 부르심을 받고 나왔다. 진성 여왕은 그들을 보자 얼굴에 기쁜 웃음을 띠며,

"사화 대덕과 왕 선생을 오늘 뵙게 된 것은 나의 둘도 없는 기쁨인

줄 아오. 원하건대 나를 위하여 나라의 시나위 가락을 모아서 엮어 주시기를."

하였다. 이에 대구 화상이 먼저 머리를 수그리며

"거룩하신 분부를 지성껏 받들어 모시겠나이다."

하였고 왕거인은,

"황송하오나 이 몸은 적임이 아닌 줄 아나이다."

하였다.

대구 화상은 응낙을 한 것이요, 왕거인은 사양을 한 것이다. 여왕이 당황하여 곁에 있는 위홍을 돌아다보았다. 위홍은 얼른 여왕 앞에 나오며,

"이는 고사(高士) 왕 선생의 겸사인 줄 아뢰오."

하고 꺾어 누르자, 여왕도 그제야 안심을 하는 듯,

"그렇다면 크게 다행한 일이나……."

하였다.

이때 왕거인이 또다시 의견을 말하려고 고개를 수그렸으나, 이번에는 위홍이 이를 가로막으며

"이 일은 신에게 맡겨주시기를……."

하고 나왔다.

왕거인도 자기의 뜻은 이미 한번 나타내었으니까 그 자리에서 반드시 말로써 다툴 필요는 없다고 생각하고 더 입을 떼지 않았다.

그날 밤 위홍은 왕거인을 자기의 집으로 초대하였다. 궁성에서 동북쪽으로 조금 돌아 나가서, 황룡사(黃龍寺)와 분황사(芬皇寺) 사이에 있는 어마어마한 저택이었다.

위홍은 왕거인을 자기 집 안의 별당에 인도한 뒤,

"좀 불편하겠지만 당분간 여기서 지내도록 하게."

하였다. 넓은 방 정면에는 둥그런 석경(石鏡)이 걸려 있고, 그 곁에는

한 쌍의 은촛대에 불이 밝혀져 있었다. 평소 부귀영화를 대수롭지 않게 생각하는 왕거인이기는 하였지만 이 집의 으리으리한 꾸밈새에는 과연 놀라지 않을 수 없었다.

위홍은 왕거인과 더불어 자리를 정해 앉은 뒤,

"나는 최근에 또 하사받은 집이 따로 있다네. 앞으로 자네가 서울로 올라와 살게 된다면 이 집은 자네에게 양도해도 좋으이."

하였다. 왕거인은 깜짝 놀라는 얼굴로,

"천만에 나 같은 포의(布衣)에게 이 같은 저택이 당한가."

하고 즉석에서 거절을 해 두었다.

"이 사람아, 기어이 포의를 고집해야 할 아무런 이유가 없지 않은가."

하고 위홍은 껄껄 웃었다.

위홍의 아내 부호 부인(鳧好夫人)이 비녀(婢女)들에게 술상을 들리고 들어왔다. 위홍은 부인을 보고,

"자, 인사 드리시오. 내 친구 왕거인 선생이오."

하고 이번에는 왕거인에게,

"내 내자일세."

하였다.

왕거인과 부호 부인은 자리를 고치며 맞절을 하였다.

"바깥 어른이 늘 말씀하셔서 성화(聲華)는 익히 들어 모시었나이다. 이렇게 비가(鄙家)를 찾아주셔서 감사하옵니다."

부호 부인이 주인으로서 먼저 이렇게 인사말을 하였다. 그녀는 한 나라의 정사를 쥐고 휘두르는 여걸이니 만큼 얼굴 생김새나 말솜씨가 여간 당당하지 않았다(그녀는 진성 여왕의 유모로서 위홍이 진성 여왕과 통하게 된 것도 근본은 부호 부인이 있었기 때문이었다. 위홍이 정면으로 정권을 잡고 나서기까지 진성 여왕을 움직여온 사람이 바로 부호 부인이었던 것이다).

"뜻하지 않은 일로 갑자기 폐를 끼치게 되었소이다."

왕거인은 그녀의 황홀한 얼굴을 바라보지 않으려고 외면을 하며 겨우 이렇게 대답하였다.

"그러면 서울에 계시는 동안은 불편하시지만 누가(陋家)에 머물러주시면 영광이겠나이다."

부호 부인은 이렇게 인사를 닫고 물러나갔다.

두 사람은 술을 나누면서도 곧장 〈포의〉와 〈영달〉 문제로 화제를 돌리곤 하였다. 위홍의 주장에 의하면 공자께서도 벼슬을 찾아 천하를 돌아다녔으니 〈포의〉에만 반드시 〈도〉가 있는 것은 아니라는 것이다. 이에 대하여 왕거인은 자기를 공부자에 비기는 것은 외람된 일이라 하고, 또 자기는 학문을 좋아하고 〈도〉를 구함으로써 스스로 즐기며 만족할 뿐이지 〈포의〉나 〈영달〉 같은 것은 별로 문제시하지 않는다고 하였다. 〈영달〉도 좋지만 〈포의〉도 무방하다는 것이다.

"아무튼지 나는 자네의 고우로서 자네의 구도나 호학을 조금치도 방해할 생각은 없네. 자네가 굳이 영달을 원치 않는다면 그것도 강권하지는 않겠네. 그러나 우리의 〈사뇌가〉를 모아 엮는 일은 자네의 〈구도〉나 〈호학〉에도 결코 상치되지 않는 일일세. 공부자께서도 「시경」을 편찬하셨거든."

위홍의 이 말엔 왕거인도 별로 항거할 근거가 없었다.

왕거인이 진성 여왕 앞에서 〈사뇌가 편찬〉의 일을 거절한 것은 〈사뇌가 편찬〉이란 그 일 자체가 싫다거나 무의미해서가 아니었다. 근본적으로 말하면, 그는 세상에 나와서 일을 하고, 이름을 내고 지위를 가지고 하는 것보다 〈구도〉와 〈호학〉에 더욱 정진하고 싶었기 때문이기도 하지만, 그 밖에 또 한 가지 중요한 이유가 있었던 것이다. 그것은 진성 여왕과 위홍의 관계를 못마땅하게 생각하는 것이 있었기 때문이었다. 그와 같이 문란하고 부패한 정권 아래서 그들의 시킴을 받고 일을 하기가 싫었던 것이다. 그 이튿날 왕거인은 대구 화상을 찾아 황룡사로 갔다. 대구 화상은 그보다 나이 십여 세나 연장자로서 그때 이미 육십이 넘어 있었다. 그는 왕거인을 보자 일어나 합장을 하며 반가이 맞아 주었다.

"아, 왕 선생께서 참 귀한 걸음을 하셨소이다."

하고 그는 왕거인의 손을 잡아 자리에 앉힌 뒤, 상좌 아이를 시켜 차를 끓이게 하였다.

"대사께서는 이번 일을 어떻게 생각하십니까?"

하고 왕거인은 단도직입적으로 이렇게 물었다.

대구 화상은 하얗게 센 긴 눈썹 아래 빛나는 두 눈으로 웃음을 띠어 보이며,

"천천히 차나 마시고 이야기합시다."

하였다.

상좌 아이가 차를 들여왔다. 대구 화상은 찻주전자와 찻종지를 향해 합장을 하며 〈나무 아미타불〉 하고 염불을 외웠다.

"자 한잔 들어 봅시다."

대구 화상은 왕거인에게 차를 권하고 나서 자기도 한 잔 들더니 한 모금을 마시고 나서 왕거인을 바라보았다.

―차 맛이 어떠시오.

하고 묻고 싶은 것을 참는 눈치다.

왕거인은 이 차 맛을 아는지 모르는지 말없이 훌쩍훌쩍 마시고 있었다.

"충담 스님의 「찬기파랑가」라는 진필(眞筆)이 나에게 있소이다. 한번 보시겠소이까?"

대구 화상이 이렇게 물었다. 그가 갑자기 충담사의 유명한 〈사뇌가〉인 「찬기파랑가」를 들먹이는 데는 이유가 있었다. 그것은 지금 그

들이 마시고 있는 이 차가 바로 옛날 충담께서 중삼일(重三日-3월3일)과 중구일(重九日-9월9일)마다 남산 삼화령(三花嶺)의 미륵불을 찾아가 끓여 바치던 바로 그 차이기 때문이다.

"아, 그 참 진귀한 걸 가졌소이다. 어디 한 번 구경을 시켜 주십시오."

왕거인도 충담사의 진필이라는 데는 상당히 구미가 동하는 모양이었다.

대구 화상은 장문을 열고 그 안에서 충담사의 「찬기파랑가」를 내어 왔다. 글씨가 달필은 아니나 어딘지 그윽한 운치가 있었다.

"어떻소이까."

"역시 훌륭합니다."

"지금 마신 이 차 맛과 어떻소이까?"

대구 화상은 드디어 참지 못하여 이렇게 물었다.

그때야 왕거인도 옛날 충담의 고사를 생각하고,

"아, 그렇다면 이 차가 바로 옛날 충담대사가 춘추 길일마다 불공에 쓰시던 그 차입니까?"

하고 물었다. 이번에는 대구 화상이 득의의 웃음을 띠우며,

"예에, 바로 그것입니다. 그러고 보니 어딘지 그 글씨와 차 맛이 비슷하게 오지 않소이까?"

하였다.

"그것까지는 미처 생각을 하지 못했소이다."

왕거인도 이 다미(茶味)와 〈사뇌가〉의 세계에 대해서는 대구 화상과 겨룰 수 없다고 생각하였다. 그보다도 그는 진성 여왕과 위홍의 관계를 듣고 싶었던 것이다.

"그렇다면 이 충담 스님의 노래는 내가 다 제공하리다. 그리고 월명(月明)스님과 상가 거사(桑嘉居士)의 것도 다 수집이 되어 있소이다."

하였다. 대구 화상이 이렇게 말하는 것은 〈사뇌가〉를 편찬하는 일에

왕거인 119

있어 자기가 협력을 할 터이니 당신이 주재가 되어 하시오 하는 뜻이었다.

"아니올시다. 이 사람은 아직 그 일에 대해서 태도를 정하지 못하고 있을 뿐 아니라, 설령 그 일을 맡아 본다 하더라도 그냥 대사를 도와드리거나 할 따름 그 이상은 알지 못합니다."
하고 왕거인도 자기의 태도를 밝히려 들었다.

"좋은 일이면 할 것이지 무엇을 그렇게 어렵게 생각하시오."

"그렇지만 듣는 말에 조정이 어지럽다 하니 어디 그 아래서 일을 하겠소이까."

"어지럽기야 왕실에서의 색정 문제가 언제는 어지럽지 않을 때가 있었소이까. 그런 건 논지할 것이 아니라 일이 옳고 좋은 일이면 해 두어야지요. 임금님이나 위 각간을 위해서가 아니라 중생을 위해서지요. 그러니 우리가 모두 마음 가지기에 달린 것이지요."

대구 화상은 어디까지나 세속을 초월한 도인의 말이었다. 그러나 왕거인은 그렇지 않았다.

대구 화상의 말을 이해하지 못하는 것은 아니지만 자기의 신념으로서는 용납할 수 없는 것이 있었다. 그것은 아무리 옳고 바른 일이라도, 시키는 사람이 옳고 바르지 못할 때는 협력할 수 없다는 생각이었다. 모든 것은 사람이 근본이다. 사람이 옳지 못하다면 그가 시키는 일도 옳음을 가장 할 뿐 그 이면에는 흑막이 있다. — 이런 생각이었다. 여기에 유자로서의 왕거인과 승려로서의 대구 화상의 다른 점이 있었다. 그러나 왕거인은 그것을 굳이 밝히려 하지는 않았다. 유도와 불도가 서로 다르다 할지라도 대구 화상의 속기를 벗어난 의연한 태도는 역시 존경할 만했기 때문이었다.

"대사께서 그렇게 생각하신다면 이 사람도 그 뜻을 받들어 대사의 하시는 일을 도울까 합니다."

이렇게 말하는 왕거인의 속셈은 〈진성 여왕이나 위홍을 돕는 것이 아니라 대구 화상을 돕는다〉 하는 생각이었다.
　대구 화상은 어린애처럼 욕심기 없는 맑은 두 눈으로 왕거인을 한참 바라보더니 무엇을 생각했는지 밝은 미소를 방긋 지어 보이고는,
　"나무 아미타불."
하고 두 손을 모아 합장을 올렸다.
　왕거인도 무언지 그의 염불에 형언할 수 없는 거룩함을 느꼈다.
　이렇게 왕거인은 낮이면 대구 화상을 찾아가 함께 사뇌가에 대한 이야기를 나누고 밤이면 위홍의 집에 가서 잤다. 그런데 위홍은 과연 듣던 말과 같이 거의 궁중에서 살다시피 하고 그의 사저에는 며칠에 한 번씩밖에는 비치지도 않았다. 처음엔 왕거인도 그것을 여간 추악하게 생각하지 않았으나, 대구 화상의 말대로 왕실의 색정 문제야 어느 때고 어지럽지 않을 때가 있었냐고 생각하니 한결 체념이 되기도 했다.
　부호 부인은 저녁마다 비녀들에게 술상을 들려서 들어왔다. 어떤 때는 주인 노릇을 하느라고 제법 상머리에 앉아서 세상 이야기도 하곤 하였다. 그녀의 말에 의하면 궁중에서는 풍기니 음란이니 하는 말이 있을 수도 없다는 것이다. 자기도 오랫동안 궁중에서 지내왔기 때문에 남편(위홍)의 그러한 행동이 그다지 이상하게 보이지 않고, 그래도 자기의 남편만한 사람이 진성 여왕의 짝이 되어 정사를 돕기 때문에 이만치라도 나라 일이 진행되어 나가는 것이라고 믿어진다는 것이다. 그렇게 말하며 부호 부인은 왕거인의 얼굴을 의미 있게 흘겨보았다. 왕거인은 거북해서 슬쩍 외면을 하려니까,
　"얘들아, 거기 달아기더러 가얏고(伽倻琴)를 가지고 오래라."
하고 비녀들을 불러서 분부하였다.
　조금 있으니 달아기라는 처녀가 가야금을 안고 나왔다.
　"어떤 곡을 타리까?"

하고 달아기가 묻자 부호 부인은 서슴지 않고 「상춘곡(賞春曲)」을 타라고 했다.

>암이 예 논다
>수가 제 논다
>암수가 어울려서
>두둥실 잘 논다
>
>꽃이 예 진다
>달이 제 난다
>꽃달이 어우러져
>두둥실 잘 논다

이 노래는 궁중에서 주연이 방감일 때 자주 부르는 곡목이라 하였으나 조금도 우아하지 않을 뿐만 아니라 가사는 졸렬하고 가락은 음탕하기 그지없었다.

왕거인은 맘속으로 호령이라도 하고 싶은 것을 겨우 참았다.

그날 밤이었다. 거인이 자리에 들어 있는데 문 여닫는 소리가 잠결에 들렸다. 그러나 미처 잠이 깨지 못하고 있는데 이번에는 무엇이 이불을 들치고 그의 품속으로 안겨드는 것이다. 그가 겨우 눈을 떠서 보니 부호 부인이 발가벗은 채 자기의 품 안에 들어 있지 않은가. 그는 깜짝 놀라 자리에서 일어나려는데 부호 부인이 두 손으로 그의 목을 껴안고 늘어졌다.

"이 몸은 벗은 채예요."

부호 부인의 목소리는 잠긴 듯하였다. 거인이 힘을 다하여 자기의 목에서 그녀의 두 팔을 풀어 놓았다.

"어른님도 혼자고 이 몸도 혼자예요. 무엇이 거북해요?"

부호 부인의 속삭이듯 하는 목소리였다.
"안 될 소리."
하고 거인은 옷을 입으려 하였다. 그러자 부호 부인은 그의 옷을 잡고 놓지 않았다. 이렇게 반 시간이나 실랑이질을 하다가 거인은 끝내 듣지 않으니 이번에는 부호 부인이 거인의 수염을 확 잡아 뜯어 주고는 밖으로 나가 버렸다.

이튿날 새벽 일찍 왕거인은 위홍의 집을 나왔다. 부호 부인에게는 물론이지만 위홍에게도 대구 화상에게도 인사말 한 마디 없이 그냥 자기의 집이 있는 대야주(大耶州-지금의 陜川)로 향해 떠나오고 말았다.

그런 지 달포 지난 뒤였다. 서울 거리에 이상한 주문이 나타났다. 그것은 불가에서 쓰는 밀어로 보통 〈다라니(陀羅尼)〉라고 부르는 글이었다. 그 〈다라니〉는 다음과 같은 것이었다.

　　　南無亡國刹尼耶帝 判尼判尼蘇判尼
　　　干干三阿干 鳧伊娑婆訶

그 뜻을 대강 새기면, 진성 여왕이 여러 신하들과 음란한 관계를 맺어 나라가 망하게 되니 이는 보호 부인에게도 책임이 있다 하는 의미의 것이었다.

이 괴이한 〈다라니〉가 조정에 아뢰어지자 진성 여왕은 여간 당황하지 않았다.
"아니 그 다라니의 내력이 어떻게 된 건지 한시바삐 밝혀 주오."
진성 여왕은 이렇게 엄명을 내렸다.
위홍이 앞에 나오더니,
"이는 분명히 왕거인의 소행인 줄 아뢰오."
하였다. 그는 다시 말을 이어

"왕거인이 전자에 사뇌가를 수집하라는 어명을 무엄하게도 거절하고 내려가더니 아마 이번에 그와 같은 괴문자를 조작할 음모를 품었던 것인 줄 아뢰오."
하자 다른 신하들도 모두 그럴 듯이 고개를 끄덕였다.
"그럼 곧 왕거인을 잡아오도록 하오."
왕의 명령이 떨어진 지 사흘 만에 왕거인이 체포되어 왔다.
"너는 전자에 나의 명령을 거역했을 뿐 아니라, 내가 따로 허물하지 않았음에도 불구하고 도리어 그러한 괴문자를 지어 퍼뜨림은 무슨 연고냐."
하고 진성 여왕이 직접 이를 심문하였다.
"거인이 전자에 사뇌가의 편찬을 황송하옵게도 사양한 것은 소인의 능력이 미치지 못함을 스스로 알았기 때문이려니와 이번의 괴문자 운운하신 데 대해서는 전혀 아는 바 없나이다."
왕거인은 태연한 얼굴로 이렇게 대답하였다.
"그러면 너는 그것을 알 때까지 옥 속에 있으라."
왕의 분부는 간단하였다.
왕거인으로서는 청천벽력 같은 일이나 절로 밝혀질 때까지는 하는 수가 없었다. 설마 진상이 밝혀질 날이 있겠지 하였다. 그러나 웬 까닭인지 날이 가고 달이 바뀌어도 진범이 나타나지 않았다. 따라서 거인을 진범으로 몰아서 주형(誅刑)을 내린다는 것이다.
이 말을 들은 왕거인은 손가락을 깨물어 그 피로써 옥벽(獄壁)에다 다음과 같은 글을 썼다.

우공이 통곡하매 삼년 동안 날이 가물고,
추연이 슬픔을 품으매 오월에도 서리가 나리었다.
지금 나의 시름도 예와 다름없거늘

하늘은 말도 없이 푸르기만 하구나

于公慟哭三年旱
鄒衍含悲五月霜

今我出愁置似古
皇天無語但蒼蒼

왕거인이 피로써 이 글을 쓰던 그날 저녁이었다. 홀연히 구름이 덮이고 뇌성벽력이 일어나며 우박이 쏟아졌다.

위홍이 진성 여왕에게 나아가 이 글을 보고한 뒤,

"거인의 글과 하늘의 괴변이 반드시 상관 있는 일은 아니나 어리석은 백성들이 이를 모르고 우매한 생각을 금하지 않으니 거인을 놓아 보내심만 같지 못할 줄 아뢰오."

하였다.

왕은 말없이 끄덕였다.

이튿날 아침 왕거인은 옥에서 놓여나 대야주로 돌아갔다. 이 일이 있은 뒤부터 나라 사람들은 왕거인을 더욱 높이어 당대의 국사라 하였다.

한편 〈사뇌가〉의 수집은 대구 화상의 독력(獨力)으로 완성이 되었다. 그 속에 수록된 〈사뇌가〉의 총수는 칠백이십오 수요, 책 이름은 『삼대목(三代目)』이라 하였다.

〈부기〉

1. 『삼대목』은 그 위에 다른 많은 고전과 함께 분실되고 말았다. 만약 이것이 전해졌던들 우리는 한족의 「시경」이나 일인의 『만엽집(萬葉集)』을 능가하는, 《고대 가요집》을 가지게 되었을 것이다.
2. 『사기』에는 위홍의 죽음과 『삼대목』의 수집 편찬이 모두 진성 여왕 이년 이월의 일로 되어 있으나 그와 같이 방대한 일을 한 달 이내에 성취했다는 것은 상식적으로 믿기 어렵다. 따라서 두 조항의 연대는 반드시 정확한 것이 되지 못한다는 전제에서 이 작품은 씌어져 있다.

───────────

*(출)『김동리 역사소설』, 지소림, 1977.

강수 선생

강수 선생(强首先生)이 누구냐구요? 참 딱한 일입니다. 김유신 장군은 모르는 이가 없는데 강수 선생은 아는 이가 몇 없으니까 문무(文武)란 말이 무색하지 않습니까. 무장 김유신은 알고, 문호 강수 선생은 모른다니 말입니다. 문무왕(文武王)께서는 삼국 통일의 성취에 대하여, 〈비록 무공을 일컫는다 하겠지만 또한 문장의 도움에 말미암은 바 적지 않다 할지니 이로써 볼진대 강수의 공적을 소홀히 생각할까 보냐.〉 했습니다. 그러니까 삼국 통일에 있어 무공의 대표자를 김유신 장군이라 한다면 문훈(文勳)의 대표자는 강수 선생이라 하겠지요.

그만한 인물이라면 왜 그렇게 널리 알여지지 않았느냐고요? 글쎄, 그건 어려운 문젭니다. 세상이란 건 복잡해서, 훌륭한 사람도 못난 사람으로 전해지거나 아주 전해지지 않거나 할 수도 있고, 또 그와 반면에 못난 사람이 훌륭하게 전해지기도 하니까요.

하여간 그 당시로 봐서는 대단한 문장이었지요. 그만큼 생김새도 특이한 점이 있었다고 합니다. 머리 뒤통수 위에 혹 하나가 뿔같이 돋아나 있었답니다. 그래 그의 아버지는 아내에게,
"이 아기가 장차 크게 될 터이니 잘 기르오."
하고 기뻐했다고 합니다.

그는 과연 어려서부터 지혜와 총명이 뛰어나 있었습니다. 여섯 살 때부터 글 읽고 쓰기를 배우기 시작했는데, 하루에 몇 자를 가르치든지 가르치는 대로 다 외우고 쓸 수 있었답니다. 이리하여 그의 나이 열너덧 살 되었을 때는 그를 족히 가르칠 만한 학자를 찾아볼 수 없을 만큼 되었습니다. 그는 그 당시 신라 나라에 들어와 있는 유교 경전은 이미 다 독파했을 뿐 아니라, 그의 뛰어난 문재에는 어떠한 학자라도 경탄을 금할 수 없었던 것입니다.

그의 나이 열일곱 살 나던 해입니다. 산과 들에는 온갖 꽃과 풀이 다 피어나고, 냇가 언덕 위에는 붉은 복숭아꽃과 푸른 버들가지가 어우러져 있는 늦은 봄날 저녁때였습니다. 그는 그의 집에서 북쪽으로 한 오 마장 가량 떨어져 있는 가마실(釜谷)이란 곳까지 소풍을 나갔습니다. 가마실이란 본디 산골짜기의 이름이었으나 그 골짜기에 한 집 두 집 인가가 늘어남에 따라 나중에는 부락이 되고 말았습지요. 그런데 그 골짜기로 들어가는 어귀엔 삼거리 길이 나 있고, 그 삼거리 길 한쪽에 외딴집 한 채가 있었습니다. 사람들은 그 집을 가리켜 보통 풀뭇간 집이라 불렀습니다. 그 외딴집 삽짝 곁에 조그만 헛간이 하나 붙어 있는데 그것이 바로 풀뭇간이었던 것입니다. 그 풀뭇간에는 나이 한 쉰댓 살쯤 되는 털보 영감 하나가 언제나 〈캥캥〉 하는 쇠망치 소리를 내고 있었습니다.

강수는 그날도 가마실까지 산보를 갔다가 삼거리에 있는 동구 쪽으로 걸어 나오고 있었던 것입니다. 진달래꽃이 벌겋게 피어 있는 벼

랑 위에서는 뻐꾸기가 한창 울고 있었습니다.

그가 막 풀뭇간이 있는 동구 가까이 왔을 때입니다. 마침 목이 말랐습니다. 그러자 그 풀뭇간에서 가마실 쪽으로 조금 들어가다 있는 샘물이 생각났습니다. 그것은 보통 삼거리샘이라 하여 물맛이 좋기로 유명한 샘이었습니다. 그는 지름길로 몇 발짝 들어가지 않아 이내 그 샘을 찾았습니다.

그런데 또 뜻밖에도 그 샘에는 나이 한 열예닐곱 가량 나 보이는 얼굴이 무척 아름다운 처녀 하나가 쪽박으로 물을 긷고 있었습니다. 그는 언덕 위에서 그 처녀가 물을 긷는 것을 가만히 내려다보고 있었습니다. 처녀는 언덕 위에 그가 서 있는 것을 모르는지 거들떠보지도 않은 채 쪽박으로 물만 긷고 있는 것입니다. 그리하여 물이 동이에 하나 가득히 차자 그 위에 쪽박을 엎고 동이를 머리에 이려 했습니다. 바로 이때입니다. 강수는 기침을 한 번 하고 나서,

"아가씨, 이 몸이 물을 좀 마실 수 없겠습니까."

하고 말을 건넸습니다.

이 말을 듣고, 처녀는 고개를 들어 강수를 쳐다보았습니다. 그와 동시 입가에 보일 듯 말 듯한 우아한 미소가 어렸습니다. 그러나 처녀는 대꾸를 하지 않았습니다. 말없이 고개를 돌리더니 물 위에 엎었던 쪽박을 집어내어 샘물을 하나 가득히 떠서 언덕 위로 올려 주었습니다. 강수는 쪽박의 물을 받으면서도 눈은 줄곧 처녀의 얼굴만 바라보고 있었습니다. 쪽박이 분명히 그의 손 끝에 닿았을 때였습니다. 그가 미처 그것을 잡기 전에 저쪽에서 먼저 손을 놓았던 모양입니다. 아니 그보다도 그는 분명 그녀의 얼굴을 보느라고 쪽박의 등을 잘못 잡았던 것입니다. 물이 다 쏟아진 것은 상관없으나 쪽박 가장자리가 대추 나뭇잎만큼 뚝 떨어져 나가고 말았습니다.

그것을 본 강수는 무어라고 할 말이 없었습니다. 그는 자기가 한눈

을 파느라고 그것을 떨어뜨리게 되었다는 것을 스스로 잘 알고 있었기 때문입니다.

"참으로 죄송합니다."

강수는 겨우 이렇게 한마디 사과를 하였습니다.

그러자 처녀는 이번에도 대답을 하지 않았습니다. 끝이 한 조각 떨어진 채 땅 위에 동댕이쳐진 그 쪽박을 집어든 처녀는 그것으로 다시 물을 뜨려 하지 않고 고개를 들어 그를 바라보며,

"미안하오나 잠깐만 기다려 주십시오, 이 몸 집에 가서 새 쪽박을 하나 가져오리다."

하더니 곧 돌아서 풀뭇간 집을 향해 가는 것입니다. 그때야 강수는 처녀가 풀뭇간 집 딸이란 것을 짐작할 수 있었습니다.

처녀는 이내 새 쪽박을 하나 가지고 나와서 그에게 다시 샘물을 떠 주었습니다. 강수는 용기를 내어,

"아가씨는 누구시온지?"

하고 물어보았습니다. 처녀는 부끄러운 듯이 조금 머뭇거리고 나더니,

"저의 이름은 달심(達甚). 저것이 바로 저의 집이지요."

하고 손가락으로 풀뭇간 집을 가리켜 주었습니다.

"이 몸은 나마 석체의 아들 석강수라 하오. 이곳에 맑은 샘이 있단 말만 들었는데 과연 듣던 말과 같이 좋은 물맛이오. 가끔 물을 빌려 오겠소이다."

이렇게 인사를 하고 헤어졌습니다.

그 뒤부터 강수는 날마다 저녁때가 되면 가마실까지 소풍을 나갔고, 돌아올 때는 반드시 삼거리 샘에 가서 물을 마시기로 하였습니다. 그런데 이상한 일은 전날의 그 달심이 언제나 그 시간을 맞추어 그 샘에 나와 있는 일이었습니다. 달심으로 볼 때는 물론 그때마다 저녁 지을 물을 길러 나오는 것이겠지만, 그렇게 번번이 같은 시간에 마주치게

되는 것이 강수에게는 신기하게만 생각되었습니다. 흡사 자기에게 물을 떠 주려고 그 시각에 나와 있는 것같이만 생각이 들곤 하였습니다.

이렇게 몇 달이 지나고 그때는 여름이 되어 있었습니다. 그날도 강수는 가마실까지 나오다 여느 때와 같이 삼거리 샘에 물을 먹으로 갔었는데, 그날은 웬일인지 달심이 샘가에 보이지 않았습니다. 그날 따라 몹시 목은 마르고 샘물은 더욱 맑아 보였지만 전날 그녀가 귀 떨어진 쪽박이라고 물을 뜨지 않고 새것을 가져 오던 일을 생각하니 차마 손으로 물을 움켜 마실 수는 없었습니다. 그는 샘가에 우두커니 서서 그녀가 나오기만 기다리고 있는데, 그날 따라 그의 목마름을 돋우기나 하는 듯이 건너편 수풀에서는 매미 소리만 산골짜기를 흔들 듯이 요란스럽게 울려 나왔습니다.

'이상한 일이다. 지금까지 거의 하루도 거른 일이 없던 그녀가 왜 오늘만 보이지 않는가. 어디 몸이 편치 않은가, 그렇지 않으면 혹시 시집이라도……'

이렇게 생각할 때 그의 가슴은 견딜 수 없이 안타까워지는 것이었습니다. 그와 동시 지나간 석 달 동안 매일같이 보던 그녀의 아름다운 얼굴이 눈앞에 선히 보이는 듯하였습니다. 이리하여 해가 완전히 선도산(仙桃山) 마루를 넘어간 뒤에야 그대로 발길을 돌리게 되었습니다.

이튿날도 그 이튿날도 달심은 나타나지 않았습니다. 강수는 날마다 샘가에 우두커니 서 있다가는 그대로 돌아오곤 하였습니다. 돌아올 때는 우정 풀뭇간 앞을 지났으나 전날의 털보 영감이 빨갛게 단 쇠를 두드리고 있을 뿐 달심의 그림자는 찾아볼 길이 없었습니다.

나흘째 되던 날 달심은 전날보다 핼쑥해진 얼굴로 다시 샘가에 나타나 있었습니다. 강수는 너무도 반가운 나머지 자기도 모르는 사이에 그녀의 손목을 잡아 버렸습니다. 달심도 입가에 미소를 띠며,

"이거 노세요. 저 샘물 떠 드릴게요."

하고 조용히 자기의 손을 빼어 갔습니다. 그러고는 전날의 그 쪽박으로 물을 떠 주었습니다. 강수는 그것을 받아 마신 뒤 쪽박을 그녀에게 주며 또 한 번 물을 떠 달라고 하였습니다. 그가 시키는 대로 또 한 번 물을 떠 주었습니다. 두 번째 쪽박의 물을 다 들이켠 뒤 또다시 물을 떠 달라고 하였습니다. 그때는 그녀도 의아한 눈으로 그의 얼굴을 쳐다보았습니다. 그는 입가에 은근한 웃음을 띠고는 있었으나 근엄한 목소리로,

"지금 마신 두 쪽박 물은 그제와 그그제치요. 앞으로 두 쪽박은 어제치와 오늘치라오."

하였습니다.

달심은 이때 두 눈을 활짝 바로 떠서 그의 얼굴을 말없이 한참 동안 바라보는 것이었습니다. 그것은 흡사 그녀의 가슴속을 활짝 열어젖혀서 그에게 보여주는 듯한 그러한 두 눈이었습니다.

"저는 앓고 있었어요. 사흘 동안……."

그녀의 목소리는 떨려 나왔습니다.

"나는 사흘 동안 그 쪽박이 아니면 이 샘의 물을 마실 수 없다는 것을 깨달았다오."

강수의 깊고 검은 두 눈에는 무서운 광채가 번쩍이고 있었습니다.

"그러나 물은 이제 그만 마시세요. 저는 여섯 살 때부터 이 샘의 물을 길었어요. 십 년 동안 물은 언제나 솟아났어요. 그리고 넘쳐서 흘렀어요. 언제나 넘쳐서 흘러내리고 있었어요."

"그 대신 쪽박이 없으면 먹지 못하는 것을. 그것도 귀가 떨어지지 않은 온전한 것이 아니면……."

"그러니까 제가 날마다 쪽박을 갖고 나와 있으리이다."

"그렇지만 쪽박이 멀리 가 버리거나 누워 앓거나 하면……."

강수의 이 말에 달심은 대답을 하지 않고 고개를 들어 풀뭇간이 있는 삼거리 쪽을 바라보았습니다. 풀뭇간에서는 여느 때와 같이 쇠망

치 소리가 〈캥캥〉 들려오고 있었습니다.

한참 동안 쇠망치 소리에 귀를 기울이고 있던 강수는 새로운 각오를 가진 듯이,

"달심랑, 그녀는 아무래도 내가 평생을 마셔야 할 샘물인가 보오, 나의 샘물이 되어주오, 누워 앓지도 멀리 가지도 않는, 언제나 맑은 물이 솟아나는……."

이렇게 말하며 또다시 그녀의 손목을 잡았습니다.

그러나 이번에는 그녀도 먼저와같이 그의 손을 뿌리치려고 하지는 않았습니다. 손목을 잡힌 채 쇠망치 소리에 귀를 기울이듯 말없이 그의 얼굴을 열심히 바라보고 있었습니다.

―저 소리를 들어보세요. 풀뭇간에서 들려오는 쇠망치 소리를. 저것은 우리 아버지가 대장일을 하고 있는 소리예요. 저의 아버지예요. 아시겠어요. 저는 풀뭇간집 딸이에요.

그녀의 얼굴은 이렇게 말하고 있는 듯하였습니다.

두 사람은 한참 동안 벙어리처럼 쇠망치 소리에만 귀를 기울이고 있었습니다. 마침내 강수가 그녀를 향해 고개를 끄덕여 보였습니다. 모든 것을 다 알겠다는 뜻이었습니다. 그와 동시에 모든 것을 다 각오했다는 뜻이기도 하였습니다. 그녀도 그의 점두(點頭)가 그것을 의미한다는 것을 깨달았습니다.

"그렇지만 저와 같이 지체 낮은 계집을……."

그녀의 목소리는 낮게 떨려 나왔습니다.

"그녀은 낮지 않소. 풀뭇간 일을 하나 장사 일을 하나 혹은 벼슬을 하나, 그것은 모두 사람이 밖으로 하는 일이요, 사람이 안으로 하는 일은 마음으로 하는 일이니, 밖의 것을 가지고 높고 낮은 것을 말할 바가 못 되는 것이요, 그녀의 밖은 비록 풀뭇간이라 하나 그녀의 안은 참으로 높은 귀인이요, 그녀은 내 곁에서 언제나 맑은 물이 솟아나는

샘이 되어 주오."

"아아, 이 낮은 것을 그렇게까지 보아 주신다면 이 몸 하나야 죽은들 무슨 원한이 있으리까."

이렇게 말하며 달심은 그의 품에 얼굴을 묻고 느껴 울었습니다.

그날 밤부터 두 사람은 수풀 속에서 만나기 시작하였습니다. 다섯 달 뒤엔 달심의 몸에 새로운 변화가 일어나게 되었던 것입니다. 여기서 강수는 이것을 그의 부모님에게 알린 뒤 그녀를 자기의 아내로 맞이하게 되었습니다.

그렇게 삼 년이 지나자 강수의 나이 스무 살이 되었습니다. 그때는 그의 문명도 더욱 높아져 있었습니다. 그러자 앞으로 그가 크게 출세할 것을 믿고 있는 급찬(級飡) 김지(金志)가 자기의 어여쁜 딸을 그에게 주려고 하였습니다. 강수의 부모는 매우 기뻐하며 그에게 김지의 딸을 정실로 맞이해 들이라고 하였습니다.

그러나 강수가 그 말을 들을 리 없었습니다. 그러자 그의 아버지는 그를 불러 놓고,

"이제 서울에서 너의 이름을 모르는 이 없다. 네가 풀뭇간 딸을 너의 아내로 삼았다면 사람들이 얼마나 웃을 것이냐."
하고 꾸짖었습니다.

그러자 강수는 일어나 그의 아버지에게 다시 절하고 나서,

"사람이 가난하고 미천한 것은 부끄러운 일이 아니올시다. 다만 도를 배워서 행하지 못한다면 그것이 참으로 부끄러운 일인 줄 아나이다. 옛날부터 조강지처를 박대하지 않고, 빈천할 때 사귄 벗을 잊지 않는다고 하지 아니합니까."
하고 끝내 김지의 딸을 맞이하지 않았습니다. 그러니까 그의 부모도 하는 수 없이 그의 의견을 용납할 수밖에 없었습니다.

그 뒤 그가 태종왕의 부르심을 받고 조정으로 들어가게 된 것은 그의

나이 스물아홉 살 나던 해입니다. 그때 마침 당나라 사신이 당제(唐帝)의 조서를 가지고 왔는데, 그 가운데 어려운 구절이 있어서 아무도 해독할 사람이 없던 판에 누가 강수의 문재가 뛰어나니 그를 불러서 보이는 것이 좋으리라고 왕에게 아뢰어 그를 불러들이게 되었던 것입니다. 강수는 그 조서를 보자 즉석에서 해독을 하였습니다. 태종왕은 이것을 보고 크게 기뻐하시며 〈과연 강수 선생이군〉 하시고, 늦게 알게 된 것을 한탄하셨습니다. 그는 중국에서 대외국(對外國)으로 가는 문서는 말할 것도 없고 국내의 것까지도 중요한 것은 모조리 맡아 짓게 되었습니다.

태종왕은 그의 문장이 탁월한 것을 보고 더욱 감탄하여,

"내 선생의 문장을 높이 상 주고자 하니 무엇이든지 나에게 소원이 있으면 말하오."

하였습니다.

여러 사람들은 그의 입에서 무슨 말이 나오는가 하고 호기심에 차서 기다렸습니다. 왜 그러냐 하면 왕께서 제한 없이 무엇이든지 준다고 했기 때문에 벼슬이나 재물 같은 것은 둘째 문제요, 바로 공주를 달라고 하든지, 그렇지 않으면 어느 대신의 목(목숨)을 달라고 할지 알 수 없는 일이었기 때문이었습니다. 그런데 그가 입을 열었습니다.

"저에게는 아무것도 부족한 것이 없사옵니다. 그러하오나 대왕께서 모처럼 상을 주시겠다 하시니 그러시다면 대왕의 정원에 있는 백학(白鶴)을 한 마리만 주시면 명심코 받들어 기르겠나이다."

하였습니다.

이 말을 들은 왕은,

"과연 높은 선비의 마음이로다."

하고 감탄하기를 마지않았습니다. 여러 신하들도 마음속으로 그는 과연 범인과는 다른 사람이라 하였습니다.

왕은 그에게 급찬 벼슬을 제수하신 뒤 다시 새로운 저택을 하사 하

시고 그 위에 백학 한 쌍을 보내 주었습니다.

그러나 그는 관작(官爵)이나 국록(國祿)을 조금도 기뻐하지 않고 다만 백학 한 쌍만을 그지없이 사랑하며 좋아하였습니다. 그는 왕께서 하사하신 저택 안에다 새로이 정자 하나를 짓고 이름하여 학정(鶴亭)이라 하였습니다. 그리하여 조정에서 물러나오면 언제나 그 학정에 혼자 가만히 앉아 학만 바라보고 있었습니다. 술과 친구를 가까이하지 않고 고독을 즐기는 듯한 그는 학을 바라보며 생각하고 있는 듯했습니다.

그러나 그가 문장으로써 더욱 크게 국사를 도운 것은 태종왕 때보다 문무왕 때라고 하겠습니다. 여러 스님네들도 아시겠지만 당나라에선 신라의 청을 듣고 군사를 보내어 삼국 통일에 크게 이바지했다 하지만, 그 뒷일이 여간 복잡하지 않았습니다. 당나라에선들 그렇게 호락호락 신라에 이용이나 당하고 돌아서려고 했을 리야 없지 않겠습니까. 그러자니까 신라와 당나라 사이에 대단히 미묘하고 복잡한 관계가 벌어지게 되었던 것입니다. 그것이 바로 문무왕 때의 일이지요. 그렇다고 해서 두 나라가 칼을 들고 싸울 수도 없었던 것입니다. 이와 같이 미묘한 판국일수록 외교에 힘을 쓰는 것입니다. 그 당시의 외교란 그저 국서의 교환에 지나지 않았습지요. 그런데 당나라에서 국서로써 트집을 잡아올 때마다 이 학정 주인께서 그 간곡하고도 웅건한 문장으로 답서를 써 보내기만 하면 그대로 해결이 되곤 하였습니다. 그 당시의 그의 문장이야말로 김유신 장군의 십만 장병에 필적하는 대공을 세웠다고 할 것입니다.

문무왕께서는 위에서도 말씀드린 바와 같이 그의 문공을 크게 찬양하시고 그 벼슬을 급찬에서 사찬(沙湌)으로 올리시고, 국록도 백 석에서 이백 석으로 올려주셨던 것입니다.

그러나 그는 그러한 관직이나 국록에는 조금도 흥미가 없는 듯이 자기의 임무—국서를 쓰는 것—를 다하면 집으로 돌아와 학정에서 학과 더불어 담담히 놀며 「주역(周易)」과 「시경(詩經)」을 애독하였습니다.

문무왕도 돌아가시고 신문왕(神文王)이 즉위하게 되었습니다. 그때는 학정 주인 강수 선생도 이미 나이 늙었음을 내세우고 스스로 물러가 쉬려 하였습니다. 그러나 그와 같은 대재(大才)를 왕이 놓아줄 리 없었습니다. 그래서 중대한 일이 있을 때마다 왕께서 수레를 보내어 그를 궁중으로 불러들이곤 하였습니다.

그러한 어느 날이었습니다. 하루는 그의 사랑하는 학이 한 마리의 개에게 물려서 걷지를 못하게 되었습니다. 그러자 그 학은 개에게 물린 것을 스스로 치사스럽게 생각하는지 그날부터 식음을 전폐하고 말았습니다. 그러자 남아 있는 다른 학 한 마리도 그 짝과 더불어 역시 식음을 전폐하고 말았습니다. 그것을 본 강수 선생은,

"오오, 내 이미 천명이 다 됐구나."

하며 눈물을 흘린 뒤, 붓을 들어 「학정기」를 초하기 시작하였다고 합니다. 그런 지 한 달 만에 한 쌍의 학이 죽던 바로 그날 그는 과연 운명을 하였습니다. 그것이 신문왕 사 년 유월의 일이라 합니다. 그러니까 「학정기」는 그의 마지막 절필(絶筆)인 동시에 필생의 혈작이요, 또한 신품에 가까운 명문이었다고 합니다. 나중 그의 「학정기」는 명필 김생(金生)의 글씨로 현판에 새겨 〈학정〉에 걸어 두었는데, 학정이 퇴폐하여 그것을 〈황룡사〉로 옮겨 갔다고 하는데 그 뒤 일은 아무도 아는 이가 없다고 합니다.

나무 아미타불, 나무 아미타불.

---

*(출)「김동리 역사소설」, 지소림, 1977.

눌기 왕자

뜰 앞에 서 있는 수양버들에 퍼렇게 물이 오른 사월(음력) 중순께였다.
눌기 왕자(訥祈王子)의 저택인 경안궁(景安宮)에 갑자기 조명(朝命)이 내렸다.
"소판(蘇判)께옵서는 즉시로 예궐하랍시는 대왕의 분부올시다."
소판이라고 하면 이건 두말할 것도 없이 눌기를 가리키는 말이었다. 세속에서는 아직도 〈왕자〉라고 부르지만, 법적으로는 이미 왕자가 아니므로 그의 관명(官名—소판은 제3관등)으로 부르는 것이었다.
그는 명령을 받자 즉시로 일어나 관복으로 갈아입고 궁으로 들어갔다.
"소판 눌기 대령하오."
신하가 눌기의 예궐을 아뢰자, 왕은 곧 그를 내전으로 불러들였다. 그리하여 여느 때보다도 정답게 맞이하여 부드러운 목소리로,

"내 그대에게 좀 부탁할 일이 있노라."
하였다.

"무슨 분부이신지 신에게 명하여 주신다면……."

"음. 다름이 아니라 지금 고구려 왕으로부터 우리 신라에 사신을 보내온다고 하니 그대가 국경까지 나가서 영접해 옴이 좋겠는데 그대 생각은 어떤고?"

"다시 없는 영광인 줄 아나이다."

"음. 가상하이. 그러면 내일 아침일찍 떠나가도록 할지니라."

"네, 그리하오리다."

눌기는 엎드려 절하고 물러나왔다.

그는 경안궁으로 돌아오자 자기의 방에 들어와 정좌한 뒤 눈을 감은 채 가만히 생각해 보았다.

그는 왕에게 어떠한 분부가 있을 때마다 언제나 이렇게 물러나와 혼자서 가만히 그것을 생각해 보는 것이다. 왕으로 인하여 두 아우를 잃고 난 그로서는 자기에 대한 왕의 눈치가 어떻게 돌아가는지 신경이 있는 대로 그곳에 쏠리지 않을 수 없는 노릇이었다. 따라서 왕의 일거수일투족도 그는 무심히 보아 넘기는 것이 없었지만, 특히 자기 자신에 관한 분부라면 신중을 다하여 검토하고 분석하기를 거듭하는 것이었다.

그날 밤, 눌기가 아직 자기 방에서 깊은 묵상에 잠겨 있을 때였다. 시비(侍妃)가 와서 아뢰기를 차로부인(次老夫人-그의 아내)이 자기를 만나겠다고 한다는 것이다.

"……."

그는 말없이 고개를 끄덕여 보임으로써 허락한다는 뜻을 나타내었다.

그의 아내가 외출복을 입은 채 들어왔다. 그녀는 바로 지금의 임금의 딸이었다.

"조용히 말씀드릴 게 있어서 이리로 왔어요."

그의 아내는 속삭이는 듯한 낮은 목소리로 이렇게 입을 열었다.

눌기는 이야기하라는 듯이 턱을 약간 끄덕여 보였다. 그러자, 그녀는,

"아까 예궐했을 때 나라님께서 무슨 분부가 있었어요?"

하고 먼저 이렇게 묻는다.

"고구려에서 사신이 온다고, 나더러 국경까지 나가 맞이하라는 분부였소."

눌기는 사실대로 대답해 주었다.

그러자, 그의 아내는,

"저도 지금 궁에서 모비(母妃)님을 뵙고 돌아오는 길이예요."

하고 나서, 목소리를 더 가늘게 낮추며,

"몸조심하세요."

한다. 마주 앉은 눌기의 귀에도 들릴락말락한 낮은 소리였다.

그와 동시, 눌기는 말 대신 두 눈을 크게 떠서 그녀를 쏘아보았다.

'왜 그러우? 무슨 들은 말이라도 있소?'

하는 표정이었다.

"제가 갓난애길 때부터 저를 길러준 유모가 지금도 궁 안에 있어요. 근데 그 유모가 저를 한쪽 구석에 부르더니 그런 말을 귀띔해 주었어요."

"……"

눌기는 말을 어서 이으라는 뜻으로 이마를 약간 끄덕였다.

"경안궁 서방님이 어딜 떠나시게 되는 모양이니 몸조심하시라구요. 그래 왜 그러느냐고 물었더니, 자기도 우연히 엿들은 게 돼서 똑똑히는 모르지만 무언지 심상찮은 일이 있는 눈치더라구요. 그리고

이 말이 탄로되면 자기는 목이 없어지니 알아서 하라구요."

"……."

그는 몹시도 침통한 얼굴로 두어 번 고개를 끄덕여 보였다. 알아듣겠다는 표시였다. 그리고 아내를 위로하듯,

"너무 염려마오."

하고 부드럽게 한마디 일러 주었다.

눌기는 아내에게 술상을 차리게 하고 일방 하인을 시켜 자기의 심우(心友) 두 사람을 청해 오게 하였다. 제상(堤上)과 해력(海力)이었다.

그는 두 친구에게 술잔을 권하며, 자기는 어명을 받들어 잠깐 고구려 국경 쪽으로 다녀올 일이 생겨서 내일 아침 일찍이 서울을 떠나게 되었는데, 하직 인사를 따로 나눌 수가 없어서 이렇게 갑자기 부른 것이라고 말했다. 눌기의 입에서 이 말이 나오자 두 사람의 얼굴엔 갑자기 형언할 수 없는 긴장의 빛이 서렸다. 그들 두 사람은 눌기의 심우인 동시, 생사를 같이하기로 한 맹우(盟友)이기도 하였다. 눌기의 신상이 미묘하니 만큼, 그들은 언제 어떠한 일이 일어날지 모르는 불의의 변에 대비하기 위하여 남 몰래 몇 사람의 장사도 기르고 있었던 것이다.

"그러면 우리가 수행으로 따라가겠소."

해력이 이렇게 나왔다.

"……."

눌기는 고개를 저었다.

술을 몇 잔씩 들이켠 뒤 눌기는 다시 입을 열었다.

"우리가 함께 떠나면 눈치를 챌 터이니. 내가 내일 아침 일찍이 떠난 뒤에 그대들은 따로따로 장사들을 데리고 눈에 뜨이지 않게 서울을 빠져나오도록 하오."

눌기가 이만큼 나올 때는, 심상치 않은 일이 있는 것이라고, 그들

두 사람도 곧 알아채고 고개를 끄덕였다.

〈장사들을 데리고 서울을 빠져나오도록 하오〉 눌기의 입에서 이 말이 떨어졌다면 그 이상 더 의심할 것도, 물을 일도 없었다. 십여 년간 털끝만큼도 몸가짐을 흩뜨리지 않고 근신에 근신을 거듭해 오던 그의 입에서 이 말이 나왔다면 그 이상 더 물어보랴 했던 것이다.

"알았소!"

"우리의 목숨이 있을 때까지는!"

제상과 해력은 동시에 이렇게 말하며 술잔을 들었다. 그들의 두 눈에서 불꽃이 타오르고 있었다.

세 사람은 함께 술잔을 내었다.

이것은 실성왕 십육 년 사월 스무닷샛 날 밤이었다.

이때, 눌기와 실성왕은 어떠한 관계에 있었던가, 여기서 이야기는 이십여 년 전으로 거슬러 올라가게 된다.

그것은 전왕(前王) — 즉 내물왕(奈勿王) — 삼십칠 년 정월의 일이었다. 고구려에서 사신이 왔다. 고구려로 말하면, 고국양왕(故國襄王) 구 년의 봄이다. 사신의 이름은 하경(河景)이요, 목적은 신라와의 화친을 이룩하는 데 있었다. 말하자면 수교 친선 사절이었다. 그는 수교 친선 사절답게 금은 두 상자와 양마 네 필을 가지고 와서 내물왕에게 바쳤다.

그러나 고구려 왕의 이러한 호의와 예물이 내물왕에게 있어 그냥 달갑고 고맙기만 한 것은 못 되었다. 그와 반대로 오히려 분노와 우환의 근원이기도 하였다. 그것은 하경이 너무나 오만하고 위험한 대가를 요구했기 때문이었다. 즉 신라의 왕자를 볼모로 달라는 것이다. 하경의 설명을 들으면 다음과 같다.

"…… 대왕께서도 아시다시피 우리 고구려로 말하면 북쪽에 연(燕)나라, 남쪽에 백제가 있어 하루도 편할 날이 없어 항상 침공의 위험에 대비하고 있어야 합니다. 그와 반면에 대왕으로 말한다면 바다 저쪽에 왜(倭)가 있고, 서쪽으론 백제와 등을 맞대이고 있사옵니다. 이때 우리가 서로 화친하여 상대방을 해치지 않는다면 우리가 그만치 편안하게 살 수 있을 뿐 아니라 연나라나 백제나 왜나라도 감히 함부로 침공하지 못할 줄 믿사옵니다. 여기서 대왕께서 왕자 한 분을 고구려로 보내 주신다면 고구려에서는 신라가 우리에게 침공할 의사가 없음을 확신할 수 있을 뿐 아니라 양국간에 실질적인 화친이 이루어질 것이나, 대왕께서 이를 거절하신다면 형편에 따라 어떻게 나올는지 모르는 것이 신라라고 간주하게 될 것이요, 그렇게 되면 고구려에서는 신라에 대하여 어떠한 방침을 취할는지 또한 예기하기 어려운 바 없지 않을 줄 믿사옵니다. 원컨대 부디 고구려 왕의 소청을 들어주셔서 길이 양국간에 화평을 이루어 주소서."

내물왕은 하경을 물러가 쉬게 하고, 이 문제에 대하여 신하들의 의견을 들어보기로 하였다.

이때 대아찬(大阿飡) 돌기(石寄)가 하는 말이, 고구려가 우리(신라)에게 볼모를 청하는 것은, 첫째 그들이 우리에 대하여 침공할 의사가 없고, 만일에라도 우리가 저들을 침공할까 의심스러워서 하는 일이니 저들의 소청을 들어주는 것이 좋고, 둘째로는 고구려의 국토가 넓고 군세가 왕성하니 함부로 그들과 불화를 일으킴이 좋지 않다 하였다. 그러자 여러 신하들이 모두 그의 말에 찬동하고 고개를 끄덕일 뿐 아니라, 아무도 반대하는 사람이 없으니, 결국 하경의 소청을 들어서 볼모를 보내야 한다는 결론에 이르고 말았다.

그런데 그때 내물왕에게는 왕자 둘이 있었는데, 첫째가 눌기 왕자로 나이 다섯 살이요, 둘째가 보해(寶海-卜好라고도 함) 왕자로 나이 겨우 두 살이었다(셋째 왕자 미해는 아직 세상에 나지도 않았을 때였다). 이렇게 왕자들이 모두 나이 어리니 어떻게 차마 타국에 볼모로 보낸단 말인가.

이때 또 돌기가 아뢰기를, 고구려에서 비록 왕자를 볼모로 원한다

눌기 왕자 143

하지만 왕자들이 실지로 모두 나이 어리니 그 대신 왕질(王姪) 실성(實聖)을 볼모로 보낸다면 고구려에서도 별반 이의가 없을 것이라 하였다. 실성은 내물왕의 아우 대서지(大西至)의 아들로서 내물왕에게 있어서는 조카뻘이요, 눌기 왕자에게 있어서는 사촌형이 되는 셈이었다. 그때 실성의 나이 스물두 살이었다.

둘기의 말에 아무도 이의를 제출하는 사람이 없을 뿐만 아니라 내물왕 자신이 생각해 봐도 그 밖에는 달리 도리가 없었으므로, 실성에게는 미안한 노릇이지만 하는 수 없이 그를 왕자 대신 고구려로 보냈던 것이다.

고구려 왕실에서는 실성을 이웃 나라 왕자의 예로써 대접하여 조금도 불편을 끼치는 일이 없었을 뿐 아니라 석학이나 고승과도 접촉시켜서 지적 연마에도 소홀히 하지 않으려 하였다.

그러나 실성으로 볼 때는 아무리 고구려에서 자기를 이웃 나라 왕자의 예로써 대우한다 하지만 볼모는 볼모이니만큼 그 고초가 여간하지 않았다.

특히 고국에 두고 온 부모 형제와 처자를 생각할 때 가슴이 미어지는 듯하였다.

한편 신라에서는 실성을 볼모로 보내 놓고 잠시도 마음이 편치 못한 내물왕이 고구려에 있는 조카를 생각하여 그가 서울(신라)에 두고 간 가족들을 특혜로써 보호할 뿐 아니라, 실성의 맏딸 차로 아가씨로 하여금 자기의 큰아들 눌기와 짝을 삼게 하였다. 눌기가 열다섯 살이요, 차로랑이 그보다 한 살 위인 열여섯 살이었다. 그것은 실성이 고구려를 떠난 지 꼭 십 년째 되던 해였다. 그리고 그해 칠월에는 실성도 다행히 고국으로 돌아오게 되었다.

실성이 돌아온다는 말을 듣자 만조 백관에서부터 백성에 이르기까지 감격과 열광으로써 나가 맞았다. 실성은 본디 훤칠한 키에 두 눈이

척 째어진 장부형의 사나이였지만, 십 년이나 타국에 가서 억류되어 있다가 돌아오는 길이니만큼 얼굴에는 어딘지 노기에 가까운 위엄이 서려 있었다. 그리고 나이도 스물두 살에 가서 십 년 만에 돌아오는 길이니 꼭 서른두 살이건만 어딘지 좀더 늙어 보이는 것은 전에 없던 수염을 늘어뜨렸기 때문만이 아닌 듯했다. 그는 궁으로 돌아오자 곧 내물왕 앞에 엎드리며,

"이찬 실성, 대왕의 홍은으로 이제 고구려에서 돌아왔나이다."

하고 인사를 드렸다. 그 목소리에도 어딘지 냉랭한 노기가 서려 있는 듯하였다.

내물왕은 반가이 손을 잡으며,

"오오, 내 조카, 고맙고 놀랍도다!"

하며 주름살투성이가 된 얼굴에 눈물까지 흘렸다.

실성은 우선 이렇게 간단히 보고를 마치자 물러가 쉬기로 하였다.

이듬해 봄에 내물왕이 돌아가셨다. 그때 제일 큰 왕자(눌기)가 열여섯 살이요, 둘째 왕자 보해가 열세 살이요, 셋째 왕자 미해가 열 살이었다. 그리고 실성이 서른세 살이었다. 그 당시 신라에서는 왕자만이 반드시 왕위를 계승하는 것이 아니라, 박·석·김(朴·昔·金) 삼성(三姓) 가문의 성골(聖骨)이라면 누구나 다 계승권을 가지고 있었으므로, 성골과 진골에 해당하는 육부(六部)의 귀족들이 모여서 토의한 결과, 왕자들이 너무 어리므로 전왕의 조카뻘 되는 실성으로 하여금 왕위를 계승케 하니, 그가 곧 실성왕이었다. 그것은 내물왕 사십 년 이월이요, 실성왕 원년 이월이었다.

실성왕은 즉위한 다음달인 삼월에, 왜나라와의 화친을 도모하기 위하여 전왕(내물왕)의 셋째 아들 미해를 볼모로 보내니 그때 미해의 나이 겨우 열한 살이었다. 왜나라로 말하면 고구려나 백제와 달라서 망망한 바다 저쪽에 있는, 말도 통하지 않는 조그만 섬나라이니 만큼 미해와

같이 어린 나이로 그곳에 볼모로 간다는 것은 그야말로 호랑이 굴에 던져지는 어린이, 그것과 다를 것이 없었다. 더구나 국제간의 정세로 보더라도 먼젓번의 고구려의 경우와는 달라서, 신라가 저들(왜)을 침공할 우려는 거의 없는 터에 도리어 이쪽에서 저쪽에다 볼모를 보낸다는 것은 저들의 침공을 완화시키기 위한 한 개의 비굴한 아부 정책에 지나지 않았다. 그것도 실성이 본디 나약한 기질의 사람이라면 또한 모를 일이지만 그와 같이 당당한 장부형의 사람이 왜나라에 대하여 엉뚱스럽게도 볼모를 보낸다는 것은 아무래도 다른 곡절이 있는 일 같았다. 그리고 그것이 바로 자기를 고구려로 보냈던 내물왕에 대한 보복으로 하는 일이라 하더라도 누구 하나 그의 앞에 그 부당성을 간할 사람은 없었다. 그만큼 실성왕의 얼굴에는 살기가 등등하여 누가 만약 그 일에 입을 대었다가는 당장 목이 달아날 것이 환했기 때문이었다. 그리고 또 왜나라 침공이 그만큼 괴롭고 성가신 일이기도 하였다.

눌기는 실성왕에게 나이가 어린 동생 대신 자기를 왜나라로 보내 달라고 애걸하였으나, 왕은 그것을 허락하지 않았다. 그것은 왕이 자기의 딸(차로 부인)을 생각하기 때문인지 모른다 하여 이번에는 둘째 동생 보해가 또한 대신 가기를 원했으나 왕은 역시 허락하지 않았다.

"너에게는 다른 일이 있느니라."

그때 왕은 보해에게 이렇게 말했다.

그 〈다른 일〉이 무엇인가 하고 불안 속에서 기다렸으나 다른 분부는 내리지 않았다.

그런지 십 년 뒤였다. 분부는 내렸다. 그 〈다른 일〉은 그로 하여금 고구려에 볼모로 보내지는 것이 되어 나타났다. 그때 보해의 나이는 스물세 살이었다. 그는 맏형인 눌기와 하직할 때,

"십 년 전에 왜나라로 떠나간 동생을 생각하면 저는 얼마나 편한 길을 떠나는 겐지 모릅니다. 형님 너무 상심하지 마십시오."

하며 비탄에 잠긴 형을 위로했던 것이다.

　두 아우를 각각 타국에다 볼모로 보내고 난 눌기는 한참 동안 침식도 끊은 채 비탄에 잠겨 있었다. 그때 그를 찾아와 뜨거운 격려와 위로의 말을 준 것이 바로 제상과 해력이었다. 제상은 힘없이 늘어져 누워 있는 눌기를 보고,

　"이러고 누워 있을 일이 아니오. 두 동생도 동생이지만 당신에게는 언제 어떤 일이 내릴지 누가 안단 말이오. 일어나서, 첫째는 당신의 신명(身命)을 위험에서 보전할 일이요, 둘째로는 두 아우를 적국에서 찾아 올 일이오."
하였다.

　"아아, 제상. 그랬으면 오죽이나 좋겠소만……"

　"용기를 내시오. 우리들이 있지 않소? 해력과 내가 있지 않소? 우리 세 사람은 살고 죽기를 같이하기로 맹세하지 않았소? 죽음을 각오한 사람에게 두려울 일이 어디 있단 말이오? 일어나서 용기를 내시오. 나라님에게는 충성을 보임으로써 먼저 신명을 보존하시오. 그러고는 우리 두 사람에게 모든 일을 맡겨 두시오. 결코 남에게 눈치 채이도록 섣불리 굴지 않을 터이니 안심하시오."

　"아아, 제상, 당신은 어디서 그렇게 놀라운 용기를 가졌소?"

　"그것 말이요? 그것은 우리 세 사람이 살고 죽기를 같이하는 데서 얻은 것이오."

　제상의 이 말에 해력도 고개를 끄덕이며,

　"제상의 말이 옳소. 눌기, 우리를 믿고 용기를 내시오."
하고 힘있게 말했다.

　제상이 어디까지나 현철(賢哲)과 의지와 충성의 사람이라면 해력은 어디까지나 무용(武勇)과 의리와 순직(淳直)의 사람이었다.

　눌기가 다시 용기를 얻고 자리에서 일어나게 된 것은 그들 두 사람

의 이러한 격려와 우정으로 인한 결과였다. 이때부터 그들은 만약의 경우에 대처하기 위하여 남 몰래 준비를 하고 있었던 것이다.

그렇게 다시 다섯 해가 지나서, 이번에는 드디어 눌기에게 고구려의 사신을 나가 맞이하라는 분부가 내렸던 것이다. 그리고 그것이 도무지 수상쩍은 일이었던 것이다. 지금 눌기로 말하면 전왕의 장자일 뿐 아니라, 현왕(실성)의 사촌 아우요, 또 사위인데다 관위가 소판에 이르러 있는 터이다. 비록 현왕의 직계 왕자는 아니라 할지라도, 왕자가 아직 어리니만큼 마땅히 왕위를 물려받아야 할 태자의 위치에 있는 사람인 것이다. 이것은 현왕이 왕위를 계승한 것과 꼭 같은 규범이 아닌가. 그렇거늘 그와 같이 무거운 지위에 있는 그로 하여금 하필 국경에 나가 타국의 사신을 맞이하라 하니 이 어찌 경계할 일이 아닌가. 더구나 그의 아내 차로 부인이 그녀의 유모에게서 듣고 왔다는 몹시 음험한 바 있는 그 말을 아울러 생각할 때 현왕의 흉중에 어떠한 음모가 진행되고 있는지 예측키 어려운 일이었다.

눌기는 왕명대로 좇아 이튿날 아침 일찍이 길을 떠나게 되었다. 수원은 여섯 사람이었다. 넷은 조정에서 임명한 사람이요, 둘은 사사로이 데리고 가는 사람이었다. 사적(私的) 수원이 공적(公的) 수원의 절반을 넘을 수 없는 규범이었기 때문이었다. 따라서 수원이 여섯 사람이라고는 하나, 정말 그의 신변을 보호해 줄 수 있는 심복 수원은 두 사람뿐인 셈이다. 그와 반면에 공적 수원 네 사람은, 관위나 지위에 있어서는 어디까지나 눌기의 명령에 복종할 사람들이지만 유사지시(有事之時)의 향배(向背)에 있어서는 어떻게 나올는지 전혀 예측할 수 없는 사람들이다. 실성왕이 만약 눌기를 해치려는 의도라면 그들은 이미 실성왕의 밀명을 받들고 오는 사람들이다. 왜 그러냐 하면 그들을 임명한 것은 실성왕이 주권을 잡고 있는 조정 그 자체였기 때문이었다. 눌기는 제상과 해력이 장사들을 거느리고 뒤따라오기로 되어 있었기 때문에, 그들과

연락이 될 때까지 일부러 걸음을 늦추었다. 그리하여 그날 밤, 그의 심복 수원의 한 사람으로부터 제상과 해력이 장사들을 거느리고 이미 부근까지 와서 숨어 있다는 정보를 듣자, 그들로 하여금 공적 수원 네 사람의 눈에 뜨이지 않게 항상 주위를 호위하도록 분부하였다.

눌기가 이레 만에 국경 부근의 명안성(鳴雁城)에 이르렀을 때는 고구려의 사신 고직(高直)이 이미 먼저 와서 그를 기다리고 있었다. 눌기가 그의 앞에 나아가 출영(出迎)이 늦어진 것을 사과하니, 그는 지극히 오만한 태도로 신라의 왕자 눌기가 이다지 무례하고 비겁한 사람인 줄은 몰랐다고, 면전에서 욕설을 퍼부었다. 눌기는 갑자기 얼굴에 불을 끼얹은 듯하였다. 그가 세상에 태어나서 이렇게 면전에서 욕을 당하기란 이것이 처음이었다. 분한 마음 같아서는 당장 칼을 빼어서 그와 더불어 사생을 결단하고 싶었지만, 열다섯 해 동안 쌓고 쌓은 자중과 수양이 겨우 그것을 억제해 주었다. 그는 될 수 있는 대로 태연한 빛을 가장하며,

"신라의 신하는 왕명을 좇아 움직이되 예법에 없는 말은 입에서 내지도 않고 귀에 담지도 않는다오."
하고 그의 말이 무례함을 간접적으로 꾸짖었다.

"그렇다면 그대는 대국의 빙사(聘使)를 욕되게 맞는 것도 예의라고 하는가?"

"사물에는 이치가 있고 조만(早晩)에는 기약이 있는 법이요, 오늘의 해가 아직 하늘에 있으니, 오늘을 기약하고 맞이한 내가 늦은 것이 아니라, 오늘보다 먼저 온 그대가 일렀던 것이오."

눌기의 당당한 답변에 고직은 무어라고 더 공격할 말이 없어졌는지,

"대국의 빙사를 맞이하는 자에게 그만한 성의도 없었단 말인가?"
하고 갑자기 높은 소리를 꽥 지르며 좌우를 돌아다보니, 그의 수원 중 무관인 듯한 몇 사람이 곧 칼자루에 손을 대고 있었다. 이야말로 일촉즉발의 위기였다.

그러나 눌기의 수원들은 그 중에 심복 두 사람을 제외하고는 모두 겁에 질린 듯이 꽁무니를 슬슬 빼는 것이 아닌가.

눌기는 이런 때일수록 태연을 가장해야 할 것이라고 스스로를 격려하며,

"군자는 남에게 성의를 구하기 전에 먼저 자기가 예에 어긋나지 않는 것이라고 들었다. 그대의 수원들이 칼자루에 손을 대는 것은 예의에 맞는 말인가. 그대가 만약 칼이 어떤 것인가를 보고자 한다면 그 자리에서 세 걸음을 움직이기 이전에 내가 신라의 그것을 구경시켜 줄 수 있을 것이다."

하고 조금도 꿀리는 기색이 없이 응수하였다. 바로 그때다. 난데없이 장사치와 농사꾼으로 꾸민 장정들이 하나 둘씩 그 주위를 에워싸기 시작하였다. 그들은 무언지 저희들끼리 수군덕거리기도 하고 찌글거리며 웃기도 하는데, 그 늠름한 체격들이 그냥 장사치나 농사꾼들 같지도 않았다.

고직도 이내 그것을 눈치챈 모양이었다. 그쪽에서 수원들을 다시 한 번 흘깃 돌아다보며 경솔히 거동하지 말도록 눈짓한 뒤,

"내 그렇다면 영접의 조만을 따지지는 않기로 하겠소. 그 대신 지금부터 내가 대국의 빙사로서 응접사인 그대에게 응분의 접대를 요구하는 것이오."

하고 태도를 획 고쳐 버렸다.

고직이 이렇게 정상적인 태도로 돌아오자 눌기도 그것을 승낙하고 그들을 곧 사관으로 인도하다.

그날 밤 눌기는 빙사를 접대하는 예절에 따라 주연을 베풀고, 고직과 그의 수원들을 초대하였다.

빙사 고직 이하 수원이 열한 사람이었다.

이쪽보다도 네 사람이 많은 편이었다.

술이 몇 잔씩 돌아가자 양국 사절들은 차츰 흥을 올리기 시작하였다.

고직은 키가 훨씬 크고 목소리가 쩌렁쩌렁하는 호걸풍의 사람으로 자칫하면 호령을 내리기 좋아하는 반면에 단순하고 쾌활한 성격의 소유자이기도 하였다.

그는 이날 밤에도 처음엔 뚱 하게 앉아서 무슨 빙사로서의 접대가 허술한 것이나 아닐까, 그것을 검열하는 듯이 커다란 눈으로 이리저리 주연상을 살피고 있더니 차츰 술이 몇 잔 들어가자 커다란 입을 벌리고 쾌활하게 껄껄껄 웃어젖혔다.

술이 자꾸 돌아 만좌가 취흥에 잠기게 되었다. 그런데 한 가지 야릇한 광경은 주인 쪽 수원 네 사람이 먼저 곯아 떨어져서 둘은 끄덕끄덕 졸고 있고 둘은 몸도 가누지 못하고 있는 것이었다. 이때 고직의 수원 가운데서 무관 한 사람이 나서며,

"소인이 칼춤을 추어서 양국 대관들의 주흥을 돋우어 드릴까 하나이다."

하고 칼을 빼어들더니 춤을 추기 시작하였다. 이런 자리에서 칼춤을 춘다는 것은 여흥을 빙자하여 흉행을 저지르려는 핑계일 수도 있다는 것은 누구나 짐작할 수 있는 일이다.

그러나 눌기는 곧 고직을 보며,

"신라에서는 이웃 나라 빙사를 접대한 연석에다 칼춤 출 무사를 가까이 두지 않는 것이 예절이오, 그러므로 밖에서 대기하고 있는데 모처럼이면 불러서 짝을 맞추도록 하겠소."

하고, 밖을 향해 손짓을 하니, 키가 장대 같고 얼굴빛이 청동 같은 장사가 칼을 아직 빼지 않고 어깨로 춤을 추며 들어왔다. 그가 곧 해력이었다.

그는 고직의 앞에 가서 허리를 굽신하더니 먼저 춤을 추고 있는 고구려의 무사를 한 번 노려보았다. 그러고는 어깨가 한 번 꿈틀 하는 것과

동시에 방 안에 섬광이 번쩍 하여 눈을 부시게 하더니, 그의 손에는 어느덧 칼이 잡혀 있었다. 그리하여 조용히 그것이 돌아가기 시작하였다.

만좌는 숨소리도 멎은 듯이 고요해졌다. 해력의 풍채와 거동이 무언지 보는 사람으로 하여금 몸에 소름이 끼치도록 그렇게 긴박감과 공포감을 자아내는 것이었다.

"술이 다 깨는군!"

고직이 먼저 불평을 터뜨렸다. 그리고 뒤이어,

"칼춤들은 그만두어! 모두 쫓아내 버리시오."

하고 호령을 쳤다.

눌기가 입을 떼기도 전에 고직의 수원이 먼저 칼춤을 멈추자, 해력도 따라 칼집에 꽂았다.

칼춤이 멎자 고직은 또다시 쾌활한 웃음을 껄껄껄 웃으며,

"흥을 돋운다는 것이 도로 깨뜨릴 뻔했구려."

하였다. 나중 그는 눌기에게만 조용히 이야기할 것이 있다고 하며 수원들은 전부 물러나게 하였다. 그러고 나서 그가 들려준 이야기는 대개 다음과 같다.

그는 지금 신라 왕인 실성이 고구려에 볼모로 와 있을 때 누구보다도 가깝게 지낸 고구려 왕가의 근친 중 한 사람이라 하였다. 그런데 실성이 고국으로 돌아가 왕위에 오른 것은 좋지만, 자기는 그로 말미암아 거북한 짐을 져야 하게 되었다는 것이다.

"그것이 바로 이번 걸음이오."

그는 이렇게 결론을 먼저 말했다. 자기가 실성왕의 밀사를 맞이한 것은 한 달포 전이라고 한다. 밀사가 자기에게 전해 준 실성왕의 친서란 것을 그는 대강 알려주었다. 실성왕은 그 친서에서 먼저 고직과의 우정을 강조하며 자기는 누구보다도 그(고직)가 자기의 성공을 빌어 주는 사람이라고 믿는다고 한 뒤, 자기의 성공을 더욱 안전하고 영구

한 것으로 하기 위하여 힘을 빌려달라고 하였다. 그리고 구체적으로는, 자기(실성왕)가 고우로서 그(고직)를 신라에 초대하는 동시에 눌기를 영접사로 국경까지 보낼 터이니, 국경서 눌기를 없애 버려 달라는 내용이더라는 것이다.

"그대가 만약 내 말이 의심되거든 그대의 수원들이 취한 태도들을 생각해 보시오. 그대가 가장 위험에 놓이려 할 때마다 그들은 뒤로 꽁무니를 빼거나 그렇지 않으면 고주망태가 되어서 끄덕끄덕 졸고 있지 않았소? 나에게 그대를 해칠 기회를 주기 위하여 실성왕이 그들에게 미리 그렇게 시켜서 보낸 자들이오."

"……"

눌기는 기가 막히는 듯이 고개를 떨어뜨린 채 한숨을 내릴 뿐이었다. 고직은 말을 계속하였다.

"난들 친구 배신하기를 좋아하겠소. 그래서 실상은 오늘 낮부터 그대의 어떤 약점을 잡아서 친구의 소원을 성취시켜 주려고 하였소. 그러나 그대를 만나 보니 차마 그런 용기가 나에게 솟지 않았소. 친구도 친구이지만 차마 무고한 목숨에 손이 대어지지 않았소. 당신의 목숨은 아마 하늘이 지켜 주나 보오. 나는 오늘로써 나의 유일 무이한 친구를 잃었소. 내가 그를 배신한 것이오. 자아, 부디 돌아가서 성공하기 바라오."

고직은 자못 침통한 얼굴로 이렇게 말했다. 그러나 그의 고백도 전부가 정말인 것은 아니었다. 그가 실성왕의 친서를 받고 오늘의 이 고백으로 나오기까지는 다음과 같은 조정(고구려)의 정치적인 지시가 있었던 것이다.

처음 고직은 실성왕의 친서를 받자 곧 왕(장수왕)에게 이 일을 아뢴 뒤 하교를 청했던 것이다. 실성왕과 자기는 비록 막역지간이라 하지만 일이 양국간의 왕실에 미치는 중대사이고 보니 개인적인 행동으로 가벼이 나올 수가 없었던 것이다.

고구려 왕은 이 일을 다시 중신들과 더불어 상의한 뒤 다음과 같은 결론을 얻게 되었다. 즉 고직과 실성왕과의 관계는 개인적인 우의에 지나지 않지만, 왕실과 왕실과의 관계는 곧 국가적인 문제가 된다. 따라서 이 문제는 원칙적으로 고직의 개인적인 향배보다도 고구려와 신라의 정치적 성격에서 다루어져야 한다. 여기서 고직은 다음의 몇 가지 조건을 생각할 필요가 있다.

첫째, 실성왕과 고직이 비록 고우라고는 하지만 고직으로 말하면 고구려의 왕족으로 명분 없이 타국으로 갈 수도 없으려니와, 개인적인 우의를 지키기 위하여 까닭 없이 남의 왕가의(내물왕의) 왕자를 살해할 수는 더욱이 없는 일이다.

둘째, 실성왕이 자기의 정치적 기반을 견고히 하기 위하여 고우(그것도 대국의 왕족)와의 우의를 악용한다는 것도 왕자다운 체면에 벗어나는 일이다.

셋째, 고직은 문무 십여 명을 거느리고 명안성으로 가서 눌기의 영접을 받되 그의 인물 여하와 예의범절을 살핀 뒤, 기회를 타서 실성의 친서와 음모의 내막을 알림으로써 저들의 내분을 일으키도록 하라. 내분으로 인한 인접국의 약체화는 그의 강성에 견주어 우환의 원인이 되지 않는다.

넷째, 그러나 눌기의 사람됨이 오만하고 대국에 예의를 가리지 못할 때는 그를 베고 돌아와도 무방하나, 가급적 이로움을 취하라.

이상이 조정에서 고직에게 내린 하교의 전부였다.

그리고 보면 고직이 처음 눌기의 영접을 받았을 때부터 그렇게 호통을 치고 나온 것도 까닭 없는 일이 아니었던 것이다. 조정의 지시 속에 인접국의 강성보다 약체화를 꾀하라고 한 대목도 정치적으로 마땅한 일이라 생각되었지만, 상대자가 대국에 대한 예의를 가리지 못할 때 그를 베고 와도 좋다는 단서는 더욱 그의 마음에 들었던 것이다. 따라서 그날 낮의 첫 면접에서나, 그날 밤의 주연석에서 눌기에게 모종의 비상대비가 있어 보이지 않았던들 그는 실성에 대한 우의로서보다 대국의 위엄을 과시하고자 하는 마음에서 그의 목을 베었을지도 모를 일이었다.

이튿날 고직은 수원들과 함께 눌기의 정중한 전송을 받으며 명안성을 떠났다.

눌기는 고직을 보낸 뒤, 곧 해력으로 하여금 그의 수원 네 사람을 묶게 하고, 추달을 받았다. 그들은 숨기지 않고 자기들의 죄상을 순순히 자백하였으며, 다만 상사의 지시를 좇아 부득이 죄를 지었으니 한 번만 용서해서 목숨을 붙여 준다면 앞으로는 신명을 다하여 충성을 바치겠노라 하였다. 눌기는 그들의 서약을 받은 뒤 결박을 풀어 주었다.

눌기는 제상과 해력과 더불어 지금부터 취할 행동에 대하여 상의하였다. 해력이 먼저 말하기를 지금 자기들이 거느리고 나온 장사가 백여 명 있으니 그들로 하여금 실성왕의 흉계를 크게 외치게 하여 군세를 확대시키며 서울로 쳐들어가자는 것이다.

이에 대하여 제상은, 실성왕이 비록 흉계로써 왕자를 살해하려 하였다 하지만 신하로서 임금을 치는 것이 대의에 어긋난 일이니, 우리는 왕의 비위(非違)를 만조백관에 호소하여 중신들로 하여금 눌기를 신왕으로 맞이하게 만들자는 것이다. 그리고 그것이 계획대로 돌아가지 않는다면 그때부터 무력으로써 나오는 것이 일의 순서라 하였다.

마지막으로 눌기가 입을 열었다.

"두 분의 의견이 다 적당하나 후자의 경우는 시기가 늦어질 우려가 있소. 만약 왕이 그 사이에 관군을 크게 일으켜 우리를 도모케 한다면 우리는 중과부적으로 그를 당하기 어려울 것이오. 그보다 내 생각으로는 우리가 신속히 서울로 올라가서 우리와 통할 수 있는 요로(要路)

와 통하는 일방 바로 궁성을 에워싸느니만 같지 못할 것 같소."

눌기의 제안에 두 사람도 찬성하였다. 그리하여 그들은 곧 서울로 향하여 떠났다.

서울 근교까지 도착한 그들은 눌기의 계획대로, 북문 밖에서 집결한 뒤 밤이 깊기를 기다렸다가 왕사(王使)의 급보라 하여 문을 열게 한 뒤, 바로 궁성에 들이닥쳤다. 그러나 궁문을 지키는 병사들은 아무리 왕사의 급보라 하더라도 내일 아침까지는 단연코 문을 열 수 없다고 나왔다. 그런데 그들 가운데는 눌기의 수원 네 사람(조정에서 임명한)과 통하는 사람도 있었고 눌기와 직접 통하는 사람도 있어서, 옥신각신하는 중에 해력이 거느리는 장사들의 맹렬한 공격을 받아 일대 난투가 벌어지게 되었다. 그 서슬에 평소부터 눌기와 통하는 병사들에 의하여 궁문이 열리자 해력의 군사들은 물밀 듯이 궁중으로 휩쓸려 들어갔다.

이리하여 실성왕은 그날 밤으로 해력의 칼에 맞아 운명을 했고, 궁중은 그들에 의하여 점령되고 말았다.

일방 눌기는 그날 밤으로 중신들을 소집하여 일의 경위를 자세히 밝히고, 이튿날엔 일찍이 문무백관의 옹립을 받아 왕위에 오르게 되었다. 그야말로 하룻밤 사이에 손바닥을 뒤집듯이 왕위가 바뀐 것이다.

눌기가 비록 군사력으로써 왕위를 빼앗았다 하지만 전왕의 비위와 흉계가 사실로써 천하에 밝혀지고, 또 왕실의 근친자로서 그와 더불어 왕위를 다툴 만한 사람이 없었기 때문에 그의 새로운 왕권에 대해서 감히 누구도 항거를 꾀하는 사람이 없었다. 여기는 물론 신왕(눌기)의 두 아우가 전왕의 가혹한 보복적 감정에 의하여 먼 타국에 볼모로 가 있다는 사실도 원인으로 되어 있을 것이다.

눌기는 이렇게 하여 왕위에 오르자 제 일착으로 타국에 볼모로 가 있는 자기의 두 아우를 어떻게 하면 찾아올 수 있는가 하는 문제부터 토의하기 시작하였다. 여기서 충신 박제상이 먼저 고구려에 가서 보해를 찾아오고 다음엔 왜나라로 건너가서 미해를 빼돌려 보낸 뒤, 자기만 잡혀서 참혹한 형을 받고 죽었다는 이야기가 기록에 나타나 있는 바와 같다.

〈부기〉

실성, 보해, 미해 세 사람의 나이와 볼모로 가게 된 연대와, 박제상이 보해와 미해를 찾아온 연대에 대해서는 『삼국사기』와 『삼국유사』에 기록된 것이 같지 않다. 또 보해와 미해의 이름에 대해서도 그 표음(表音)한 글자가 각각 다르고, 박제상의 성자(姓字)에 대해서도 같지 않다. 이 소설은 이러한 차이와 모순을 전제한 사료의 범위 안에서 윤색과 취사 선택을 자유로이 하였다.

---

*(출)『김동리 역사소설』, 지소림, 1977.

원화(源花)

진흥 대왕은 신라 제 24대 왕이시다. 그 백부(伯父) 법흥왕의 뒤를 이어 왕위에 오르니 그때 그의 나이 겨우 일곱 살이었다. 그래서 그의 백모(伯母)인 왕태후(王太后-法興王妃)께서 섭정을 하시게 되었다.

세상 사람들이 다 알고 있는 바와 같이 이 왕태후께서는 나중 아주 중(女僧)이 되어 버렸으리만큼 평소부터 열렬한 불도 숭상자였다. 그러므로 진흥 대왕이 나중 여러 군데 절을 짓고 불교를 일으키게 된 것도 모두 이 왕태후의 시책에 따랐기 때문이요, 그녀의 교화에 영향 때문이라고들 생각하기 쉽고, 사실 또한 그러한 점도 없는 것은 아니지만 그것을 모두 그녀(왕태후) 때문이라고만 보는 것은 여간 잘못이 아니다. 왜 그러냐 하면 진흥 대왕도 그의 천성이 본래 신불(神佛)을 숭상하도록 되어 있었던 것이다. 그의 백부 법흥왕이 왕위를 아우되는 선마로(立宗)에게 전하지 않고 어린 조카에게 맡긴 것도 그의 천질(天

質)이 그러함을 보았기 때문인 것이다.

　그만큼 또한 법흥왕이 불교를 좋아했던 것은 사실이다. 그러나 그의 당대에는 아직 보수 세력이 강했기 때문에 마음껏 불교를 일으켜 보지 못했던 것이다. 흥륜사(興輪寺)를 짓겠다고 손을 대어본 것만 해도 이차돈(異次頓)의 멸신 공덕(滅身功德)에 의한 것이요, 그렇지 않았더라면 그만한 힘도 낼 수 없었을 것이다.

　그래서 자기의 펴지 못한 뜻을 잇게 하려고 어린 조카 터럭보(彡麥宗)에게 그 자리를 전했던 것이다. 여기엔 물론 어린 임금을 세워 놓고 왕태후(法興王妃-保刀夫人)로 하여금 섭정을 하게 하려는 법흥왕의 유훈이 있었다고 보는 사람도 있겠지마는, 무엇보다도 터럭보가 어려서부터 신불을 숭상하는 기질이 농후했고 전왕이 그것을 기특히 생각하고 그에 의뢰하게 되었다는 것이라고 보는 편이 더 옳을 것이다.

　어쨌든 그가 어린 임금으로서 섭정 왕태후의 시책에 따라 불사(佛寺)를 짓고 불도를 일으켰던 것만은 의심할 여지가 없다. 아마 그의 나이 한 스무 살이나 가까이 될 때까지 실질적으로 정권을 잡고 있던 것은 왕태후와 이사부(異斯夫) 두 사람이었을 것이다. 그리고 이 두 사람은 과연 그를 위하여 훌륭히 나라를 다스려 주었던 것이다.

　그러나 진흥왕의 숭불 정신은 그의 백모인 왕태후와 반드시 꼭 같은 것이 아니었다. 왕태후의 숭불 정신은 어디까지나 불도 본위요, 불도 숭상이요, 불도 귀의에 있었으나, 진흥왕의 그것은 글자 그대로 〈신불(神佛)〉에 있었고 〈불교 본위〉로만 되어 있지 않았다. 다시 말하자면 〈부처님〉이거나 다른 〈검님〉이거나 아무튼 신명(神明)과 신령(神靈)과 신이(神異)에 속한 것이면 다 숭상하고 싶었던 것이다. 그렇다고 물론 〈신명〉과 〈신령〉과 〈신이〉에 속한 것이 불도 외에 또한 여러 가지 있었던 것은 아니다. 국조 박혁거세 왕으로 구현된 〈검님〉을 숭상하고 그것을 진작시키는 길이 있을 뿐이었던 것이다.

그러면 구체적으로 들어가서 진흥 대왕께서는 〈검님〉을 어떻게 찾으며 어떻게 피려 했던가. 이 소설의 진의도 거기에 있다.

이 이야기는 『삼국유사』의 저자일 뿐 아니라 일세의 대덕(大德)이요, 일국의 석학이시던 일연 선사의 고제(高弟)로 〈나중 국사(寶鑑國師)가 된 혼구(混丘)가〉 아직 일연 선사 아래서 배우고 있을 때 스승(일연 선사)에게서 들은 바를 다른 중들에게 들려준 그대로다.

그런데 혼구는 이야기를 시작하기 전에 이렇게 말했다.

"제가 스님(일연 대사)께 진흥 대왕이 어떠한 분이십니까 하고 물었더니 스님께서는 한참 생각하고 나시더니, 진흥 대왕이 어떤 분이신지를 알려면 다음의 몇 가지 이야기를 잘 연구해 보라고 하셨습니다. 그 몇 가지 이야기 가운데 스님께서 제일 먼저 손꼽으신 것이 원화요, 그 다음이 미륵랑(彌勒郞), 우륵(于勒)이올시다. 그러면 원화 이야기부터 시작하리다."

〈원화〉가 무엇이냐 하면 우선 글자 그대로 〈꽃의 근원〉이라고 해야 하겠지요. 그러나 이 〈꽃〉은 나뭇가지에 피는 꽃이 아니고 사람에게서 피는 꽃을 두고 이르는 말입니다. 나중 가서는 이 〈꽃〉을 화랑(花郞)이란 이름으로 부르게 되었지만, 아직 〈원화〉라고 부를 때에는 〈화랑〉과 같은 남자 아이가 아니고 어여쁜 여자 아이를 두고 일렀지요. 아무튼 남자 아이든지 여자 아이든지 꽃같이 어여쁜 아이들이었던 것만은 틀림이 없어요. 그래서 아마 〈원화〉니 〈화랑〉이니 하고 〈꽃〉이란 말로 불렀던가 봅니다.

『사기(史記-三國史記)』에 보면 진흥 대왕 삼십칠 년 봄에 처음으로 〈원화〉를 받들었다고 기록되어 있지만 이 연대는 물론 정확한 것이 아닙니다. 더구나 〈화랑〉이 이 〈원화〉 이후에 생긴 것이라면 이 역시 진흥 대왕 삼십칠 년보다 앞에는 〈화랑〉이 있을 수 없는 것이 되는데 『사기』에는 그 앞에도 얼마든지 〈화랑〉에 대한 기록이 나온단 말씀예요.

그리고 보면 〈화랑〉에 해당하는 것은 아주 옛날부터 내려오고 있었나 봐요. 그것을 진흥 대왕께서 〈원화〉란 이름으로 제도화시키셨다가 실패를 하고 나중 다시 〈화랑〉이란 이름으로 고쳤나 봅니다. 아무튼 원화에 대한 이야기부터 하기로 합시다.

그것은 진흥 대왕 십오 년 사월이었지요. 신라 전국에서 뽑혀 나온 미녀 스물다섯 사람은 모두 꽃같이 단장하고 〈검님〉을 모신 신전에 모였습니다. 그녀들은 다 같이 흰 옷 위에 남색 활옷을 입고 머리는 풀어서 뒤로 늘어뜨린 채 손에는 부채를 들고 있었습니다. 그리하여 한 사람씩 나와서 노래를 부르며 춤을 추기로 되었던 것입니다.

〈검님〉을 모신 정면 바로 앞에는 진흥 대왕과 왕비께서 나와 앉으시고 그 좌우에는 시녀들이 각각 세 사람씩 늘어서 있었습니다. 그리고 무대 좌우 한쪽에는 악사들이 악기를 들고 있고, 다른 한쪽에는 중신들이 앉아 있었습니다. 말하자면 그들은 나라님을 도와 원화를 선발하는 일에 참여하기 위한 것입니다.

원화를 뽑는 기준은 첫째 어여쁜 처녀라 하였습니다. 둘째는 족벌이 진골이라야 하였습니다. 셋째는 춤과 노래가 뛰어나야 하였습니다. 그리고 어느 처녀가 가장 어여쁘고 또 가무에도 뛰어난가는 〈검님〉의 감응력으로 판단한다 하였습니다.

여기서 그녀들은 한 사람씩 나와 다음과 같은 노래를 불렀습니다.

  한배님
  한배님 앞에
  꽃을 다리옴이니다.
  받아주소서

한배님
이 몸들에게
꽃을 피우심이니다
피워주소서

　스물다섯 처녀는 차례대로 나와 이렇게 노래를 부르며 춤을 추었습니다. 그 결과 남모(南毛)라는 아가씨와 준정(俊貞)이라는 처녀가 뽑히기로 되었습니다. 남모는 파진찬(波珍湌) 거윤(擧允)의 딸로서 나이 열여섯 살이요, 준정은 각간(角干) 우덕(于德)의 딸로 나이 열일곱 살이었습니다.
　이 두 아가씨를 원화로 뽑아낸 중신들은 이렇게 말했습니다. 〈남모랑이 노래를 불렀을 때에는 '검님'께서 또한 웃음을 보이셨다〉하였습니다. 진흥 대왕께서는 신하들의 이 말씀을 옳게 여기시고 그 두 처녀를 받들어 원화로 정하시게 되었나 봅니다.
　원화의 임무는 나라의 모든 젊은이들과 더불어 널리 사귀며 그들의 인격과 무예와 풍류를 헤아려 그 가운데서 뛰어난 자를 나라님께 아뢰어 발탁 등용케 하는 것이라 하였습니다. 말하자면 나라에서 인재를 널리 찾아 쓰려는 것이 그 중요한 목적이라 하겠습니다. 그러나 한 가지 유의할 것은 나라에서 인재를 구하는 데 학문이나 무예로써 직접 시험을 본다거나 하지 않고 미녀와 더불어 사귀게 하여 그 풍류를 중시하게 하였다는 점입니다. 여기엔 옛날 신라 사람들이 숭앙하던 〈검님〉과 관련된 깊은 이치가 들어 있는 듯합니다마는 불도가 융성하게 되면서부터 그 이치는 차차 사라지고 말아 버린 듯합니다.
　이렇게 하여 원화로 뽑히게 된 남모와 준정은 신전에서 엄숙한 예식을 마치자 나라에서 주신 화려한 옷을 입고 놀이터로 나가게 되었습니다.
　놀이터에는 그녀들과 더불어 놀고자 하는 수많은 청년들이 구름

떼같이 모여들었습니다. 신라의 청년이면 누구든지 나와서 놀 수 있는 문호가 개방되어 있으므로 춤과 노래를 즐기고자 하는 사람이나 활 쏘기, 칼 쓰기, 말 타기를 겨루고자 하는 사람이나, 또는 그녀들의 미모와 가무를 구경하고자 하는 청년들은 누구나 할 것 없이 모두 모여들었던 것입니다.

그런데 한 가지 기이한 것은 이렇게 원화를 중심으로 모여든 청년들은 그렇게 며칠 가지 않아 그들의 풍류와 무예가 놀랄 만큼 발달하게 되었다는 점입니다. 가령 활 쏘기를 두고 말한다면 그 전에는 열다섯 점이나 스무 점밖에 따지 못하던 사람이 이렇게 원화와 더불어 놀고 나서 겨루기를 하면 서른 점도 따고 마흔 점도 따게 되는 거예요. 게다가 그것이 서른 점이나 마흔 점쯤에 그치지도 않고 날이 갈수록 자꾸자꾸 뻗어나가 나중에는 대개가 다 쉰 점을 넘게 되고, 뿐만 아니라 그 가운데서도 뛰어난 자는 일흔도 따고 여든도 따게 되었다는 겁니다.

그리고 이것은 활 쏘기에만 한한 것이 아니고 달리기에 있어서나 칼 쓰기에 있어서나 노래에 있어서나 춤에 있어서나 모두 그러했다 합니다.

청년들은 이와 같이 자기 자신들도 예기하지 않았던 엄청난 성과와 발전에 대하여 스스로들 놀라지 않을 수 없었습니다. 그리고 이러한 엄청난 성과나 발달을 가리켜 그들은 〈꽃 핀다〉고 말했다고 합니다. 그것은 자기의 힘 이상의 것이라는 뜻이 있다고 합니다. 다시 말하자면 자기의 힘만으로는 미치지 못할 것을 〈검님〉께서 이루어 주신 것이라는 뜻이라 합니다, 그리하여 그들 가운데 누구든지 이와 같이 〈검님〉의 감흥으로 놀라운 성과를 거두게 될 때마다 원화의 입으로 〈꽃 핀다〉가 아뢰어지고 그와 동시 그들은 다 함께 다음의 〈원화〉의 노래를 불렀다고 합니다.

한배님
한배님 앞에
꽃을 올리이다.
받아주소사.

한배님
이 몸들에게
꽃을 피우심이다.
피워주소사.

 이렇게 한 달포나 지난 뒤였습니다.
 원화와 더불어 놀게 된 수천 명 젊은이 가운데서도 특히 뛰어난 젊은이가 하나 있었다나 봐요. 그는 이찬(伊飡) 벼슬에 있는 탐지(耽知)의 아들 세마루(世宗)라 하는, 그해 열아홉 살 난 미모의 청년이었습니다. 칼 쓰기나 활 쏘기나 그 어느 한 가지만으로는 그에게 이기는 자도 있었지만, 칼 싸움, 활 쏘기, 말 타기, 그 밖의 여러 가지 무예를 골고루 잘 하기로는 그를 따르는 사람이 없었답니다. 뿐만 아니라 노래와 춤에 있어서도 그를 따를 사람이 없었어요. 게다가 인물까지 잘나고 보니 누구 하나 그를 우러러보지 않는 사람이 없게 되었습니다. 그 시대의 청년들은 자기보다 잘난 사람을 미워하거나 시기하여 깎아 내리려고 하지 않고, 그와 반대로 우러러보며 존경해 마지않았다 합니다. 그것은 〈검님〉께서 그에게 가장 많이 감응하셨다고 믿었기 때문이라 합니다. 다시 말하자면 그만큼 그는 사심을 버리고 〈검님〉에 접근한 증거라고 보았던 것이에요. 그와 동시 그들은 〈검님〉께서 특히 어여쁜 남녀를 사랑하시고 미모의 청년에게일수록 잘 〈꽃 피워〉 주시는 것이라고 알았기 때문에 그들의 미모를 시기하거나 미워하는 것은 〈검님〉의 뜻에 어긋난 짓이라고 믿었던 것입니다.

그런데 여기 한 가지 괴이한 일이 생기게 되었어요. 그것은 원화로 있는 남모와 준정이 이 두드러지게 잘난 청년 세마루를 두고 서로 겨루기 시작한 사실입니다. 두 처녀가 한 총각을 두고 겨루었다고 하지만, 사실은 준정이 특히 남모를 투기했다고 보는 것이 정당할 것입니다. 그것은 남모의 얼굴이 더 선녀같이 환하고 아름다웠고, 또 세마루가 준정보다 그녀를 사랑했기 때문이라 하겠지요.

그것이 준정으로 볼 때는 견딜 수 없는 슬픔이요, 고통이요, 모욕이 되었던 것입니다. 준정의 처지로 보면 그것도 무리가 아니었을는지 모를 것입니다. 왜 그러냐 하면 준정은 그녀가 원화로 뽑히기 이전부터 세마루와 이미 친하게 지내던 사이였던 것입니다. 게다가 그녀의 아버지로 말하면 남모의 아버지보다 훨씬 더 높은 각간의 지위에 있었던 것입니다. 게다가 또 세마루가 남모당(南毛幢)에 속한다면 다른 우수한 청년도 많이는 그쪽으로 기울어지게 될 것이요, 그렇게 되면 자기는 같은 원화로서 남모의 아랫자리같이 되어 버릴 터이니 그것도 여간 분한 노릇이 아니었던 것입니다.

준정은 참다못하여 세마루를 만나 물어 보았답니다.

"세마루님, 임자는 일찍부터 나하고 놀았고, 또 내가 임자를 이미 사랑하는데, 나를 두고 남모랑만 쫓아다니면 나는 어떡하오?"

"준정랑, 그녀의 말대로 나는 일찍부터 그녀와 친히 놀았고 또 그녀를 세상에서 가장 아름다운 낭자라고 믿고 있었지만, 남모랑을 한 번 보고 그녀의 노랫소리를 듣게 된 뒤로는 남모랑이 더 내 마음을 끌고, 그녀 앞에서만 얼마든지 꽃이 피는 걸 어떡하오."

"세마루님, 임자는 작년 가윗날 밤에 이 몸과 함께 흥륜사에 갔을 때, 탑 아래서 이 몸의 손목을 잡으며 이 몸에게 한 말을 벌써 잊었단 말이오."

"잊었을 리야 있겠소. 그때 나는 그녀의 손목을 잡고서 나는 준정랑의 춤을 보고 있으면 내 마음속에 꽃이 핀다고 이렇게 말했다오."

"그러면 어째서 나를 버리고 모랑(毛娘)을 쫓는단 말이오."

"준정랑, 그때의 일은 잊어 버려주오. 나는 남모랑을 보게 된 뒤에 세 곱절도 더 꽃이 피었다오."

"그렇다면 모랑의 노래는 내 춤보다 세마루님에게 세 곱절이나 더 많이 꽃을 피웠단 말이지?"

"그렇다오."

"그래서 나를 꼭 버릴 셈이오?"

"준정랑, 나는 그녀 앞에 내가 그녀의 지아비되겠다고 맹세한 일은 없지 않소. 그리고 또……."

"그리고 또, 이 몸을 깊이 다치지도 않았다는 말씀이지. 그것은 나도 잘 알고 있소. 그렇지만 나는 임자를 모랑에게 빼앗기곤 살 수 없는 걸 어떡하오?"

"그것은 준정랑이 참아줘야 하겠소."

"꼭 참말이오?"

"그럴 수밖에."

세마루는 이렇게 말하자 칼을 빼어서 공중을 세 번 벤 뒤, 칼을 도로 자리에 꽂은 뒤 그곳을 떠나가 버렸습니다. 그것은 준정이 자기에 미련을 끊어달라는 뜻인 동시에 자기와 준정의 사이도 그와 같이 끊어 버리자는 뜻이었나 보아요.

준정은 그 길로 신전으로 달려갔다 합니다. 그리하여 눈물을 좍좍 쏟으며 〈검님〉에게 빌었던 모양입니다. 세마루님의 마음을 기어이 돌려 달라고, 그리고 세마루님이 자기의 춤에서 더 많은 꽃을 피울 수 있게 해 달라고 빌었던 모양이죠.

그렇게 사흘을 빌었어요. 그러나 세마루는 그녀에게 돌아오지 않았던 것입니다. 그러자 그녀는 〈검님〉께서도 이미 자기보다 남모에게 세마루님을 돌려주신 거라고 생각이 들었던 모양이지요, 그것은 세마루님으로 하여금 남모에게 더 많은 꽃을 피우게 하신 그것만 보아서도 알 수 있는 일이라고 깨달은 모양입니다.

여기서 준정은 〈검님〉에게 비는 일도 중지하고 말았던 것입니다. 그러고는 그를 잊어 보려고 무진 애를 썼으나 잊을 수는 없었습니다. 본래부터 승벽(勝癖)이 몹시 강한 준정은 죽어도 패배자로서 죽을 수는 없었던 것입니다. 어떻게 해서든지 세마루와 함께 있어야 하였고, 그러기 위해서는 어떻게 해서든지 남모를 없애야 하리라고 결심하게 되었던 것입니다.

그렇게 다시 한 이레가 지난 어느 날이었습니다. 준정은 자기 집에다 주효(酒肴)를 준비하고 자기의 생일이란 명목으로 남모를 초청했어요. 남모도 준정이 요즈음 무언지 자기에 대해서 석연치 못한 것이 있다고 느끼기는 하였지마는 본래부터 워낙 담담한 성격이요, 사람에 대하여 깊이 의심할 줄 모르는 위인이었기 때문에 지극히 무심한 채로 나아가게 되었나 봅니다.

남모가 나타난 것을 보자 준정은 기쁜 얼굴로 나와 맞으며 자기들은 신라에서도 두 사람밖에 없는 같은 원화로서 둘도 없는 친구요, 형제와 같다고 말했습니다.

이에 대하여 남모는 준정에게 그러면 자기는 정랑(貞娘)을 언니라 부름이 어떻겠느냐고 물었습니다. 준정은 대답하기를 우리가 같은 원화로서 형제로 부를 수는 없지마는 단 둘만이 있을 때에는 언니 아우로 불러도 좋을 것이라 하며 많은 음식과 향기 높은 술을 내어왔습니다. 준정은 남모에게 술잔을 권하며,

"나는 나의 생일에 모랑(毛娘)과 단 둘이서 술잔을 나누는 것이 여간 기쁘지 않다오."

하자 남모도 술잔을 들며,

"고맙소."
하고 그것을 입에 갖다 대었습니다. 원화는 직책상 평소부터 술을 다소 먹게 되어 있었으므로 그녀들은 마음 놓고 몇 잔씩 함께 내곤 하였습니다.

남모는 술이 얼근해지자,

"언니 이 술엔 웬 향기가 이렇게 높소?"

하며 준정이 권하는 대로 곧장 잔을 들어 마시곤 하였습니다.

준정은 남모가 술이 얼근히 취하는 것을 보자 자기는 슬슬 딴 데다 술을 쏟으며 남모에게만 자꾸 술을 권했습니다. 그리하여 갑신 취한 남모에게 준정은,

"아우님 취하거든 자리에 잠깐 눕소."

하고 친절한 듯이 자리까지 보아 주었습니다. 남모는 준정이 시키는 대로 자리에 누우며,

"언니 무슨 술이 이렇게 취하오. 통 정신을 못 차리겠구려."

하더니 이내 정신을 잃은 듯이 잠이 들어 버렸습니다.

이때 준정은 벽장 속에 미리 감추어 두었던 삼줄을 꺼내었습니다. 그때는 그녀도 가슴이 몹시 뛰었습니다. 그러나 다음 순간 그녀는 곧 남모에게 달려들었습니다. 삼줄이 남모의 목에 두 번째 감기어 돌아갔을 때 남모는 손을 위로 뻗치며 눈을 치뜨고 〈언니〉를 불렀습니다. 그러나 그때 이미 목이 졸리인 그녀는 〈언니〉란 발음을 똑똑히 내지 못하고 〈어어웅〉 하는 듯했을 뿐입니다. 준정은 세 번째 또 삼줄을 휘감았습니다. 그때는 남모도 무엇을 직감한 모양으로 두 눈에 무서운 빛이 서리며 목 속에서는 〈어엉〉 〈어엉〉 하는 소리가 들렸으나 그것은 지극히 낮은 소리였습니다.

남모는 손으로 방바닥을 긁었습니다. 그와 동시 그녀의 두 눈에는 핏물이 고이기 시작하였습니다. 준정은 그것을 오랫동안 두고 바라

볼 수 없었으므로 이번에는 그녀의 목을 누르기로 하였습니다. 남모의 그 유달리도 희고 가느다란 손가락이 마지막으로 준정의 방바닥을 긁었을 때 그녀의 입에서는 시퍼런 혀가 한 치나 나왔습니다.

남모의 숨이 끊어지기 바쁘게 준정은 곧 베이불로 시체를 싸 버렸습니다. 그러고는 그녀의 심복인 하인을 불렀습니다.

하인은 준정이 시키는 대로 베이불에 싼 것을 다시 거적에 싸서 지게에 지고 뒷내(關川)로 나갔습니다. 마침 달이 없을 무렵이요, 밤도 깊기가 삼경을 지났기 때문에 길엔 거의 사람이 없었고 간혹 있어도 누가 누구인지를 알아보지 못하였습니다.

이리하여 무사히 뒷내까지 나온 하인은 그 거적에 다시 큰 돌을 달아서 물 속에 던졌던 것입니다.

이튿날 남모의 집에서 그녀를 찾아 준정에게 왔을 때 준정은 남모가 자기의 집에서 이경 전에 나갔다고 대답하였습니다. 이렇게 되니 남모의 부모나 남모를 따르던 청년들은 마음속으로 모두 준정을 다소 의심하긴 하였으나 그렇다고 해서 무어라고 다른 말을 할 수는 없었습니다. 특히 준정의 감정을 알고 있는 세마루로서는 누구보다도 준정에게 혐의를 두고 있었으나 그 역시 섣불리 말을 낼 수가 없었습니다. 이렇게 되고 보니 자기가 진작 준정에 대하여 남모에게 일언반구도 비쳐주지 않은 것이 후회되었습니다. 그러나 이제는 때가 늦었습니다. 그는 준정의 절박한 심사를 이해하지 못하는 것은 아니지마는 그렇다고 해서 남모의 가엾은 죽음을 그대로 덮어 두고 있을 수는 없다고 생각되었습니다. 그는 어떻게 해서든지 남모의 시체라도 찾아내어야 하리라고 결심하였습니다. 그리하여 그는 다음과 같은 동요를 지어서 퍼뜨려 주었습니다.

　　남남 남모야

준준준정아

준정이네 하인은
그 밤에 어디 갔노

그것은 준정이 비록 남모를 손수 죽였다고 하더라도 그 시체를 감추려면 반드시 하인의 힘을 빌렸을 것이라고 추리되었기 때문이었습니다.

이 동요는 이내 신라 서울에 퍼졌습니다. 그러자 남모가 사라지던 그 날 밤 준정의 집 하인 막돌(莫石)이 짐을 지고 뒷내 쪽으로 나가더라는 사람이 나타나게 되었습니다.

이 말을 듣고 사람들이 곧 뒷내로 달려가서 찾으니 과연 물 속에 잠겨 있는 남모랑의 시체가 나타나게 되었던 것이라 합니다.

이와 동시 준정이 곧 복주(伏誅)하게 된 것은 말할 나위도 없겠지요. 준정은 죽을 때 마지막으로 이렇게 말했다고 합니다. 자기는 나라님과 부모님의 두터운 은혜를 무릅쓰고도 은혜를 은혜로써 갚지 못하고 도리어 죄를 짓고 죽으니 그 원한은 죽어도 사라질 수 없을 것이라고 하였답니다. 그리고 자기는 마지막으로 세마루님에 더욱더 꽃이 피기를 〈검님〉께 빈다고 하였답니다.

이 말을 들은 서라벌 사람들은 모두 눈물을 흘렸다고 합니다. 그만큼 그녀의 〈꽃이 핀〉 마지막 목소리는 듣는 사람들의 가슴을 애절하게 울려 주었던 모양입니다. 이렇게 끔찍한 꼴을 당하시고 난 진흥 대왕께서는 〈원화〉 제도를 파해 버리셨습니다. 그러나 신라의 젊은이들로 하여금 〈검님〉의 꽃을 피우게 하기 위해서는 이와 같은 제도가 아무래도 필요하다고 생각하고 계셨던 모양입니다.

그러니까 이듬해인 진흥 대왕 십육 년 이월에는 〈원화〉 대신 〈화랑〉

을 두시게 되었던 것입니다. 〈화랑〉은 여러 스님들께서도 이미 다 아시는 바와 같이 계집아이가 아니고 사내아이들 가운데서 골품이 진골이요, 인물이 아름다운 자를 뽑아서 〈화랑〉으로 받들었다고 합니다. 저 유명한 사다함(斯多含), 관창(官昌), 김유신(金庾信) 등이 모두 이 〈화랑〉 출신이었다는 것은 여러 스님들이 다 잘 알고 계실 줄 압니다만 오늘은 우선 이 화랑의 시초가 된 〈원화〉에 대한 이야기만 하기로 하겠습니다.

---

*(출)『김동리 역사소설』, 지소림, 1977.

우륵

　진흥 대왕(進興大王)께서는 불도를 널리 펴는 한편, 고유한 국풍을 숭상하여 다시 풍월도(風月道)를 일으키려고 원화를 두었다는 이야기는 여러 스님들께서도 이미 잘 알고 계시겠지요. 그런데 대왕께서는 신명을 숭상하시고 풍월도를 일으키심에는 특히 음악이 중요하다는 것을 누구보다도 투철히 느끼셨던 것입니다. 그래서 항상 훌륭한 악사를 맞이하여 음악을 크게 일으키시고자 하고 계셨습니다. 그러던 차에, 한번은 우륵(于勒)이란 신통한 악사가 낭성(娘城-지금의 청주)에 숨어 살고 있다는 말을 들었습지요. 그래 대왕께서는 낭성으로 떠나시게 되었습니다. 그것이 진흥 대왕 십이 년 삼월입니다. 이에 대한 기사는 『삼국사기』에 꽤 소상히 나와 있으니 그걸 먼저 소개해 드리리다.

　삼월에 왕께서 국내를 돌아보시다가 낭성에 이르러 우륵과 그의 제자 이문(尼文)이 음악을 잘한다는 말을 듣고 부르시었다. 왕께서 하림궁(河臨宮)에 머무시사 그들로 하여금 음악을 연주케 하실새, 두 사람이 각각 새 곡조를 지어서 아뢰었다. 이에 앞서 가야국(伽倻國) 가실왕(嘉悉王)이 열두 달의 율려(律呂)를 본떠서 십이현금(十二絃琴)을 만드시고 우륵으로 하여금 악곡을 짓게 하였으나, 그 나라가 쇠란함에 이르러 우륵은 악기를 가지고 신라로 들어왔다. 그 악기의 이름이 곧 가야금이다.

　십삼 년에 대왕께서 계고(階古), 법지(法知), 만덕(萬德) 등 세 사람으로 하여금 우륵에게 배우게 하였다. 우륵은 그들의 기능을 헤아려 계고에게는 가야금을 가르치고, 법지에게는 노래를 가르치고, 만덕에게는 춤을 가르쳤다. 그 일을 마치매 대왕께서는 이들에게 명하여 음악을 연주케 하고 가로되 〈전일 낭성에서 듣던 것과 다름이 없다〉 하고 상을 후히 주시었다.

　『사기』에 기록된 것은 대충 이러합니다. 그러나 저의 스님(일연 선사)이 남기신 『우륵전』에 보면 훨씬 더 자세한 것이 기재되어 있습니다.
　『사기』에서는 우선 가실왕이 십이현금을 만들었다고 하였지만, 기실은 이것도 우륵 악사가 손수 만든 것이지요. 우륵이 당(唐)나라 악부(樂部)의 쟁(箏-비파)을 연구해서 따로 십이현금을 만들고, 이에 따라서 또 「십이음곡(十二音曲)」을 만들었던 것입니다. 그 「십이음곡」이 무엇무엇이냐구요. 네에 이렇습지요. 첫째는 아랫가라도(下加羅都), 둘째는 윗가라고(上加羅都), 셋째는 보기(寶伎), 넷째는 달기(達己), 다섯째는 사물(思勿), 여섯째는 물혜(勿慧), 일곱째는 아랫물(下奇物), 여덟째는 사자기(獅子伎), 아홉째는 거열(居烈), 열째는 사팔혜(沙八兮), 열한째는 이사(爾赦), 열두째는 윗기물(上奇物), 이렇게 열둘입지요. 그리고 그의 제자 이문도 까마귀(烏), 쥐(鼠), 메추라기(?) 하는 「삼음곡(三音曲)」을 지었습지요. 나중 우륵에게서 배운 신라의 계고, 법지, 만덕 세 사람은 우륵의 「십이음곡」이 너무 음락(淫樂)에 흐른다 해서 이것을 취사 선택하여 다시 다섯 음곡으로 줄여서 편곡을 했습죠. 우륵이 이 말을 듣고 처음엔 크게 노했으나 한번 듣고 나더니 고개를 끄덕거리며 자기의 본곡(本曲-十二音曲)보다 나아진 것이 있다고 칭찬했다고 합니다. 그래서 나중은 어떻게 되었느냐구요. 네에, 잠깐만 기다리십쇼. 지금까지 말씀드린 것은 우륵의 악사로서의 공적을 소개해 드린 것뿐이니까요. 그보다 우륵이 어떠한 사람이며 어떻게 살다가 어떻게 돌아갔다는 것은 아직도 이야기하지 않았습니다. 그러면 저의 스님께서 지으신 「우륵전」을 토대로 해서 이야기해 드리겠습니다.

우륵은 본디 대가야국(大伽倻國-高靈) 이뇌왕(異腦王)의 둘째 아들이올시다. 이뇌왕의 전비(前妃)는 일찍 죽고 후비를 맞이했는데 그녀가 누군지 아십니까. 그분이 바로 신라의 이찬(伊飡) 비지부(比枝夫)의 딸이올시다. 『사기』에 보면 〈法興王 九年 春三月 伽倻國王 遺使請婚 王(法興) 以 伊飡比助夫之妹 送之〉라고 나와 있습니다. 여기 〈가야국왕〉이라고 한 이가 바로 비지부(比枝夫)와 같은 사람이요, 「여지승람(輿地勝覽)」에서는 비지부의 딸로 나와 있는 것이 『사기』에서는 그 누이동생으로 기록되어 있을 뿐입죠. 그런데 저의 스님의 「우륵전」에는 딸이 옳다 했습니다. 그리고 이 우륵을 낳은 이가 바로 그 분입니다. 이찬 비지부의 따님으로 이뇌왕의 후비로 들어가서 처음 태자를 낳고 두 번째 왕자를 낳은 것이 이 우륵이었습니다. 그러자니까 우륵의 혈통 속에는 처음부터 신라의 피가 흐르고 있었던 셈이지요. 그러고 보면 그가 나중 신라로 투신한 것도 무리가 아니지요. 모국으로 귀화한 것 뿐이니까요.

그러나 더 자세히 알고 보면 우륵이 신라로 들어온 것도 기실은 가야금을 만든 뒤가 아닙지요. 그보다 훨씬 일찍이, 그의 나이 열두 살 때 이미 신라에 와서 자랐습니다. 명목은 신라 서울에 유학을 한다고 했지만, 그 부왕되는 이뇌왕의 속셈은 무엇이었던지 짐작이 어려운 것이 있습니다. 아무튼 우륵이 소년 시절을 신라에서 보냈다는 것만은 확실한 이야기올시다.

그때부터 그는 물론 음악에 취미를 가지고 있었습지요. 아니 취미라기보다도 신재(神才)를 가지고 있었다고 하는 편이 옳을 것입니다. 그즈음 신라에서는 현금으로서 칠현금(七絃琴-玄鶴琴)과 이십오현금(二十五絃琴)이 있었는데, 칠현금은 음색이 중후해서 어린 우륵에게는 좀 벅찼던 모양입니다. 그래서 주로 이십오현금을 가지고 놀았다고 합니다. 그런데 기이한 것은 나이 겨우 열두 살밖에 되지 않은 어린 우륵이 이십오현금을 가지고 온갖 새 소리를 다 흉내내었다고 합니다. 새 소리뿐 아니라 무슨 소리든지 귀에 들리는 소리는 죄다 흉내를 내는데 그것이 신통하게도 꼭 들어맞았다고 합니다. 그러니까 벌써 그때부터 그의 악재(樂才)가 보통 사람보다 뛰어나 있었다는 것은 짐작할 수 있는 일입지요.

그런데 여기 한 사건이 생겨났답니다. 그의 나이 열세 살 나던 해 이른 봄이었습니다. 남산(금오산) 골짜기 응달진 데는 아직도 눈이 허옇게 쌓여 있고 선도산(仙桃山-西山) 양지바른 가슴패기에만 봄빛이 아물거리고 있는데, 그의 외사촌 누나 되는 염정(艷貞)이 벌겋게 터진 석류 한 개를 가지고 나와서 웃으며 그에게 주었습니다. 염정은 그때 열여섯 살 먹은 처녀였습니다. 그리고 우륵이 염정을 그날 처음 본 것도 아니었습니다.

그럼에도 왜 그런지 그때 갑자기 염정을 퍽 아름답다고 느끼며 동시에 눈이 부시어 정면으로 바라볼 수도 없었습니다. 그는 자기도 모르게 부들부들 떨리는 손으로 석류를 받았습니다.

"너 손이 왜 그리 떨리니?"
하며 염정이 그의 손목을 잡아주었을 때, 우륵은 가슴이 짜릿짜릿하

는 형언할 수 없는 쾌감을 깨달았습니다. 그리하여 그는 발갛게 상기된 얼굴로,

"누나, 난 머리가 아퍼."

하며 자기도 모르게 그녀의 가슴에 자기의 이마를 갖다 대었습니다.

"어디?"

하며 염정은 우륵의 이마에 손을 대어보았습니다. 과연 우륵의 이마에는 열이 올라 있었습니다. 뿐만 아니라 그는 사뭇 와들와들 떨고 있었습니다.

"몸살이 나나보다. 들어가 자리에 누우렴."

염정이 우륵의 몸을 일으키려 하였습니다.

"아냐, 싫어."

우륵은 이마를 염정의 가슴에 댄 채 고개를 흔들었습니다. 염정은 우륵의 그러한 태도나 발열(發熱)이 무엇인가를 잘 모르는 채 자기 자신도 까닭 모를 흐뭇한 쾌감을 깨달았습니다. 그리하여 그 어여쁜 소년이 원하는 대로 그의 머리를 자기의 가슴에 묻어주었습니다.

그날 이후로 우륵은 염정을 보기만 하면 그녀의 가슴에다 자기의 이마를 묻으려 하였습니다. 염정도 잠자코 그것을 허락하는 것이었습니다.

이렇게 한 해가 흘렀습니다. 하루는 우륵의 외숙모요, 염정의 어머니 되는 부인이 염정을 불러서,

"너 이제부터는 우륵과 놀지 말아라."

하였습니다.

"어머니. 그렇지만 우륵이 불쌍해요."

하고 염정이 한 마디 대답하였습니다.

"그건 나도 안다. 그렇지만 걔도 불쌍한 건 없다. 저희 나라에 돌아가면 얼마든지 꽃다운 처녀들과 혼인할 수 있지 않니……. 그리고 너

는 각간(角干) 수마보[首麻宗]의 아들과 혼인하게 되리라."
하였습니다.

"어머니, 그렇지만 우륵이 너무 불쌍해요. 개한테 먼저 말을 들어봐 주세요."

염정은 우륵을 떼어놓고 시집을 가 버리기가 어려울 것 같았습니다. 그래서 우륵이 원한다면 그와 혼인을 해 주었으면 싶은 생각을 어머니 앞에 이렇게 솔직하게 털어놓은 것이었습니다. 그 당시 신라의 풍속으로서는 외사촌끼리도 혼인을 했던 것입니다. 염정의 속을 미리 다 들여다보고 있는 어머니는 말했습니다.

"걔는 가야 나라의 왕자가 아니냐. 신라의 진골과 가야 나라 왕자가 혼인을 하려면 그것은 나라님의 특별한 분부가 있어야 한다. 그 애 어머니인 너의 고모만 해도 그렇지 않았더냐. 그리고 너의 아버지만 해도 결코 그것을 원하지 않으실 것이다. 딸을 먼 곳으로 보내기 좋아할 부모가 어디 있단 말이냐."

어머니의 태도는 강경하였습니다.

염정도 무어라고 더 말을 붙일 수가 없었습니다.

그날 밤 우륵은 염정을 만나 이 이야기를 듣고 나더니 여느 때와 같이 그녀의 손을 잡으려다 말고 말없이 하늘의 달을 한참 바라보고 있었습니다. 염정은 맘속으로 우륵이 미리 생각했던 것보다는 침착한 편이라고 느꼈습니다. 우륵이 입을 열었습니다.

"누나, 내가 그것을 겁낼 줄 알우?"

우륵의 목소리는 잠겨 있었습니다. 그는 다시 말을 계속했습니다.

"나는 지금까지 이미 우리의 사랑을 너무나 슬퍼해 왔기 때문에 이제는 더 슬퍼할 염통도 남아 있지 않는 것을."

"그럼 처음부터 이리 될 것을 넌 알고 있었나?"

"아무도 일러준 이는 없었지만 왜 그런지 막연히 그런 생각이 들었다오. 우리는 서로 혼인할 수 없으리라고."

"그래서 넌 날마다 내 가슴에 이마를 대고 그렇게 느껴 울었군."

"내 일생은 누나를 사랑하기 시작한 날부터 떡잎이 들기 시작했어. 누나가 나에게 석류를 주던 날부터…… 내가 그 빨간 석류 속을 들여다보던 순간부터……."

"왜 그런 소리를 하니. 가야 나라에 돌아가면 얼마든지 꽃다운 아가씨들이 기다리고 있을 터인데……."

"흥, 가야 나라라고? 내가 가야로 돌아가면 혼인을 할 줄 알우?"

"그럼 혼인을 않을 테야?"

"내 눈에는 한순간도 누나의 얼굴이 잊혀지지 않을 텐데 혼인은 무슨 혼인을 하겠수?"

"나중에는 잊혀지겠지."

"잊혀진다고? 거짓말 말어. 내 마음은 이미 누나와 혼인해 버렸는 걸. 길이 헤어지지 못하게 된 걸. 나는 이리 될 것을 미리 다 느꼈어. 내가 다른 사람과는 혼인하지 못하게 될 것까지도……. 두고 보렴……."

"늬가 그럼 나도 못 살지 않니?"

"왜 못 살라고? 오늘 밤부터 나는 이미 누나의 손도 훔치지 않았는데."

우륵은 이렇게 말하며 또 아까와 같이 하늘의 달을 멍하니 바라보고 있는 것이었습니다.

"아아, 부모님께 불효가 되지 않는다면 차라리 머릴 깎고 중이나 되었으면……."

염정은 이렇게 말하며 우륵의 어깨 위에 두 손을 얹고 흐득흐득 느껴 울었습니다.

그 뒤 염정은 곧 각간 수마보의 아들 수리(首利)와 혼인하여 수리의 임지인 국원(國原-충주)으로 떠나가 버렸습니다.

우륵도 이듬해 봄엔 자기의 본국인 대가야로 돌아가 버렸습니다.
　가야로 돌아온 우륵은 과연 그가 말한 대로 어떠한 처녀와도 사랑하거나 혼인하기를 원치 않았습니다. 그 아버지 되시는 이뇌왕이 이를 걱정하여 나라 안의 수많은 미녀들을 모아다가 그에게서 음악을 배우게 하고 그 가운데서 가장 어여쁜 여자를 취하라 하였으나 우륵은 그것도 취하지 않고 말았습지요.
　그 어머니되시는 이슬 부인은 가만히 그를 불러놓고 그의 손을 만지며,
　"얘야, 이 어미한테도 이야기 못할 것이 있느냐? 네 마음에 있는 대로를 이야기해 들려주렴."
하고 정답게 타일렀습니다.
　"……."
　그러나 우륵은 고개를 수그린 채 대답을 하지 않았습니다.
　"얘야, 나한테도 말을 못하다니 그것이 대체 무엇이란 말이냐."
　이슬 부인은 안타깝게 꾸짖어 물었습니다. 그러자 우륵은 마지못해 목메인 소리로 입을 열어,
　"어머니."
하고 불렀습니다.
　"오냐, 어서 이야기하려마."
　"전 도루 신라로 가고 싶어요."
　"왜 신라로? 네가 사랑하는 아가씨라도 있단 말이냐?"
　"염정이 보고 싶어요."
　"염정은 각간 수마보의 아들과 혼인해서 이미 국원으로 떠나지 않았느냐."
　"그렇지만 염정이 있던 신라에라도 가서 살고 싶어요."
　"왜 그럼 염정이 떠나기 전에 진작 그녀와 혼인하려 하지 않았더냐."

"모르겠어요. 그저 꿈같이 지냈어요. 그리고 그때는 저의 나이가 워낙 어리기도 했어요. 그러는데 하루는 염정이 저에게 말해 주었어요. 신라의 진골과 가야 나라 왕자가 혼인하려면 나라님의 분부가 있어야 한다고. 그리고 염정의 부모가 염정을 타국으로 보내고 싶어하지 않는다고요. 저도 막연히나마 그렇게 될 것을 미리부터 알고 있었어요. 염정에게서 그 말을 들었을 때 저는 가슴이 찢어지는 듯하면서도 일면 올 것이 왔다는 생각이 들었어요."

"그렇지만 네가 염정을 끝내 잊지 못할 바에야……."

"무언지 꿈같이 지나갔어요. 그러나 저는 이렇게 될 것을 미리 알고 있었어요."

"가엾어라. 내 아들아. 네가 어떻게 그 일을 겪는단 말이냐."

부인은 우륵의 손목을 잡은 채 느껴 울었습니다.

"어머니, 상심하지 마세요. 그 대신 제게는 현금과 비파가 있습니다. 저는 비파를 가지고 염정의 목소리를 들을 수도 있답니다."

"오오, 가엾은 내 아들아."

부인은 그저 아들의 손목을 잡은 채 눈물을 거두지 못했습니다.

"어머니 들어보세요. 제가 비파를 한 곡조 탈게요."

우륵은 일어나 비파를 내렸습니다. 그러고는 〈스르르 징당〉 하고 줄을 고르고 나더니 「회매곡(懷妹曲)」을 타기 시작하였습니다.

    남산에 눈 녹고
    뒷숲에 진달래 피네
    따스한 봄볕과 함께
    내 앞에 내 누이 오네
    내 앞에 내 누이 오네

    동산에 잎 나고

서산에 뻐꾸기 우네
　　따스한 봄볕과 함께
　　내 누이 웃으며 오네
　　내 누이 웃으며 오네

　　어여쁜 아가씨
　　내 곁에 가까이 오렴
　　따스한 봄볕과 함께
　　해마다 되돌아오렴
　　해마다 되돌아오렴

　　산에는 새 울고
　　들에는 꽃송이 피네
　　새 소리 꽃내음 함께
　　내 누이 내 곁에 오네
　　내 누이 내 곁에 오네

　우륵은 비파를 타고 나서 그의 어머니의 얼굴을 바라보았습니다.
　"어머니, 들어주셨어요? 제가 비파를 타는 동안 염정이 와서 저와 함께 놀다 갔어요."
　"오냐, 너는 비파를 잘도 타누나."
　어머니는 그저 이렇게만 대답하였습니다. 어머니는 염정이 와서 놀다 가는 것을 알지 못했기 때문입니다.
　그날 밤이었습니다. 우륵이 밤늦도록 이십오현금을 타다가 현금을 안은 채 잠이 들어 버렸습니다. 그때 자기의 어머니가 들어왔습니다. 〈가엾어라 내 아들아〉 하며 어머니는 그의 손목을 잡았습니다. 그러고는 〈네가 어떻게 그 일을 겪는단 말이냐〉 하며 눈물을 떨어뜨렸습니다. 〈어머니도 일찍이 겪으신 것을 전들 못 겪겠어요〉 하고 자기 자신도 까닭모를 말을 하였습니다……. 그러고는 어머니의 품에 머리를 묻고 느껴 울었습니다. 그러자 그것은 어머니가 아니고 염정이라는 것이었습니다. 자기는 염정의 가슴에 이마를 댄 채 여느 때와 같이 아련한 그녀의 향기를 맡았습니다. 그런데 웃으며 다가오는 것이었습니다. 〈누나〉 하며 우륵은 염정의 손목을 잡았습니다. 그러고는 그것을 자기 가슴 위로 가지고 갔습니다……. 〈누나 내 가슴을 만져봐, 이렇게 뛰어. 이렇게 뛰어. 알겠지. 누나를 보기만 하면 내 가슴은 이렇게 뛰어, 미친 것같이. 알겠어. 언제나 그래. 언제나 네가 이렇게 손을 얹어 주면 내 가슴은 미칠 것같이 뛰어. 기뻐서 기뻐서. 근데 누나, 넌 왜 그렇게 슬픈 얼굴을 짓고 있어. 난 이렇게 기쁜데. 왜 슬픈 얼굴이냐고.〉 〈그것은 네가 내 가슴에 얼굴을 묻어 주지 않아서 그래. 누굴 생각하니.〉 〈그건 누나가 거짓말쟁이. 나는 지금도 이렇게 누나 가슴에 얼굴을 묻고 있는데, 그리고 향기도 맡고 있는데, 그건 누나가 거짓말쟁이야. 누나 가슴속에 도둑놈이 들어 있어 그래. 각간 수마보의 아들이 들어 있어 그래, 그걸 감추려고 그래, 그것 때메 보이지 않는 거야, 내가 이렇게 지금도 너의 가슴에 얼굴을 묻고 있는 것을 모르는 거야, 그것 때메 보이지 않는 거야, 내가 이렇게 지금도 너의 가슴에 얼굴을 묻고 있는 것을 모르는 거야, 그것 때메 보이지 않는 거야. 내가 이렇게 울고 있는 것도 들리지 않는 거야……. 울 엄마도 그러시더라, 울 엄마가 가야 왕에게 시집 오시기 전에 사랑하던 신라 사람이 있었던가봐. 어머니가 내 손목을 잡아주실 때 나는 그것을 알아내었어. 가엾은 내 아들아, 네가 그 일을 어떻게 겪는단 말이냐 하실 때 나는 모든 것을 알아채었지. 어머니의 비밀을, 일찍이 누구에게도 말하지 않은 어머니의 비밀을 알아내었지, 너도 그렇지 뭐냐.〉 〈그건 잘못이야, 내 가슴속에 각간 수마보의 아들이 들어 있다는 건 빨간 거짓말이야. 그건 너무 억울하다. 내 가슴속에는 너 하나밖에 아무것도 들어 있는 것이 없다. 내가 알아맞힐까, 오늘도 너는 어머니 앞에서 비파를 탔지. 나는 그걸 다 들었어. 내 가슴에 수마보의 아들이 들어 있으면 내가 그것을 어떻게 들었겠니. 그래도 거짓말이라 하겠니.〉 〈그렇지만 너는 각간 수마보의 아들을 따라 국원에 가 살고 있지 않니. 그것은 거짓말이야.〉〈그건 부모님의 명령인데 어찌 하느냐, 죽는 일은 쉬워도 부모님을 어기지는 못하지 않느냐. 그 대신 삼 년만 참아 다오, 삼 년 뒤에는 너를 다시 만나주마. 삼 년, 삼 년, 오오 삼 년만.〉 우륵은 〈오오, 삼 년만〉 하고 외치면서 눈을 떴습니다. 벽에는 불 그림자가 외롭게 비쳐 있을 뿐, 방 안에는 어머니도 염정도 없고 자기만이 현금을 안은 채 책상에 기대 앉아 있을 뿐이었습니다.

그 뒤로부터 염정은 매일 밤 꿈길을 밟아 우륵을 찾아주었습니다. 그러고는 그날 그날 우륵이 보고 느끼고 행한 것을 그대로 일러주는 것이었습니다. 자기가 다 보았다는 거예요. 함께 있는 증거라는 거죠. 그러나 그녀는 한번도 자기 자신의 이야기를 하지는 않았습니다. 그녀는 언제나 우륵과 함께 있기 때문에 그곳에는 아무것도 없다는 거예요.

그렇게 삼 년이 지났습니다. 그때는 우륵의 나이도 스무 살이 되었습니다. 그가 그의 형님뻘이 되는 가실왕으로부터 새로이 〈십이현금〉을 만들도록 명령을 받은 것도 그때의 일입니다(이뇌왕은 그 전에 돌아가시고 태자로 있던 가실이 왕위에 올랐던 것입니다).

그런데 이 해에는 이 밖에도 그에게 있어 여러 가지 중요한 사건이 많았습니다. 그에게서 음악을 배우던 제자 가운데 향남(香南)이라는 처녀가 있었습니다. 나이는 열일곱 살이요, 인물은 가야 나라에서 으뜸가는 절색이었습니다. 그런데 이 향남이 맘속으로 우륵을 깊이 사모하여 정을 통코자 하였으나 우륵이 알은체를 하지 않았던 것이 사실입니다. 그것이 거기서 그쳤으면 그만일 터인데 향남의 일편단심은 그 뒤에도 그대로 계속되었다는 점입니다. 일설에는 우륵이 그녀와 더불어 함께 놀았을 뿐만 아니라, 정도 통했었다고 전하고 있지만 잠시도 염정을 잊지 못하는 우륵으로서는 진정으로 그녀를 사랑할 수는 없었을 것입니다. 그 증거로는, 끝내 향남이 우륵을 사모하다 못해 꼬치꼬치 말라 죽어 버리고 우륵은 우륵대로 기어이 염정을 잊지 못하여 국원으로 그녀를 찾아 떠난 것만 보아도 충분히 짐작할 수 있을 줄 믿습니다.

그렇습니다. 우륵이 십이현금을 완성한 것이 스물세 살 때의 일이요, 그가 다시 십이현금에 맞추어 「십이음곡」을 작곡한 것은 그 이듬해인 스물네 살 때의 일이며, 그가 기어이 가야 나라를 버리고 염정을 찾아 신라(국원) 땅으로 잠입한 것은 다시 그 다음해인 스물다섯 살 때의 일이었습니다.

그보다 먼저 그의 나이 스무 살 나던 해였습니다. 하룻밤에는 염정이 꿈에 나타나 하는 말이 〈각간 수마보의 아들이 죽었어. 내가 뭐랬어, 꼭 삼 년만이야. 삼 년만 참아달라고 했지. 아이고 설워라, 나는 절로나 갈까 보다〉 하였답니다. 우륵도 꿈이 퍽 이상하다고는 생각했었지만 꿈은 어디까지나 꿈이요, 또 현실적으로 자기는 국왕의 명령으로 십이현금을 만들어야 할 중책을 지고 있을 뿐만 아니라, 자기 자신으로서도 정신이 취한 것처럼 그 일에 흥미와 열의를 느끼고 있었으며, 게다가 향남의 가련한 순정이 걸려 있었기 때문에 그냥 눌러앉아서 일을 진행시키고 있었던 것입니다. 그렇게 또 삼 년이 지난 뒤에 국원에서 소문이 오기를 염정의 남편되는 각간 수마보의 아들이 사 년 전에 고구려 군사와 싸우다 죽고, 염정이 아들 하나를 데리고 국원에 그대로 머물러 살고 있다는 것이었습니다.

우륵이 십이현금 하나만 가지고 가야 나라를 떠나 신라 땅을 찾아올 때의 그 복잡하고 감개 깊은 이야기는 생략하도록 하겠습니다. 그는 바로 염정을 찾아 국원으로 향하였습니다. 그리고 국원서 그와 염정이 어떻게 만나게 되었다는 이야기도 다음으로 돌리기로 하겠습니다. 처음 우륵이 염정의 집으로 찾아갔을 때, 염정은 그를 보자 몹시 느껴 울었습니다. 그들이 헤어진 지 꼭 십 년 만이었던 것입니다.

"남편이 살아 있을 때는 잠시도 잊지 않고 임자만 생각했다오."

염정은 처음 이렇게 말했습니다.

"밤마다 꿈에 뵈었어요. 그러나 남편이 죽은 뒤엔 마음이 변하더군, 제가 죽인 것 같애서요. 제가 권해서 출정을 시켰어요. 그때 저의 생각에는 이번에 출정하면 돌아오기 어려우리라 하는 것을 느끼면서도 권해서 내보냈다오. 그것이 과연 전사를 하고 보니 그때부터는 죽은 남편이 불쌍해서 견딜 수 없더군요."

염정은 눈물을 닦아가며 이렇게 이야기하였습니다.

"모든 것은 전생의 업원인가 보오."

우륵도 한숨을 쉬었습니다.

그날부터 우륵은 염정의 집에 함께 살기로 하였습니다. 그러나 잠자리만은 같이 하지 않기로 했다는 것입니다.

그렇게 두 해를 지냈습니다. 진흥 대왕께서 십삼 년 삼 월에 낭성(청주)에서 그를 친히 찾으셨다는 해가 바로 그해였습죠. 그때 그의 나이 스물일곱 살이었습니다. 그는 그의 제자 이문과 염정과 함께 진흥 대왕의 수레를 모시고 신라 서울로 돌아오게 되었습니다. 신라 서울로 돌아간 뒤의 이야기는 앞에 대강 나왔으니 여기서는 다시 되풀이하지 않기로 하겠습니다. 그러나 만년의 이야기는 아무도 모르고 있기 때문에 몇 마디 말씀드리기로 하겠습니다.

그가 다시 신라 서울을 떠나게 된 것은 마흔한 살 때입니다. 그러니까 국원서 낭성을 거쳐 서울로 들어온 지 열다섯 해째 되던 해입죠. 그는 신라 왕조에 십이현금 — 신라에서는 이것을 〈가야금〉이라고 불렀지만 — 과 이에 따른 「십이음곡」과 제자 이문의 「삼음곡」과 또다시 이것을 개편한 「신오곡(新五曲)」과 그리고 춤과 노래가 충분히 전해진 것을 보아 이제는 더 머물러 있기가 싫어졌던 것입니다. 그때는 이미 자기의 본국인 대가야는 신라와 합병한 뒤요, 자기의 부모 형제들은 혹은 죽고 혹은 숨고 흩어져서 소식조차 알 길이 없었으므로 세상의 영화와 부귀 공명이 뜬구름같이 허무하게만 보였던 것입니다. 그는 염정에게 말했습니다.

"나는 이제 서울을 떠나 조용한 산중으로 들어가고 싶은데 임자 생각은 어떻소."

"이 몸은 어디라도 임자 있는 곁에만 있으면 그만이오."

이렇게 염정의 동의를 얻자 그들은 그 이튿날로 곧 길을 떠나고 말았습니다. 지리산(智異山)에 들어가 숨었다고 합니다.

어떤 이는 말하기를 지리산의 칠불사(七佛寺) 뒷산에서 현금과 가야금을 타고 수많은 음곡을 지은 옥보고(玉寶高)가 바로 이 우륵과 같은 사람이었다고 하고, 또 어떤 이는 옥보고는 우륵의 제자의 한 사람으로서 만년까지 그에게 나아가 음악의 오의(奧義)를 물려받은 사람이라고도 합니다. 어느 편이 옳은지 여러 스님네들이 짐작해서 판단하십쇼.

나무 아미타불, 나무 관세음보살.

---

*(출)『김동리 역사소설』, 지소림, 1977.

미륵랑

우리 스님 저서에 보면 진자사(眞慈師)라는 스님이 나옵니다. 이 스님이 누구냐 하면 저 유명한 미시랑(未尸郎)을 발견하신 분입니다. 미시랑이 무엇이냐고요. 네에. 미륵랑(彌勒郎)이란 말과 같은 뜻이죠. 요즘은 보통 미륵 선화(彌勒仙花)라고 합죠. 가시 말하자면 미륵이라는 이름의 화랑이란 뜻이죠. 화랑의 이름에 어떻게 미륵이 붙을 수 있느냐고요. 네에, 바로 그것입니다.

우리 진자 스님의 고민과 염원도 바로 그것이었습니다. 미륵은 여러스님도 아시다시피 부처님의 이름입니다. 부처님의 이름을 어떻게 화랑에게 씌우느냐 이 말씀이죠. 그렇습니다. 그것이 바로 진자 스님의 염원이요, 진흥 대왕의 이상이었던 것입니다. 다시 말하자면 부처님을 통해서 화랑을 찾으려 한 것입니다. 불도를 통해서 풍월도(風月道), 즉 화랑도(花郞道)를 찾으려 했던 것입니다.

그러면 진자 스님이란 대체 어떠한 사람이냐고요. 네에, 그 이야기를 해 드리겠습니다.

진자 스님은 본디 대아찬(大阿飡) 이등(伊登)의 셋째 아들로 속명(俗名)을 구지(矩地)라 불렀습니다. 대아찬 이등으로 말씀드리면 신라 제7대 일성왕(逸聖王)의 후손으로 법흥왕(法興王-제33대) 십이 년에 사벌주(沙伐州-상주) 군주(軍主)로 임명되었으며, 이차돈(異次頓) 사건 때 불도를 반대한 저 알공(謁恭)의 사촌이었습니다. 따라서 그들 일가는 신라의 많지 않은 진골들 가운데서도 불도 배척자로서 특히 알려져 있었습니다.

그러니까 진자 스님이 아니라 박구지(朴矩地)도 어려서는 그 부형들과 마찬가지로 열렬한 배불 소년이었습니다.

그럼에도 불구하고 대세는 점점 흥불(興佛) 쪽으로 기울어져 갔습니다. 법흥왕이 돌아가신 것은 그의 나이 여덟 살 났을 때요, 그 뒤를 이은 진흥왕이 흥륜사를 이룩하기 시작했을 때는 그의 나이 열세 살 때의 일이요, 그 위에 다시 황룡사를 이룩하기 시작했을 때는 그의 나이 스물도 넘었습니다. 그는 진흥왕의 그러한 흥불 정책이 모두 왕태후(王太后-法興王妃)의 섭정에서 나오는 것이라 하여 왕태후를 원망한 것도 한두 번이 아니었습니다. 그러나 나라에서 하는 일이라 어찌 하는 수 없었습니다.

그런데 그의 나이 열다섯 살 때의 일입니다. 그의 아버지의 비장(裨將)으로 있는 소력(蘇力)이라는 사람의 넷째 따님인 새달(新月)과 알게 되자 갑자기 그녀의 아름다운 얼굴에 마음이 끌리기 시작하였습니다. 그때 새달은 그보다 한 살 위인 열여섯이었다고 합니다.

물론 그가 새달을 본 것은 그해가 처음은 아니었습니다. 새달의 아버지 소력이 그의 아버지의 비장으로 취임하여 온 것은 이미 삼 년 전의 일이요, 게다가 집이 가까운 관계도 있고 해서, 진작부터 몇 차례나 함께 놀았다고 합니다. 그런데 그해 이른 봄에 함께 산으로 꽃을 꺾으러 갔다가 갑자기 사이가 가까워졌던 것이라 합니다. 그들이 꺾은 꽃은 진달래였습니다.

그러나 아직 철이 일러서 그다지 많은 꽃이 피어 있지는 않았습니다. 그러기에 그들은 꽃이 보이는 대로 서로 많이 꺾으려고 달려가곤 하였습니다. 그리하여 그들이 산마루에까지 이르렀을 때는 그럭저럭 모두가 한 묶음씩의 꽃을 꺾어 들고 있었습니다. 그들은 산마루에 나란히 앉아 다리를 쉬며 들과 마을을 내려다보고 있었습니다. 그들의 이마에는 다 같이 땀방울이 맺혔었고 두 볼은 물이 든 듯이 발그레하게 상기되어 있었습니다.

그때 새달은 꽃다발을 두 손으로 들어서 자기의 코 끝에 한번 대어 보고는 아끼는 듯이 제일 아래 것을 한 송이 입으로 가져가며 곁에 앉은 구지 쪽을 흘깃 바라보았습니다. 그때 구지는 이미 자기의 꽃을 반이나 먹어 버린 뒤였습니다. 그의 입술은 시꺼멓게 물이 들었고, 꽃다발은 중둥이까지 털이 뜯긴 닭처럼 되어 있었습니다. 처음엔 그도 꽃다발을 만드노라고, 한 송이라도 더 모으려고 애를 쓰더니, 어느 사인지 그렇게 무지하게 먹어 버리기 시작했던 모양입니다.

새달은 구지가 그렇게 자기의 꽃다발을 아낌없이 먹어대는 꼴을 한참 동안 구경 삼아 바라보고 있었습니다. 그러자 구지가 입에 꽃을 한 입 문 채 고개를 휙 돌려 새달을 바라보았습니다. 새달은 엉겁결에 자기의 꽃다발을 구지에게 쑥 내어밀었습니다.

"왜, 싫으냐."

구지가 물었습니다.

"아니."

새달의 목소리는 왜 그런지 몹시 떨려 나왔습니다.

"그럼."

"그래도."

새달은 석류 속같이 새빨간 잇몸에 새하얀 이를 드러내 보이며 상긋이 웃어 보였습니다. 그러자 구지는 새달의 꽃다발을 빼앗듯이 받아들였습니다. 그러고는 반이나 먹다 남은 자기의 것을 아무렇게나 던져 버리고 새달의 것을 마구 걸신들린 사람처럼 뜯어 먹기 시작하였습니다.

새달은 그것을 바라보며 진달래꽃은 먹을수록 자꾸 더 시장기가 든다던데 하는 생각을 혼자 속으로 하고 있었습니다. 바로 그때였습니다. 구지는 자기가 한창 신나게 뜯어 먹고 있던 꽃다발로 새달의 새하얀 이마를 가볍게 때려 주었습니다. 그와 동시 새달의 그 석류 속같이 붉은 잇몸과 새하얀 이가 활짝 열렸습니다. 바로 그 순간이었습니다. 구지의 시꺼멓게 물이 든 입술이 그녀의 그 경련하는 듯한 붉은 입술 위에 닿았습니다. 그리하여 그날부터 그들은 미친 것처럼 상대자를 서로 사랑하는 사이가 되어 버렸습니다.

그렇게 일 년이 지나는 동안 그들은 서로 모든 것을 허락하는 사이가 되어 있었습니다.

구지의 나이 열여섯 살 나던 해 가을에 그는 그의 부모에게 새달과 혼인을 시켜달라고 청했습니다. 그러나 그의 부모는 준열하게 거절하고 말았습니다. 그 이유는 간단하고도 엄연한 것이었습니다. 즉, 새달의 아버지 소력의 골품이 자기들과 같은 진골이 아니라는 것이었습니다. 그 당시 신라 사람들에게는 진골은 진골끼리만 혼인한다는 엄연한 규범이 있었던 것입니다.

물론 구지나 새달로 말하더라도 그러한 규범을 모르고 있었던 것은 아니겠지요. 그러나 그렇게 엄연한 줄은 미처 생각지 못했던 모양입니다. 무언지 조금 막연히 생각했던 모양입니다. 게다가 자기들도 걷잡을 수 없는 사랑의 불길에 휩쓸려 오고 있었던 것이겠지요.

부모님의 엄격한 반대를 받고 나니 과연 구지는 정신이 아득하였습니다. 가슴은 그대로 찢어지는 듯했습니다. 새달을 생각하면 미칠 것 같았으나 그렇다고 해서 부모님의 명령을 거역한다는 것도 상상할 수 없는 일이었습니다. 특히 그와 같이 풍월도의 기수가 되어야 할 사람으로서 충효의 본보기가 되지 못하고 부모의 명령을 거역한다는 것은 열 번 죽어도 있을 수 없는 일이었습니다.

그러나 새달에 대한 미칠 것 같은 자기의 감정은 자기의 힘으로써 누를 수 없었습니다. 그는 잠도 자지 못하고 밥도 먹지 못했습니다. 그의 두 눈에는 핏대가 벌겋게 선 채 그는 곧 미칠 것만 같았습니다.

하루는 그의 어머니가 그를 불러서,

"네가 차라리 이곳을 떠나서 서울로나 가 있으려무나."

하였습니다.

"어머니 대단히 죄송하오나 저는 어디로 가든지 새달을 잊지 못할 것 같습니다."

"그렇지만 멀리 떠나가 있는 것이 나으리라."

하고 그의 어머니는 그에게 여비와 행장을 주었습니다.

구지는 부모님께 하직을 하고 그 길로 서울로 떠나가게 되었습니다.

서울로 온 구지는 새달을 잊고 무예에만 마음을 쏟으려고 노력을 다 해 보았습니다. 그러나 아무리 잊으려고 해도 잊어질 수가 없었습니다. 말을 달리다가도 새달 생각이 솟아나기만 하면 순간 가슴이 콱 무너지는 듯하였습니다. 달 밝은 강물가에서나, 자다 깬 밤중, 벽에 비친 희미한 불 그림자를 바라볼 때엔 그대로 엉엉 울고 싶은 생각뿐이었습니다.

그러나 그가 다시 새달을 찾아간다는 것은 있을 수 없는 일이었습니다. 그는 이렇게 괴로운 나날을 보내느니보다 차라리 하루바삐 세상을 떠나 버리고 싶었습니다. 그러나 그 당시에 화랑으로서는 그러한 이유로서 자기의 목숨을 버린다는 것은 허락되지 않았습니다.

그럭저럭 그의 나이 열여덟 살이 되었습니다. 그것이 바로 진흥왕

십일 년이지요. 그해 정월 달부터 백제와 고구려가 서로 싸우게 되었습니다. 처음엔 백제가 고구려의 도살성(道薩城)을 기습하여 빼앗더니, 그해 삼 월에는 고구려 쪽에서 또한 백제의 금현성(金峴城)을 쳐서 빼앗았습니다. 이들 두 나라는 일찍이 신라의 변경을 침범한 일도 여러 번 있었습니다. 그러므로 진흥왕은 이 기회에 이 두 나라를 한꺼번에 골려줄 생각을 했던 것입니다. 그리하여 고구려와 백제가 맞붙어서 한참 싸우다가 양군이 다 피로해진 틈을 타서 당시의 병부령(兵部令) 이사부를 시켜 그들을 함께 치게 하였습니다. 그때 구지는 이사부를 따라 출전하였던 것입니다.

그는 이번 싸움에서 돌아오지 않으려 혼자 맘속으로 결심했던 것입니다. 그러니 만큼 진두에 나가서 목숨을 아끼지 않고 적진으로 뛰어들었습니다. 그러나 미리부터 잔뜩 필해 있던 여제(麗濟) 양군은 신라의 정병이 엄습해 온다는 말을 듣자 과감히 대항도 하지 않고 꽁무니를 슬슬 빼기 시작하였습니다. 게다가 구지의 무예가 워낙 뛰어났기 때문에 아무도 그를 대항할 사람도 없었습니다. 이리하여 그는 힘껏 싸워 보지도 못한 채 승리를 거두고 말았습니다. 일면 자기의 뜻을 이루지 못한 것은 유감이었으나, 그렇다고 해서 남의 눈을 속여서까지 스스로 자기의 목숨을 끊을 수는 없는 노릇이었습니다. 그는 이사부를 따라 서울로 개선하게 되었습니다. 진흥왕은 두 성을 빼앗고 돌아온 장병들에게 많은 은상(恩賞)을 베풀었습니다. 특히 구지는 누구보다도 두드러진 공을 세웠다 하여 금은 일함(金銀一숨)을 하사하시고, 또 특히 그가 아직 미혼이라 하여 신라 진골 가운데서 누구든지 그가 원하는 여자를 짝지워 주리라 하였습니다. 그러나 구지는 왕에게 사례한 뒤 자기가 원하는 여자는 부모님이 아실 뿐이라고 대답함으로써 왕의 특혜를 완곡히 거절했던 것이라 합니다.

그런 지도 다시 세 해가 흘러갔습니다. 그때는 그의 나이 스물한 살이요, 새달과 헤어진 지도 어느덧 다섯 해가 되어 있었습니다. 그때는 그의 마음도 많이 가라앉았었다고 합니다.

새달을 아주 잊었을 리야 없겠지만 처음에 비하면 많이 잊혀진 셈이라 하겠지요. 하루는 쓸쓸한 그날을 소일키 위하여 남산(南山-金鰲山)으로 오르고 있었습니다. 흥륜사를 지나서 정화(淨華庵) 앞을 돌아가려다 마침 암자에서 큰 절(흥륜사) 쪽으로 향해 내려오고 있는 여승 둘을 만나게 되었습니다. 하나는 스무 살가량 되어 보이는 젊은 승이요, 하나는 열두어 살가량 나 보이는 어린 여사미였습니다.

처음엔 무심코 바라본 것이 저쪽과 시선이 마주치자 무언지 가슴이 뜨끔하며 발걸음이 멎어 버렸습니다. 그렇게 한참 동안 두 사람은 말없이 물끄러미 바라보고 있었습니다. 스무 살가량 나 보이는 젊은 여승은 그 자리에 못 박힌 듯이 서서 이쪽을 쏘아보고 있는 것이었습니다. 구지는 한 걸음 한 걸음 여승의 앞으로 다가들어갔습니다. 그리하여 한 서너 걸음 앞에까지 다가가게 되었습니다. 거기서 두 사람은 또 한참 동안 말없이 서로 바라보고 있었습니다. 여승의 시선은 처음 그와 마주쳤을 때부터 못 박히듯 그의 시선을 노려보고만 있었던 것입니다.

"혹, 사벌고을(沙伐州)에 사시던 새달님이 아니신지?"

구지의 목소리가 완연히 떨려 나오고 있었습니다.

"아아, 그러시다면 정녕 저 구지님이 아니신지?"

여승의 목소리는 어느덧 울먹울먹하고 있었습니다.

"아아, 이 몸은 구지, 분명 구지라 하오…… 그렇지만 새달님이 어떻게 여기를……."

구지는 갑자기 울음이 복받쳐 오르는지 말을 맺지 못하고 눈물을 주르르 쏟았습니다. 그와 동시에 새달도 수건으로 낯을 가리며 흑흑 느껴 울기 시작하였습니다.

그들은 암자 곁에 있는 정자로 갔습니다. 거기서 새달이 그에게 들려준 이야기는 이러했습니다. 그때 구지가 서울로 떠나가 버린 뒤 그녀에게는 다음과 같은 불행이 한꺼번에 닥쳤더라는 것입니다. 첫째는 숨이 콱 막힐 듯이 구지가 그리운 것, 둘째는 그녀의 아버지의 꾸지람을 듣는 것, 셋째는 그녀의 뱃속에 새로운 생명이 들게 되었다는 것, 이 가운데서 둘째와 셋째는 자기가 죽으면 그만이라고 생각할 수 있었지만, 첫째의 불행은 죽음으로써도 해결을 지울 수가 없었다고 합니다.

"어딘가 땅 위에 구지님이 살아계신다고 생각하매 죽을 마음이 나지 않았사와요. 숨이 콱 막힌 듯한 절망 속에서도 죽을 수는 없었사와요."

새달을 이렇게 말했습니다. 그때 그녀의 심정으로는 자기는 어떠한 자리에서 어떠한 일을 하고 있더라도 한 달에 한 번씩 구지의 얼굴만 바라볼 수 있다면 그 이상 더 바랄 것이 없을 것 같았다고 합니다. 그리고 아버지와 어머니의 꾸지람에 대해서는 언제든지 죽여주십사고만 말했다는 것입니다. 자기는(이 세상에서 아무것도 바라는 것도 없고 살아있을 수도 없으니 아버님께서 저의 목숨을 거두어 주신다면 다행으로 생각하겠습니다) 했다는 것입니다. 그리고 보니 역시 부모는 부모라 어찌 자식이 불쌍하지 않았겠습니까. 그래 그 어머니가 그녀를 위하여 뱃속에 든 아이를 낳게 해주고, 또 그녀의 소원대로 여승이 될 것을 아버지께 허락받아 주었다는 것입니다. 아기는 그녀의 어머니가 누구에게 주어서 기르게 한 모양이라 하였습니다.

새달이 승이 된 것은 세상에 살 수 없는 몸이기도 했지만, 구지가 있는 서울 가까이 와서 있고 싶었기 때문이기도 했다고 그녀는 말했습니다. 그러나 그녀는 구지가 이사부를 따라 여제군을 물리치고 개선해서 돌아왔다는 소문을 들었을 때까지는 세상에 살아 있는지 아닌지도 몰랐다고 합니다.

이렇게 오래간만에 우연히 만나 그녀들은 그동안의 자기들의 지내온 이야기를 나눈 뒤 또다시 손을 잡고 울었습니다.

"그래 앞으로는 어쩌면 좋을지."

구지가 새달을 건너다보며 물었습니다.

"어떡하겠어요. 구지님은 진골 아가씨와 혼인해서 행복스럽게 사셔야죠."

"새달님은?"

"저야 이미 세상을 버리고 승이 되지 않았사옵니까."

"그럼 내가 새달님 아닌 다른 여자와 혼인을 할 것 같소. 지금까지도 혼자 살아온 이 몸이."

"그렇지만 구지님은 이제 온 신라가 우러러보는 대아찬의 아드님이신 것을."

새달의 말에 구지는 그저,

"아, 아."

하고 고개를 떨어뜨렸습니다. 〈온 신라가 우러러보는〉〈대아찬의 아드님〉이란 말은 그에게 또 한번 충효 의식을 불러 일으켰기 때문입니다. 만약 충효를 버릴 수 있었다면 그는 진작 새달과 혼인할 수도 있었을 것입니다. 그러나 지금 새달의 말처럼 전보다도 더 〈온 신라가 우러러보는 몸〉이 된 이제 와서 충효를 버린다는 것은 더욱이 있을 수 없는 일이었던 것입니다.

이렇게 구지는 그 뒤에도 몇 번이나 정화암으로 새달을 찾았습니다.

그러나 새달의 마음은 흔들리지 않았습니다. 아니 그보다도 구지의 마음이 흔들리지 않았다고 하는 것이 옳겠지요. 왜 그러냐 하면 아무리 새달이 그리워 찾아는 왔다고 하지만 충효를 버려서까지라도 그녀와 혼인할 결심은 일으킬 수 없었기 때문입니다.

하루는 새달을 찾아와 이렇게 물었습니다.

"불도를 믿으면 다음 세상에 가서 자기의 마음대로 태어날 수가 있다지요."

"……."

새달은 말없이 구지의 얼굴을 말끄러미 쳐다보고 있었습니다. 그 말이 무엇을 뜻하고 있다는 것인가를 직감적으로 느낄 수 있었기 때문입니다.

"나도 새달님의 뒤를 밟겠소. 세상을 버리겠소."

구지는 이 말을 남기자 그 길로 머리를 깎고 출가를 하고 말았습니다.

이때부터 그는 속명(俗名) 〈구지〉를 버리고 석명(釋明) 〈진자〉로 불리게 된 것이지요.

이와 같이 그가 출가를 하게 된 동기에는 애초부터 다분히 세간적(世間的)인 것이 있었습니다. 다시 말하자면 이 세상에서 이루지 못한 새달과의 인연을 다음 세상에 가서 성취하고자 한 것이 그의 출가 동기였던 것입니다. 그러니 만큼 그는 출가를 한 뒤에도 세상에 대한 미련과 관심이 끝내 가셔지지 않고 있었습니다. 그가 미륵 선화(彌勒仙花-彌勒郎-未尸郎)를 염원하게 된 것도 결국은 이와 같은 세상에 대한 애착과 관심의 증좌라 하겠습니다. 이와 같이 그에게는 항상 부처님을 섬기는 마음과 아울러 나라를 생각하는 마음이 깃들여 있었던 것입니다.

특히 그로 하여금 미륵 선화를 찾게 한 직접적인 동기는 사다함(斯多含)이었습니다. 그러니까, 그가 불문으로 들어온 지 꼭 십 년 만이었지요. 사다함은 여러 스님들께서도 다 아시는 바와 같이 열다섯에 화랑이 되고, 열여섯 살에 이사부를 따라 출전하여 가야국(伽倻國-大伽倻)을 공략하는 데 선봉장으로 큰 공을 세우고 돌아온 뒤 왕께서 포로(가야인) 삼백을 노복으로 상 주었으나 그것을 모두 자유스런 몸으로 놓아주고, 다시 양전(良田)을 하사하시매 이를 굳이 사양하고, 그 대신 알천(閼川)가의 황무지를 청하여 받았다가 전에 생사를 함께하기로 맹세했던 친구(무관랑)가 죽자, 그로 인하여 열일곱 살에 죽은 유명한 국선(國仙)이지요.

진자 스님은 사다함의 이러한 신이적(神異的)인 무용과 신의 미행(信義美行)에 대해서 깊이 감동하고 있었던 것입니다. 앞으로 신라 나라를 일으키려면 반드시 이러한 화랑을 많이 배출시켜야 하리라고 믿었던 것입니다. 그러나 이미 불도에 한번 귀의한 진자 스님으로서는 불도를 떠나서 그러한 인물을 생각할 수 없었던 것입니다. 왜 그러냐 하면 한번 불도에 귀의하게 되면 불도 안에서는 무엇이든지 원해서 안 되는 것이 없다는 것을 알게 되기 때문입니다. 그러므로 그도 그가 평소에 섬기고 있던 미륵 부처님께 화랑(국선)을 빌었던 것입니다. 〈우리 대성(大聖)이신 부처님이시여, 화랑으로 화신(化身)하여 이 세상에 나타나시어 저로 하여금 항상 곁에서 시종들게 하소서〉 하고 빌었던 것입니다. 그가 이렇게 특히 부처님으로 하여금 화랑이 되어 나타나 줍시사고 빌게 된 데는 또 한 가지 다른 까닭이 있었습니다. 그것은 불도를 통하여 화랑도(풍월도)를 양양시킴으로써 화랑도와 불도의 마찰을 해소시키고 양도(兩道)의 조화와 교류를 성취시키려 했던 것입니다.

이렇게 서원(誓願)을 세운 지 십여 년이 지났습니다.

하룻밤 꿈에 한 스님이 나타나 말하기를 〈네가 곧 웅천(熊川-공주) 수원사(水原寺)로 가면 미륵 선화를 볼 수 있으리라〉 하였습니다. 진자 스님은 잠을 깨자 일면 놀라며 일면 기뻐하기를 마지않은 채 곧 길을 떠났습니다. 신라 서울에서 웅천 수원사까지 한 걸음에 한 번씩 절을 하며 갔다 합니다. 절문 밖에 이르렀을 때 미목이 수려한 소년 하나가 나타나 반가이 맞으며 그를 객실로 인도하여 주었습니다. 그래 진자 스님이 그 소년에게 읍하며 묻기를,

"그대가 일찍이 나를 모를 터인데 어찌 이렇게 친절하게 영접해 주는지?"

하였더니 그 소년이 대답하기를,

"나도 역시 서울 사람이라 스님이 서울서 오심을 보고 환영할 따름

입니다."
하고 문 밖으로 나가더니 그 길로 간 곳이 없어지고 말았습니다.

　진자 스님은 그 일을 심상히 생각하고 새로 미륵 선화가 나타나기를 기다리고 있었습니다. 그러나 아무리 여러 날을 기다려도 그가 만나려는 미륵 선화는 나타나지 않았습니다. 하루는 그 절의 스님을 찾아보고 자기의 심정을 이야기하였습니다. 그랬더니 그 스님이 하는 말이,

　"여기서 남쪽으로 가면 천산(千山)이란 산이 있는데 옛날부터 그 산에 현철(賢哲)한 사람이 많이 머물러 있었으니 그리로 가서 찾아보시오."
하였습니다.

　진자 스님은 그 말을 듣고 곧 천산으로 찾아가는데 산기슭에 한 노인이 나타나 어디로 가느냐고 물었습니다. 진자 스님은 사실대로 대답하자 그 노인은 웃으며,

　"전에 수원사 문 밖에서 이미 미륵 선화를 만났는데 다시 무엇을 기다리는고?"
하였습니다.

　진자 스님은 깜짝 놀라서 도로 본사(수원사)로 돌아왔습니다. 거기서 그는 수원사를 하직하고 다시 서울로 돌아오게 되었습니다. 그때 그 소년이 자기도 서울 사람이라고 말했기 때문입니다. 그 소년이 정녕 미륵 선화라면 자기의 말대로 서울에 있을는지 모른다고 생각했기 때문입니다.

　이렇게 그가 미륵 선화를 찾아서 풍설(風雪)을 무릅쓰고 헤매이는 동안 진흥왕이 돌아가시고 진지왕(眞智王)이 즉위하게 되었습니다. 진지왕께서는 진자 스님이 미륵 선화를 찾고 있다는 소문을 듣고 매우 기뻐하시며 〈그것은 곧 나의 뜻과 같다〉 하시고 많은 무리를 보내어 스님의 일을 돕게 하였습니다.

　그러한 어느 날 영묘사(靈妙寺) 동북쪽 길가 나무 밑에서 과연 얼굴

이 아름다운 소년 하나를 발견하게 되었습니다. 스님은 그 소년을 보자 곧 그가 미륵 선화임을 깨닫고(전날의 그 소년과는 다른) 소년의 성명과 가족 관계를 물었습니다. 그랬더니 그 소년이 하는 말이, 일찍이 부모를 잃었기 때문에 성이 무엇인지는 모르나 이름은 〈미시(未尸)〉라 부른다고 하였습니다. 〈미시〉는 그 음성이 〈미륵〉과 흡사하니 틀림없는 미륵 선화임을 깨닫고 그 소년을 진지왕께 인도하였습니다.

진지왕께서는 매우 기뻐하시며 그 소년을 받들어 화랑으로 삼으니 많은 낭도들이 그를 흠모하여 모여들었습니다. 그는 자기를 흠모하는 많은 낭도들과 놀되 그 화목함과 예의 풍교(禮儀風敎)가 또한 다른 사람과 달라서 지극히 화평한 가운데 사기(士氣)는 크게 진작되었습니다.

그러기를 칠 년이 지난 뒤 이 미시랑은 홀연히 간 곳이 없어지고 말았다고 합니다. 그가 어디서 왔는지 또 어디로 갔는지는 분명치 않을 뿐 아니라 그의 풍교가 사기를 진작시키되 살생을 하지 않고 어디까지나 화평 가운데 지난 것으로 미루어볼 때 이 미시랑이야말로 미륵 선화에 틀림없음을 짐작할 수 있을 것입니다.

여러 스님들께서는 이로써 그 당시의 풍월도(화랑도)와 불도와의 관계를 대강 짐작하실 줄 믿습니다.

나무 아미타불, 나무 관세음보살.

---

*(출)『김동리 역사소설』, 지소림, 1977.

장보고

　양자강(楊子江) 가에 양류촌(楊柳村)이라는 마을이 있었다. 나루터(渡頭)를 중심으로 이루어진 조그만 주막촌이었다. 주막촌인 동시에 홍등가이기도 했다. 그래서 큰 도시가 없는 그 부근 일대에서는 〈양류촌〉이라고 하면 상당히 멋들어진 환락가란 뜻으로 통했다.
　이 양류촌을 찾는 손님이라면 대개 양자강 위에 배를 가지고 다니는 선인(船人)이나 상인들이 많았지만, 그 다음으로는 거기서 한 이십 리 밖에 있는 〈수병(水兵) 주둔단〉 소속의 무인들도 많았다. 그 밖에 나루를 건너 다니는 나그네들과 부근 지방의 지주들도 적지 않았다.
　이와 같이 각계 각층의 손님들이 드나드는 가운데서도 가장 환영을 받는 고객 두 사람이 있었다. 그들은 다같이 신라 사람들로서 일찍부터 당나라에 건너와 무관이 된 장보고(張保皐)와 정년(鄭年)이었다. 그들은 처음 서주(徐州)에 와서 군중 소장(軍中小將)이 되어 있다가 약 이태

전부터 이곳 〈수병 주둔단〉의 아장(亞將) 격으로 와 있었던 것이다.

그들이 이 마을에서 이와 같이 환영을 받게 된 것은 지난해 봄부터의 일이었다. 마침 이 동네를 휩쓸어온 도둑떼 이십여 명을 그들 두 사람이 깨끗이 물리쳐 버렸던 것이다. 도둑의 괴수는 원치(元齒)라는 이름으로 양자강 일대를 제 맘대로 휩쓸고 다니던 유명한 강적(江賊)의 괴수였던 것이다.

그날 밤 원치는 수하 도둑을 절반이나 잃고 간신히 배를 타고 달아나 버렸다. 지금까지 원치라면 영안 일대에서 아무도 당하는 사람이 없던 것이다. 그만큼 그는 용력이나 무예에 뛰어난 도둑이었던 것이다.

원치의 일당을 물리친 뒤부터 그들 두 사람은 이 마을에서 전설적인 영웅이 되어 버렸다. 보는 사람마다 〈장 장군님, 정 장군님〉 하고 고개를 수그렸다.

특히 원치가 근자에 복수를 하러 오리란 소문이 떠돌면서부터 마을 사람들이 장·정 두 사람을 이곳에 붙잡아두고자 하고 있었다. 그렇게 해야 언제 원치가 오더라도 물리칠 수 있게 된다고 믿는 모양이었다.

그 결과 마을 사람들은 양류촌에서 제일 어여쁜 아가씨 둘을 뽑아서 장보고와 정년에게 바치기로 의논이 되었다.

정년은 그 말을 듣고 기뻐하였으나 장보고는 그것을 거절하고 말았다. 정년이 혼자 아가씨를 보기로 하고 나니 좀 쑥스러웠던지,

"아니, 색시를 거저 주겠다는 데도 마다할 게 뭐람?"
하고 장보고에게 불평 비슷한 말씨로 물었다.

"나에게는 다른 생각이 있네."

"무슨 생각이란 말인가?"

"나는 이 땅에서 내 백골을 묻고 싶지는 않네."

"신라로 돌아간단 말이지."

"음, 그렇지."

"그러나 돌아갈 때 돌아가더라도 우선 주는 걸 마다고 할 필요는 없지 않는가."

"그러나 그 몸에서 자식이 생기고 하면 어디 그렇게 간단하게 되는가."

"자식이 생기면 돌아갈 때 함께 데리고 가도 좋고, 여기 두고 가도 그만이지 어떻단 말인가."

정년은 장보고가 너무 샌님이 돼서 고지식하다고 빈정대었으나 그는 끝내 듣지 않았다.

그런 지 얼마 뒤에 또 정년이 장보고더러,

"자네 양류촌에 신라 색시가 온 걸 아는가."

하고 물었다.

장보고도 〈신라 색시〉라는 말에 깜짝 놀라며,

"뭐, 신라 색시가 왔다고?"

하고 다잡아 물었다.

"왜 신라 색시라는 말에 그렇게 질겁을 하고 놀라는가."

"아니, 신라 색시가 어떻게 여기까지 왔단 말인가?"

"그거야 색시 장수들이 알 일이지 우리가 어떻게 아는가."

"그렇기로서니 신라서 여기까지 어떻게 온단 말인가, 더구나 색시라면……."

"아무튼 가나 보세, 가서 물어보면 알겠지."

이리하여 그들 두 사람은 그 신라 색시가 있다는 집으로 찾아갔다.

술상이 들어오고 조금 있으니, 과연 첫눈에 신라 여자로 보이는 젊은 색시가 고개를 소곳하고 들어왔다. 나이는 열여덟, 성명은 최옥(崔玉)이라 하였다. 살빛이 좀 가무잡잡한 편이긴 하였으나 퍽 아름답고 순진하게 생긴 아가씨였다.

"아니, 어떻게 신라 아가씨가 여기까지 오게 되었소?"

장보고가 묻는 말에 최옥은 갑자기 눈물을 뚝뚝 떨어뜨렸다.

장보고도 그것을 보자 무언지 가슴이 뭉클해졌다.

"여기까지 와서 고국 어른을 만나뵈오리라고는 꿈에도 생각지 못했지라오."

최옥은 목이 멘 채 이렇게 입을 열었다. 그리하여 그녀가 눈물을 거둔 뒤 그에게 들려준 이야기는 다음과 같았다.

그녀의 고향은 본디 진도(珍島)였는데, 하루는 바다에 나와서 조개를 따고 있노라니까 난데없는 배 한 척이 나타나더니, 일찍이 보지 못한 이상한 사나이 예닐곱이 창과 칼로써 위협을 하며 거기 일하는 여자들을 전부 배에 태운 채 바다 가운데로 달리더라는 것이다. 그때 그 도둑들이 옷차림이나 말씨로 보아 그들이 당나라 사람들이란 것은 대강 짐작하였으나, 당나라 선인(船人)들이 왜 자기를 그렇게 잡아가는지는 똑똑히 몰랐다는 것이다. 그 뒤 그녀들은 강도(江都-지금의 江蘇省 揚州)에까지 끌려와서는 가격에 따라 이리저리 팔려서 흩어지고 말았다는 것이다.

그러자 장보고는 자기들이 일찍이 서주에 있을 때 — 그는 거기서 군중 소장이 되었다 — 진대인(陳大人) 집에 노복으로 팔려와 있던 박 서방이 생각났다. 그도 신라 사람으로 바다에 고기잡이를 나왔다가 동료들과 함께 당나라까지 해적들에게 끌려와서 노예로 각각이 팔리고 말았다는 것이다. 그때만 해도 그(장보고)는 그것을 지금과 같이 심각하게 생각하지는 않았다. 지극히 예외적인 사건이거니 했던 것이다. 그것이 지금 최옥을 보자, 그때의 박 서방의 일까지 다시 기억에 새로워지는 동시에, 어떻게 해서든지 이 도둑놈들을 잡아 없애지 않고서는 아니 되겠다는 분한 마음을 걷잡을 수 없었다.

장보고와 정년이 당나라로 들어온 지도 이미 십 년이 되었다. 그해 장보고가 서른 살이요, 정년이 스물아홉이었다. 그들은 본디 신라 나라 가마나루(釜浦) 사람들로 어릴 적부터 용력과 무예가 뛰어났을 뿐 아니라, 자맥질에도 특이한 기술을 가지고 있었다. 궁술과 기마에 있어 입신(入神)을 했다고 하는 장보고로서도 자맥질과 헤엄질에 있어서는 정년을 당하지 못했다. 정년이 물 속에 한번 잠기면 그가 다시 어느 위치에서 솟아오를지를 아무도 대중할 수 없었다고 한다. 그만큼 그는 물 속에서 오랫동안 빠른 속도로 먼 거리까지 헤쳐가는 것이었다. 아무리 깊고 사나운 물결이라도 그는 조금도 저어하는 일이 없이 떴다 잠겼다 하기가 자유자재였다. 창검에 있어서도 그들을 대적할 사람은 아무도 없었다(이것은 나중 당나라에 가서도 마찬가지였다).

그러나 그 당시 신라에서는 궁술로써 인재를 등용하지 않고 학문과 독서로써 사람을 뽑게 되어 있었다. 그렇다고 해서 무문(武門)이 전혀 없어진 것은 아니지만, 아무튼 원성왕(元聖王-제38대 왕) 사년에 〈독서 삼품과(讀書三品科)〉를 정하여 인재의 등용을 궁술 대신 경서로써 하게된 뒤부터 무문은 사실상 퇴폐 일로를 걷게 되었던 것이다. 가뜩이나 삼국 통일을 이룩한 이후로는 그렇지 않아도 무술이 낮잠을 자고 있는 판인데 사로(仕路)마저 문과로 바뀌게 되니, 그들과 같이 출천지용(出天之龍)과 아울러 청운의 대지(大志)를 타고난 사람들로서는 나라 안에서 뜻을 펼 길이 없었던 것이다. 더구나 그들과 같이 문벌도 별로 뚜렷하지 못한 사람들로서는 그 타고난 힘과 재주가 도리어 짐이 되고 화근이 되었으면 되었지, 그것으로 공명을 세워볼 길은 열려 있지 않았던 것이다.

하루는 장보고가 정년을 보고,

"자, 우리가 아무리 힘과 재주가 좋더라도 이대로 신라에 있다가는 별 수 없이 도둑이 되거나, 그렇지 않더라도 부랑자가 되게 마련일세. 차라리 당나라로 건너가 보는 것이 어떤가."

하고 그의 뜻을 물었던 것이다.

정년도 장보고의 그 말을 듣고 크게 기뻐하며 곧 떠나가자고 했던 것이다. 그때 장보고가 스물한 살이요, 정년이 스물이었다.

그들은 당나라로 건너오자, 곧 무과에 응시하여 기마, 궁술, 창검에서 각각 장원이 되었다. 당나라에서는 본래부터 신라 사람들의 무술을 높이 평가하고 있었지만 그들 두 사람의 용력과 무예에는 경탄하지 않는 사람이 없었다. 이리하여 곧 군문(軍門)에 발탁이 되었던 것이다.

그러나 그들은 말이 능통하지 못하고 또 지모가 깊지 못하다 하여 그들의 무용이 아무리 천하에 무쌍이라 하더라도 소장에서 더 높이 승진이 될 것 같지는 않았다. 본래 무지개와 같은 큰 뜻을 품고 당나라로 건너온 그들로서는 밤낮 군중 소장으로 날을 보내기란 여간 따분한 노릇이 아니었다.

"아니, 이거 밤낮 강적이나 지키면서 썩어가느니보다야 차라리 고국으로 돌아가서 부모 처자라도 기르는 편이 낫지 않는가."

하고 장보고는 술이 거나해지면 이렇게 탄식을 하곤 하였다.

그러나 그때 이미 당나라(양류촌)의 색시에게 단단히 맛을 들인 정년은,

"우리 같은 놈들이야 고국에 돌아간들 누가 알아나 줄 것이라고?"

하며 별로 고국에 돌아가고 싶어하지 않았다.

이런 일이 있은 지 얼마 뒤에 돌연히 신라 아가씨 최옥이 양류촌에 나타났던 것이다. 그것은 물론 정년이 양류촌 사람들에게, 〈당신들이 만약 장 장군을 기어이 이 마을에 붙잡아 두려거든 신라 색시를 하나 구해 오라〉고 귀띔을 해 주었기 때문이었던 것이다. 정년은 장보고가 근자에 와서 곧장 고국으로 돌아가고 싶어하고 있다는 것을 깨닫고 그가 가 버리면 혼자 남을 것이 싫어서 이렇게 일러 주었던 것이다.

그랬더니 장보고는 과연 정년이 미리 생각했던 바와 같이 신라 색시 최옥을 보자 바짝 열을 올리며, 일시적인 술 색시나 유녀(遊女)로서 그녀를 대우하지 않고 아주 장가든 아내같이 대하는 것이다. 정년은

혼자 속으로, 〈중이 고기 맛을 보면 빈대까지 잡아먹는다더니, 본래 고지식한 사람이 색시 맛을 한번 보면 저렇게 죽을 둥 살 둥 모르는 법이야.〉 하고 슬그머니 마음을 느꾸는 것이었다.

그러나 장보고를 이 양류촌에 오래 붙잡아 두려고 보처럼 비싸게 사 온 신라 색시 최옥이 도리어 그와는 반대의 결과를 가져오게 하였다.

하루는 장보고와 정년이 양류촌 부근에 있는 〈양화루(楊花樓)〉라는 다락에 올라 술을 나누고 있는데 돌연히 마을 사람이 달려와서 입에 거품을 물며,

"크, 큰일났쇠다. 워, 원치가 왔쇠다."
한다.

"아니, 날이 이렇게 환한데 웬 도둑이 벌써 온단 말인가?"

장보고가 묻는 말에, 사나이는,

"장군님들이 없는 틈을 탄 거입죠. 첨에 한 놈이 먼저 배에 내려서 마을로 들어온 걸 도둑인 줄 모르고 내버려 두었습죠. 그놈이 정탐을 다 해가서, 마침 두 분 장군님이 안 계신 줄을 알고 원치에게 일러 바쳤나 봐요. 큰일났쇠다. 빨리빨리 나오십쇼."

하고 자꾸 손짓을 한다. 빨리 일어서라는 신호다.

두 사람은 술자리에서 일어났다.

"몇 놈이나 되던가."

"글쎄, 그놈들이 대낮에 남의 눈을 속이고 슬그머니 덮치려고 여러 놈이 오지 않고 아주 쫑지만 빼어서 예닐곱 놈이 들이닥친 모양이오. 하긴 낮엔 장군님들이 안 계실 때가 많으니까 그 짬을 노린 것입죠."

사나이는 이렇게 말하며 사뭇 숨을 헐레벌떡인다.

두 사람이 다락에서 내려왔을 때에는 이미 주막거리에 불길이 오르고 있었다.

"저것 보십쇼. 에구, 큰일났쇠다."

사나이는 연방 손가락질을 하며 그들의 뒤를 따르느라고 죽을 판 살 판 뛰었다.
　그들이 말을 달려서 마을로 들어왔을 때엔 도둑들이 이미 선창가로 물러간 뒤였다. 연기와 불길과 아우성 속에서 주막집 할머니가 뛰어나오며,
　"오오, 대장님 큰일났쇠다, 색시, 신라 색시, 그놈들이 끌어갔쇠다. 지금 막 선창가로 끌어가고 있쇠다. 저기저기……."
하고 선창가를 가리킨다.
　장보고와 정년은 선창가를 향해 말머리를 돌렸다. 그들이 주막거리를 빠져나왔을 때 과연 선창가엔 낯선 배 한 척이 대여 있고, 도둑들이 짐과 여자를 끌고 가는 것이 보였다. 그러나 그들이 말에 채찍을 주어가며 선창가에 닿았을 때에는 도둑들이 막 여인과 짐을 다 배에 던지고 닻을 올린 뒤였다. 그때 한 걸음 앞에 섰던 장보고가 먼저 말에서 뛰어내리자 선창에 달려가 배에 뛰어올랐다. 그러나 그보다 한 걸음 뒤떨어져 오던 정년이 말에서 뛰어내렸을 때에는 배는 이미 머리를 돌려 버린 뒤였다.
　"이놈들아, 배를 대어라."
하고, 정년이 높은 소리로 호통을 쳤으나 도둑들은 들은 체도 하지 않았다.
　먼저 배에 오른 장보고는 칼 자루에 손을 댄 채,
　"나는 주둔군 소장이다. 여자와 재물을 돌려라."
하고 한 번 위엄을 뽑아 보았다.
　그러자 코 밑에 검은 수염을 달고 어깨가 쩍 벌어진, 두목같이 보이는 놈이 앞에 쑥 나서며,
　"먼젓번에는 밤이 돼서 네 얼굴을 잘못 보았다. 그래서 오늘 대낮에 왔다. 나는 진강 장군(鎭江將軍) 원치다. 잘 보았거든 이제 돌아서거라."

하고 입가에 쓴 웃음을 지어 보인다.

"배를 선창에 대어라."

"그럴 건 없다. 네가 신라 사람이라 하니 여기 있는 신라 색시만 돌려주마. 어떠냐. 그래도 싫으냐?"

도둑의 입가에는 조소인지 고소인지 분간할 수 없는 야릇한 웃음이 떠올랐다.

"……."

장보고의 두 눈에는 불길이 활활 타오르는 듯하였다. 그의 입가에는 경련이 일어나고 있었다. 다음 순간 그의 입에서도,

"네 머리도 가져가야 되겠다."

하는 말이 약간 떨려 나왔다.

"그렇다면 재미 적은데……."

두목은 이렇게 말하며 좌우를 돌아다보았다. 그와 동시 칼을 빼어 들고 있던 다른 도둑 넷이 한꺼번에 앞으로 발을 내어딛기 시작하였다. 순간 장보고의 칼이 한 번 번쩍 하더니, 어느덧 젊은 도둑의 바른편 손목이 칼과 함께 떨어져 버린다. 두 번째 또 칼이 번쩍 하자 또 한 도둑의 팔이 떨어져 버렸다.

남은 도둑들은 겁을 집어 먹은 채 뒤로 비슬비슬 물러서 버렸다.

뒤에 서서 그것을 바라보고 있던 두목 원치는 눈을 찌푸린 채 또 한번 입가에 야릇한 웃음을 띠어 보인다. 딴은 신기하다는 듯한 표정이다.

"너도 손놀림은 빠르다마는 나한테 걸리기를 잘못했다."

두목은 이렇게 말하며 천천히 동편(銅鞭)을 끄집어낸다. 창과 칼을 다 막을 수 있는 구절 동편(九折銅鞭)이란 흉기다.

일찍이 무예에 신통을 했다는 장보고이지만 좀 특이한 무기이니만큼 약간 켕기는 마음이 전혀 들지 않는 것도 아니었다.

"그런 장난질은 그만 두고 빨리 배를 갖다 대어라."

"흥, 배를 갖다대라고?"

두목은 또 먼저와 같이 눈을 찌그덩 하며 야릇한 웃음을 한 번 지어 보이더니 동편을 휘휘 내두르기 시작하였다. 아홉 군데나 마디가 접어지는 특수한 무기가 되어서 칼이나 창을 상대하기보다 여간 힘들지 않았다. 한머리 배는 선창에서 점점 멀어져가기 시작하였다.

선창가에 서 있는 정년이 발을 구르며 소리를 질렀다.

"이놈들아, 이 강적 놈들아, 배를 갖다 대어라."

정년이 이렇게 소리를 지르며 주먹만한 돌맹이 하나를 주워서 배를 보고 던졌다. 돌맹이는 공교롭게도 두목이 두르는 동편에 맞아서 최옥의 발등 곁에 떨어졌다. 색시가 질겁을 하고 소리를 질렀다.

"들어가, 저 안으로 들어가면 돌도 안 맞고 동편도 피할 수 있어."

하고, 다른 도둑이 최옥의 팔을 잡아 끌었다. 최옥은 그쪽으로 끌려들어가지 않으려고 뱃전을 잡고 늘어진다. 그렇게 두 사람이 후다닥거리며 실랑이질을 하다가 잘못하여 최옥이 그만 강물 위로 푸덩덩 떨어지고 말았다.

보고 있던 사람들이 모두 〈와아〉 하고 소리를 질렀다.

이것을 본 정년이 곧 옷을 벗더니 칼 자루만 들고 강물로 뛰어들었다.

배에서는 두목의 동편이 점점 더 장보고의 칼을 침범하여 들어오고 있었다. 동편의 끝마디를 막아내지 못하면 칼은 위험해지는 것이다. 끝마디가 지나서 두 마디째가 칼을 침범하려 하고 있을 즈음 물속으로 헤엄질하여 온 정년이 어느덧 한쪽 손으로 뱃전을 붙잡으며 몸을 솟구쳤다. 그와 동시 정년의 바른편 손에 들려 있던 칼 끝이 어느덧 원치의 정강 마루께를 찔렀다. 원치의 다리에는 삽시에 피가 벌겋게 번져 나기 시작하고 있었다. 그는 핏발 선 눈으로 정년 쪽을 한

번 흘깃 보더니 손에 들었던 동편을 장보고 앞에 던져 버렸다.
"비겁한 놈."
원치는 정년에게 이렇게 욕을 하면서 너희들 맘대로 하라는 듯이 다리를 쩔뚝거리며 선실로 들어가 버렸다.
"인제 최옥을 찾아봐야지."
정년은 이렇게 말하자 칼을 장보고에게 맡기고 나서 곧 강물 속으로 뛰어들었다. 그러나 흐르는 강물에 사람이 그냥 있을 리 없었다. 그는 강물을 따라 흘러내려가며 몇 번이나 물 위로 솟아올랐다 내려갔다 하였다.

정년이 물 속으로 들어가고 장보고가 혼자 있는 것을 보자 원치는 어떻게 생각했던지 이번에는 칼을 들고 다시 장보고에게 달려들었다. 한번 적의 발 앞에 던진 무기를 도로 집을 수는 없었던 모양이다. 어쨌든 장보고는 그가 다시 동편을 들고 나오지 않는 것만 다행이라 생각하였다.

"내, 네놈을 살려 보내려 했지만 저놈의 소행이 괘씸해서 그대로 돌려보낼 수가 없구나."

원치는 이렇게 말하자 다짜고짜로 칼을 휘두르며 달려들었다. 칼을 가지고 싸우는 판에는 귀신이 대들어도 겁나지 않는 장보고였다. 칼이 세 번 부딪칠 동안 장보고는 그의 손목이나 팔을 떨어뜨릴 기회가 두 번이나 있었지만 그것을 취하지 않았다. 한번 손목이나 팔을 떨어뜨린 뒤에 다시 목을 치기는 거북했기 때문이었다. 원치의 얼굴과 목과 가슴에는 땀이 비지같이 흘렀다. 다시 두 번 세 번 부딪쳤을 때 장보고의 칼은 드디어 원치의 목과 어깨를 엇비슷이 베어 내려 버렸다. 펑펑 솟는 붉은 피가 배 안에 흥건해졌다.

장보고는 자기 칼을 칼집에 꽂고 정년의 칼을 한 손에 잡은 채, 팔이 성한 다른 도둑들에게,

"너희들 무기를 모두 이리 가져오너라."
하고 명령했다.

남은 도둑 셋은 묵묵히 자기들의 칼을 가지고 나와서 그의 앞에 꿇어 앉았다.

장보고는 그들의 무기를 모두 한쪽에다 모은 뒤 그 중 한 놈에게 명령하여 배를 젓게 하였다. 그리하여 정년이 물 속에 잠겼다 올라왔다 하는 방향으로 배를 흘리게 하였다.

선창 쪽에는 백여 명 되는 사람들이 모두 이쪽을 가리키며 야단법석이었다. 아마 장보고의 무예와 정년의 자맥질을 찬양하는 모양이었다.

정년은 그 깊은 강물을 마음대로 올라왔다 내려갔다 마치 평지에서 노는 듯하였다.

"무슨 사람이 저럴까."

도둑들도 정년의 자맥질엔 넋이 빠진 듯 멍하니 바라다만 보고 있을 뿐이었다. 바로 그때다.

"아아, 저기, 저 여자가!"

하고 장보고가 손가락질을 했다. 정년이 있는 데서 한 열 걸음 더 아래쪽에 최옥의 몸이 푹 솟아올랐던 것이다. 그러자 정년이 쏜살같이 물결을 차고 내려갔다. 그러나 정년이 미처 닿기 전에 여자의 몸뚱이는 다시 물 속으로 푹 들어가 버렸다. 그러자 정년도 곧 물 속으로 잠겨 버렸다. 그리하여 한참 있더니 또다시 여자의 몸이 푹 솟아올랐다. 다음 순간 정년의 얼굴이 물 위로 솟았다. 그리고 그의 한쪽 손에는 여인의 머리채가 쥐어져 있었다.

배를 갖다 대자 정년이 한쪽 손으로 뱃전을 잡았다.

"아가씨를 붙잡아."

장보고가 도둑에게 소리쳤다.

도둑이 여인을 붙잡고 있는 동안 정년이 먼저 배에 오르더니 도둑의 손에서 최옥을 받아서 끌어올렸다. 배는 다시 양류촌 선창에 대었다. 군중들은 너무나 감격한 나머지 만세를 불렀다.

장보고는 남은 도둑들에게,

"오늘은 특별히 목숨을 붙여서 돌려보내지만 한 번만 더 이 마을에 나타나기만 하면 그때는 마지막이다."」

하고 엄중히 타일러서 돌려보냈다.

그러나 장보고를 위하여 한 가지 섭섭한 일은 최옥이 그 길로 다시 깨어나지 못한 것이다. 그는 동네 사람과 더불어 그녀를 양류촌 뒷산에 묻고는 무덤 앞에 조그만 비석까지 세워 주었다. 비명에는 〈신라여 최옥지묘(新羅女崔玉之墓)〉라 하였다.

최옥이 죽은 뒤부터 장보고는 고국을 그리는 마음이 더욱 간절해졌다. 하루는 정년을 보고,

"우리가 하늘에서 받은 용력과 무예를 천하에 시험코자 이곳까지 건너왔다. 그러나 우리의 관위는 군중 소장에 머무른 채 기껏해야 도둑 잡기가 직책이다. 이럴 바에야 차라리 고국에 돌아가 해적들로부터 나라 사람이나 지키는 편이 낫지 않을까 생각하네. 자네 생각은 어떤고?"

하고 물었다.

그러나 정년은 역시 돌아가기가 싫은 모양으로,

"우리가 신라로 돌아간들 대장을 줄 것인가, 병부령(兵部令)을 줄 것인가. 푸대접받기는 마찬가지라면 차라리 이곳에 눌러 있느니만 같지 못하지 않나, 더구나 이 양류촌에서는 우리를 하늘같이 우러러보고 믿어 주는데……."

하였다.

"이왕 원대로 공명을 세우지 못할 판이라면 뜻있는 일이라도 하는 편이 차라리 낫지 않는가. 같이 왔으니 같이 돌아가는 것이 어떤가? 나와 자네의 형제와 다름없는 우의로 보아서라도……."

"뜻 있는 일이라면 여기서 강적을 잡는 것도 뜻 있는 일이 아닌가?"
"그렇지만 원치는 우리가 이미 잡지 않았는가. 당분간 이 마을엔 도둑이 붙지 못할 걸세. 그리고 타국 해적으로부터 고국 사람을 지킨다는 것은 더욱 장부로서 해볼 만한 일일세."
"그렇다면 자네 먼저 떠나게, 나는 여기서 좀 더 대세를 관망하고 있겠네."
정년은 끝내 거절을 했다.
장보고는 하는 수 없이 정년을 남겨 두고 혼자 신라로 돌아오게 되었다. 그것은 신라 흥덕왕(興德王-제42대 왕) 이년 사월이었다. 그는 바로 조정으로 들어가 그가 당나라에서 겪은 일을 모조리 이야기하고, 특히 서주에서 본 신라 사람 박 서방과 양류촌에서 만난 최옥에 대하여 자세히 아뢴 뒤,
"제가 우연히 만난 사람이 둘뿐이지, 이 밖에도 얼마나 많은 양민들이 해적들에 의하여 남의 나라 노비로 끌려가고 있는지 이로 다 헤아릴 수 없나이다. 아뢰옵기는 저에게 병졸 일천 명만 주신다면 앞으로는 기필코 이런 일이 없도록 하겠나이다."
하였다. 그의 보고를 들은 왕과 신하들은 하나도 감동하지 않는 이가 없었다.
시중(侍中) 김우징(金祐徵)이,
"장 소장(張小將)의 의견이 타당한 줄 아나이다."
하고 입을 떼자 다른 신하들은 모두 이에 찬동하였다.
이에 왕은 그의 소청을 들어 그에게 병졸 일천을 주어 청해(靑海-지금의 완도)를 진수케 하였다. 그리하여 그가 한번 청해진 대사(靑海鎭大使)로 임명된 뒤부터는 신라 근해에 해적이 출몰치 못하게 되었다.

〈주〉

독서삼품과 — 상품, 중품, 하품
상품은 「춘추좌씨전」 「예기」 「문선」 「논어」 「효경」에 능통한 자.
중품은 「곡예」 「효경」 「논어」의 완독자.
하품은 「곡예」 「효경」의 완독자.
초탁(초탁)은 〈오경〉 〈삼사〉 〈제자백가〉에 박통한 자.

---

*(출)『김동리 역사소설』, 지소림, 1977.

양화(良禾)

　신무왕(神武王-신라 제45대 왕)은 사월에 즉위하여 칠월에 승하하시었다. 태자 경응(慶膺)이 보위를 이으니 그가 곧 문성왕(文聖王-신라 제46대 왕)이다.
　문성왕은 왕위에 오르자 즉시로 청해진 대사(靑海鎭大使) 장보고(張保皐) ― 혹은 장궁복(張弓福) 또는 장궁파(張弓巴)라고도 했다 ― 를 진해장군(鎭海將軍)으로 삼고, 또 장복(章服-공신에게 주는 특이한 문양의 의복)을 내리시었다.
　그 교서에 말하기를, 〈청해진 대사 장보고는 일찍이 병력으로 성고(聖考-문성왕의 아버지 신무왕을 가리킴)를 도와 선조(先祖)의 거적(巨賊-閔哀王 金明)을 멸했으니 그 공을 어찌 잊으리오〉 하였다.
　그것은 물론 당연한 말이다. 그의 부왕 우징(祐徵)이 불구대천지 원수 김명을 물리치고 왕위에 오르게 된 데는 물론 김양(金陽)의 공도 크고, 예징(禮徵)의 도움도 있었다 하겠지만, 현실적으로 보아서는 무엇보다도 먼저 장보고의 덕택이라 해야 할 것이다. 당장 청해진이 아니라면, 그들(김우징, 예징, 김양 등)은 아무 데도 발붙일 곳이 없었던 것이다. 그들은 장보고의 은덕으로 생명을 잃지 않았을 뿐만 아니라 그의 힘으로 원수를 무찌르고 왕위를 돌이켜 찾은 것이다. 따라서 그의 공로나 은혜로 헤아린다면 각간(角干)과 상대등(上大等)을 준대도 아깝지 않아야 할 것이다. 그러나 그는 서민 출신이었다. 따라서 진골이 아닌 그에게 아찬(阿飡) 이상의 관위와 중직을 줄 수는 없게 되어 있었다.

문성왕이 즉위하는 즉시로 그에게 〈진해 장군〉과 장복을 내린 것만 해도 그만하면 놀랍게 의리를 밝혀 주는 셈이 되었다. 적어도 그의 측근자들인 같은 진골 출신의 조신들의 눈에는 그렇게 보였다.

그러나 당자(當者)들인 문성왕 자신이나 장보고에게 있어서는 그것으로 해결되지 않는 더 중대한 언약이 있었다. 그것은 장보고의 어여쁜 딸 양화(良禾)를 왕비로 맞이해 와야 할 일이었다. 언약도 언약이려니와 의리로 보아서도 그렇게 함직한 일이었다. 의리도 의리려니와 정으로 보아서는 더욱 그렇게 되어야 할 일이었다. 문성왕의 눈에는 지금도 그녀의 아리따운 모습이 아른아른 보이는 듯했다.

경응이 그의 아버지 우징을 따라 청해진으로 들어간 것은 그의 나이 열여덟 살 나던 해였다. 그때 양화의 나이는 열여섯이었다. 복사꽃은 붉고 버들가지는 푸르게 늘어진 봄 밤이었다. 하늘에는 달이 떠 있고 바닷바람은 처녀의 숨결같이 부드럽게 불어왔다.

경응은 이 부드러운 바람을 마음껏 들이마시며 청해정(靑海亭)을 향해 홀로 발을 옮기고 있었다. 청해정은 성의 동남쪽 언덕 위에 서 있는 조그만 정자로, 뒤에는 수풀이 우거져 있거 언덕 아래서는 푸른 물결이 언제나 바위에 부딪혀 하얗게 부서지고 있었다. 갑자기 서울을 떠나 이 외로운 섬으로 흘러온 경응은, 서울에 두고 온 화려한 집과 그리운 동무들을 생각하며 자주 이 청해정으로 나와 먼 바다를 바라보는 것이 이제 와서는 그의 유일한 위안이요, 큰 즐거움이었다. 그날 밤도 그는 정자가 있는 곳까지 나와 달빛에 어린 먼 바다를 바라보며 서울을 생각하고 있었다. 갈매기들은 갤갤 하는 야릇한 울음 소리를 내며 그의 발 아래까지 날아왔다간 되돌아가곤 하였다.

"갈매기야, 갈매기야."

그는 자기도 모르게 한숨 섞인 목소리로 이렇게 갈매기를 불러 보았다. 저 뿌옇게 달빛 어린 바다 위로 마음대로 훨훨 날아다니는 갈매기들은 얼마나 좋으랴 싶었다. 그와 동시 그의 두 눈에는 어느덧 눈물이 가득히 고였다.

"갈매기야, 갈매기야."

그는 또 한 번 목멘 소리로 갈매기를 불러 보았다.

바로 그때였다. 그의 뒤에서 도란도란하는 사람 소리가 들려왔다. 그는 돌아다보았다. 그러자 저쪽 동백나무 수풀이 있는 비탈길에서 말을 타고 오는 사람들이 두셋 보였다.

'이 밤에 말을 타고 정자로 찾아오는 사람이 누구란 말이냐.'

그는 적이 궁금한 눈으로 그들을 물끄러미 바라보고 있었다. 인마(人馬)는 정자가 있는 쪽으로 점점 가까이 다가왔다. 가까이 다가옴에 따라 말 위에 앉은 두 사람이 어린 소년 무사들이란 것도 알려졌다. 나이 한 열예닐곱 살밖에 더 되어 보이지 않는 얼굴이 몹시도 희고 아리따운 소년들이었다.

'이런 섬에도 저렇게 아리따운 소년 무사들이 있을까, 흡사 서울의 꽃선(花郎)들 같다.'

그는 혼자 이런 생각을 하며 다시 바다로 고개를 돌려 버렸다.

소년들은 말 위에 앉은 채 한참 동안 정자 앞에 우두커니 서 있더니 웬 까닭인지 경응의 곁으로는 가까이 오지 않고 그대로 말머리를 돌려 다시 오던 길로 돌아가 버렸다.

　경응은 자기 쪽에서 소리를 질러 그들을 불러 보고도 싶었으나 모르는 소년들이요, 또 별로 할 말도 없었기 때문에 그냥 버려두었다.

　이튿날 밤에도 경응은 같은 자리에서 역시 어젯밤에 본 그 아리따운 소년들과 만나게 되었다. 소년들은 역시 말 위에 앉은 채 어젯밤보다는 그의 곁으로 가까이 다가와 그들도 함께 달빛 어린 바다를 한참 동안 바라보고 있었다.

　경응이 자기의 바로 곁에까지 말을 몰아와 있는 낯선 소년들에게,
"그대들은 누구인데 이 밤에 말을 몰아 이까지 왔소?"
하고 먼저 말을 건넸다.

　그러자 두 소년은 말 위에서 서로 건너다보며 눈짓으로 묻고 대답을 하더니 그 가운데 한 소년이,
"우리는 이 섬에서 장장군(張將軍-保皐)을 모시고 있는 무사들이오."
하고 대답하고 나서 다시,
"임자는 누구이기에 밤마다 이곳에 나와 있는지?"
하고 반문하였다.

　"나는 김경응, 김우징 대아찬의 아들이오."

　경응이 이렇게 대답하자 소년은 깜짝 놀라며,
"아아, 그러시다면 진작 알아뵙지 못해서 죄송합니다. 용서해 주십시오. 대아찬께서 이 섬에 오신 것은 저희들도 잘 알고 있습니다."

　이렇게 말하고 나서 소년은 그의 동행인 다른 소년의 얼굴을 돌아다보았다. 그때 그쪽 소년은 얼굴에 수줍어하는 듯한 웃음을 띠며 말하던 소년을 마주 바라보았다. 그때 그 소년의 그 희고 가느다란 이빨과 복숭아 같은 두 볼은 일찍이 서울서도 보지 못한 아리따운 모습이었다. 소년은 무슨 말을 할 듯하다가 말고 그냥 고개만 소곳해 보인 채 말머리를 돌려 버렸다.

그런지 한 보름 지난 뒤였다. 청해진 대사의 생일 잔치가 있던 날, 경응은 그의 아버지와 함께 초청을 받게 되었다. 잔치에 모인 사람들은 물론 대부분이 이 섬에서 장보고를 돕고 있는 그의 수하 무사들이었지만, 이번에 김우징과 함께 서울서 망명하여 온 김씨 일가들도 거의 다 참석하여 있었다.

주객이 다 함께 술과 음악에 취했을 때, 주인공의 분부에 의하여 그의 영애 양화가 나와 춤을 보여 주게 되었다. 소매 긴 무의(舞衣)에 수실 달린 칼을 들고 나와 검무를 추는 양화의 어여쁜 모습은 보는 사람들로 하여금 감탄을 금치 못하게 하였다. 가운데서도 더욱 두 눈이 휘둥그레지도록 놀란 사람은 대아찬 김우징의 아들 김경응이었다. 지금 주인공의 따님으로 나와 검무를 추는 아가씨가 바로 보름 전에 청해정 앞에서 보던 그날 밤의 소년 무사 — 수줍은 듯한 웃음을 띠며 무슨 말을 하려다 말고 그냥 말머리를 돌려 버리던 — 였기 때문이었다.

'그럼 그렇겠지, 아무렴, 남자가 그렇게 어여쁠 수가 있었을라고.'
경응은 혼자 속으로 이렇게 감탄을 하며 대담한 시선을 그녀에게 보냈다. 소녀도 그의 시선을 알아챘었는지 이따금씩 남의 눈에 띄지 않도록 슬쩍슬쩍 시선을 던져 주곤 하였다. 춤이 끝나고 다시 술잔이 돌아가기 시작했을 때 경응은 슬쩍 자리를 피하여 그녀의 곁으로 갔다.

"양화랑, 이 몸 알아보실는지?"
경응이 먼저 이렇게 말을 건네자 양화는 이내 생긋이 웃음을 띠며,
"그날 밤엔 참 달이 밝았어요."
하고 간접적인 대답을 했다.
"춤은 참으로 훌륭했소이다마는 이왕이면 남장이 더욱 어울릴 뻔했소이다."
하고 경응도 그날 밤의 그녀의 남장을 생각하며 이렇게 끌어다 말하니 양화는 또,

"그렇지 않아도 아버님께서는 저의 남장을 좋아하시지만 서울 어른님들 앞이 돼서……."
하고 말끝을 흐려 버렸다.

그날 밤부터 그들은 친구가 되었다. 그러나 이내 그것은 사랑으로 변했다. 그들은 밤마다 청해정을 찾아가 혹은 동백나무 수풀 속에서, 혹은 언덕 끝에서 푸른 물결을 바라보며 사랑을 속삭이는 사이가 되었다.

한 사람은 바다의 왕자로 그 이름이 해외에까지 떨치고 있는 청해진 대사의 사랑하는 딸이요, 한 사람은 비록 망명중이라고는 하나 신라 왕실에서도 첫손가락을 꼽는 상대등(上大等─悌隆, 慶膺의 祖父) 집의 귀공자다.

가장 모든 사람의 주목을 끄는 두 사람의 사랑이 오랫동안 비밀 속에 묻혀 있을 수는 없었다. 당사자들도 그것을 구태여 감추려고 하지 않았다.

이리하여 그들의 사랑은 드디어 그들의 어버이들의 승인을 재촉하게 되었다. 장보고는 술상을 차려 놓고 김우징 대아찬을 초청한 뒤, 양가 자녀들의 교유에 대하여 의견을 교환코자 하였다. 김우징의 의사 여하에 따라서 딸의 교유를 제한해야 하리라고 그는 생각했던 것이다.

이에 김우징은 서슴지 않고

"나는 대사가 아니더면 지금은 이미 생명도 잃었을 사람이 아니오. 앞으로 대사의 힘을 빌려 내가 원수를 치고 다시 서울로 돌아간다면 나는 기쁘게 영애를 나의 며느리로 맞이하려 하오."

이렇게 대답했던 것이다.

"그러시다면 소관으로서는 다시 없는 영광이로소이다."
하고 장보고도 만족한 얼굴이었다.

그 뒤부터 경응과 양화는 머지않아 부부될 날이 올 것을 믿으며 모든 것을 서로 허락하는 사이가 되어 버렸다.

두 해가 지난 뒤 김우징은 과연 청해진 대사의 막대한 병력과 군량을 빌려서 김양 장군과 함께 손을 잡고 불구대천지 원수이던 김명을 쳐서 서울을 빼앗고 왕위에 오르게 되었다. 그러나 그는 불행히도 왕위에 오른 지 넉 달 만에 세상을 떠나고 말았다. 그러자니까 그동안에는 청해진에 두고 온 감의 군사(感義軍使 — 靑海鎭大使 — 김우징이 왕위에 오르면서 이렇게 개봉했다.) 장보고의 딸 양화랑과의 혼담을 운위할 겨를도 없었던 것이다.

신무왕이 세상을 뜨시자 그의 태자이신 경응이 곧 왕위에 오른 것은 위에서 이미 이야기한 바이다. 그러나 그도 정작 왕위에 오르고 나니 모든 것이 뜻대로 돌아가지 않았다. 한 나라의 주인이라고는 하나 주인이기 때문에 사삿사람같이 자유스러울 수가 없었다. 왕은 자기의 고모부인 동시에 상대등으로 있는 김예징을 불러서 이 일을 의논해 보았다. 김예징은 그들과 함께 청해진까지 가서 고생을 하다가 돌아온 사람이니만큼 당시의 사정을 잘 알아 주리라 믿었기 때문이었다. 그러나 김예징은 즉석에서 그것을 말렸다.

"비록 그에게서 은의를 입었다 하나 일국의 대권을 돌이킨 이제 다른 길로써 그것을 갚을지언정 의전에 없는 일을 할 수는 없는 줄 아뢰오."

하였다. 그가 말하는 〈의전에 없는 일〉이란 왕비는 반드시 같은 왕족에서 맞아들여야 하는데 장보고는 그것이 아님을 가리키는 뜻이었다.

"그러나 성고(聖考-김우징)께서도 언약을 주신 바인데……."

"그것은 인신(人臣)의 몸으로 맺으신 언약이오, 지금은 인신의 몸이 아니니 언약대로 지킬 수 없는 줄 아뢰오."

김예징이 이미 이렇게 나올 때야 그들과 함께 청해 구경도 하니 않은 다른 조신들의 의견은 들어볼 여지조차 없는 일이었다. 뜻 같아서는 조신들의 모든 반대를 물리치고라도 당장 그녀를 맞아오고 싶었지만 일만 백성이 우러러보는 자리에 앉아서 스스로 나라를 어지럽게 할 수는 없는 노릇이었다.

　상대등 김예징과 시중 김의종(金義琮)은 기회 있을 적마다 왕을 배알하고는 진골 가운데서 왕비를 맞이하도록 충간하였으나 왕은 번번이 고개를 내두를 뿐이었다. 이리하여 왕은 남 모를 슬픔과 괴로움 속에서 삼 년이란 세월을 외롭게 흘려보냈다.

　즉위한 지 사 년째 되던 해 그는 조신들의 충간을 더 이상 물리치지 못하여 이찬(伊飡) 위흔(魏昕)의 딸을 왕비로 맞이해 들였다.

　새로이 비를 맞아들인 뒤에도 왕의 얼굴은 조금도 명랑해지지 않았다. 그의 슬픔과 괴로움은 변함이 없었다. 그렇게도 그는 아직 양화랑을 잊지 못했다.

　또다시 삼 년이 지났다. 왕이 즉위한 지 칠 년째 되던 해였다. 그는 다시 상대등 김예징을 불러들여서 진해 장군(鎭海將軍 ― 感義軍使에서 또다시 이렇게 개봉되었다.) 장보고의 딸 양화랑을 차비(次妃)로 맞아들일 것을 의논하였다.

　그러나 상대등은 이번에도 역시 찬성을 하지 않았다.

　"차비님도 역시 진골 가운데서 맞아들여야 할 줄 아뢰오. 더욱이 진해 장군으로 말하면 강대한 병력을 사사로이 가지고 있으므로 그에게 만약 국혼(國婚)이 허락된다면 나라의 안위가 다시 흔들리게 되리라고 여러 조신들은 경계를 하고 있는 줄 아뢰오."

　"그렇지만 먼저 내가 비를 맞아들일 때 진해 장군에게 다시 기별하기를 전날의 양화랑은 차비로 맞이하겠노라고 일러 두었는데 이것마저 지키지 않는다면 그가 나를 어떻게 볼 것이며, 또 나에 대한 그의 은의는 어찌한단 말이오."

　"황공하오나 신의 생각으로는 불가능한 일인 줄 아뢰오."

　상대등은 끝내 불가능한 일이라고만 주장하였다.

　그 뒤에도 왕은 양순(良順), 시중 김여(金茹) 등을 불러들여 그들의 협력을 구하려 하였으나 아무도 그의 뜻에 찬동하는 신하가 없었다. 그들은 모두 자기 자신들이 진골 출신들이었기 때문에 진골의 지위나 권위에 저촉되는 일엔 모두가 반대였다. 뿐만 아니라 상대등이 말한 것처럼 진해 장군 장보고의 군사적 실력을 두려워하는 그들은 국혼의 결과로써 돌아갈 그의 비중을 미리 경계하고 있었다.

그러자 청해진에 있는 장보고가 이 문제에 대하여 원한을 품고 나라에 반기를 들었다는 소식이 들려왔다. 이 소식을 들은 조신들은 누구나 다 벌벌 떨지 않는 사람이 없었다.

이때 장사 염장(閻長)이 시중 김여를 찾아가 계책을 수군거렸다. 김여는 맘속으로 밑져야 본전이라는 생각으로 그의 의견을 채택해 보기로 하였다.

한편 청해진에 있는 장보고는 왕이 언약을 지키지 않고 자기의 딸을 데려가지 않는 데 대하여 몹시 분개하고 있었다. 왕이 어필로써 그 경위를 밝히고 부득이 비를 진골 가운데서 맞이하지 않을 수 없게 되었으니 그 대신 양화랑은 차비로 삼겠다는 것을 알려 주었을 때만 해도 그는 왕의 고충을 양해할 수 있었다. 그러나 차비를 삼는다는 데도 조신들이 일제히 반대를 하여 왕이 이것마저 이행하지 못한다고 들었을 때는 분함을 참을 수 없었다. 그는 이를 뿌드득 갈며,

"조정의 이 쥐새끼 같은 신하 놈들을 모조리 갈아 죽여버리겠다."
하고 그의 무거운 결의를 표명하였다.

그렇게 분을 이기지 못하고 있을 때였다. 하루는 염장이 거지꼴을 하고 털럭털럭 섬으로 돌아왔다. 염장으로 말하면 일찍이 자기에게서 무예를 배운 자기의 직계 장사로서 수많은 장수들 가운데서도 정년(鄭年)과 더불어 가장 무예에 뛰어나 있었기 때문에 김명을 치려고 할 때도 정년과 그를 뽑아 김양군(金陽軍)에 붙여 보냈던 것이다. 그러나 김우징이 성공을 하여 왕위에 오르자 덕분으로 그는 서울에 머물

러 벼슬을 얻어 하고 섬으로 돌아오려 하지는 않았다. 하기야 누구든지 좋은 직위를 준다면 다 서울에서 살고 싶어하지 갑갑한 섬에 돌아오기를 좋아하랴 하여 장보고도 그때는 관대히 보아 주었던 것이다.

그러나 그 뒤에 들려오는 소문에 의하면 청해진에서 뽑히어 들어간 그들마저 조신들의 눈치나 슬슬 보며 옛날 주인(장보고)을 위해서는 유리한 말 한 마디를 감히 하지 못한다는 것이었다. 더욱이 양화랑을 차비로 맞이하는 일에 대해서도 그들은 오히려 반대하는 사람들의 편이었다는 것이다.

장보고는 염장을 보자 두 눈에 불을 번쩍이며,

"어째서 여길 찾아왔느냐?"

하고 물었다.

염장은 뜰 아래 꿇어 엎드린 채,

"이놈의 억울한 이야기부터 들어주십시오."

하였다. 그러나 장보고는 그의 변명도 듣기 싫다는 듯이,

"내, 네 소문은 다 들었다. 은의를 모르는 놈은 사람이 아니고 개다. 저놈을 묶어서 개 우리에 넣어라."

하고 호통을 쳤다.

그때 그의 곁에 있던 막장(幕將) 한 사람이 그래도 옛날 우의를 잊지 못하는지,

"이왕 장군님의 은혜를 믿고 돌아온 놈이니 일단 그의 사정이나 들어보시고 처단해도 늦지 않을 줄 압니다."

하고 애원하자, 다른 막장들도 모두 그렇게 말했다.

"그렇다면……."

하고 장보고도 일단 염장의 말을 들어보기로 하였다.

"저희들은 김양 장군과 함께 김명군(金明軍)을 치고 서울에 들어가자 김우징 대아찬이 저희들더러 진해 장군에게는 자기가 미리 양해를 받

아 두었으니 계속해서 그대로 서울에 머물러 달라고 하셨사옵니다. 그때는 대아찬께서도 청해진에서 들어간 군사들밖에는 의지할 데가 없었기 때문이옵니다. 비록 김명과 그 일당이 쫓겨났다고는 하나 삼 년 동안이나 뿌리를 박고 있었으니만큼 언제 어디서 어떠한 반란군이 일어날는지 몰랐사옵니다. 그래서 저희들도 이왕이면 김우징 대아찬께서(그때는 이미 왕위에 오른 뒤였사옵니다마는) 확고한 지반을 닦을 때까지 그냥 머물러 있었사옵니다. 그랬더니 불행히도 대아찬께서 즉위한 지 넉 달 만에 돌아가시고 태자님께서 왕위에 올랐사옵니다. 그렇게 되자 저희들은 또다시 신왕의 지반이 굳어질 때까지 충의를 지켜 드려야 하게 되었사옵니다. 그것이 곧 장군님께 충의를 다하는 길이라고 저희들은 믿고 있었사옵니다. 그것은 신왕께서도 그렇게 말씀하셨을 뿐 아니라 저희들도 그렇게 짐작되는 바가 있었사옵니다."

여기서 염장은 잠깐 쉬었다가 다시 계속하였다.

"그것은 다름이 아니오라 문성왕께서 청해진에 계실 때 낭자(娘子—良禾娘)님과 가약을 맺으신 일이 있었삽기 때문에 낭자님께서도 머지 않아 서울로 올라오시게 되리라고 믿어졌기 때문이었사옵니다. 그렇게 되면 저희들이 청해진에 있으나, 서울에 있으나 장군님을 돕기는 마찬가지라고 믿었사옵니다. 그랬는데 뜻밖에도 조정에서는 진골 문제가 일어나서 문성왕께서는 전날의 언약을 이행하지 못하시고 앙앙불락하시게 되었사옵니다. 조신들의 전부가 반대를 하니 나라님께서 다소나마 의지를 하실 데가 저희들밖에 없었사옵니다. 그러나 저희들이 정면으로 조신들과 충돌을 했다가는 일이 너무 크게 벌어질 것 같아서 속으로는 절통하게 생각하나 겉으로는 관심도 없는 듯 덤덤히 지내왔사옵니다. 그렇지 않아도 조신들은 저희들을 잔뜩 경계하고 있었으므로 아주 각오를 하고 거사를 하기 전에는 조금이라도 반대하는 기색을 보여서는 안 되도록 되어 있었사옵니다."

염장이 여기까지 이야기했을 때 장보고도 점점 그에 대한 자기의 속단을 뉘우치는 모양으로, 그의 말에 고개를 끄덕이곤 하였다. 이에 점점 용기를 얻은 염장은 다시 말을 계속하였다.

"그러던 차에 차비로 모시려던 계획마저 조신들의 반대로 좌절이 되니 이번에는 더 참을 수 없게 되었사옵니다. 그래서 저희들 몇 사람이 분함을 참지 못하여 가만히 뜻을 통한 뒤 조신 몇을 제거해 버릴 계획을 세웠사옵니다. 그랬더니 불행히도 이 계획이 탄로가 되어 저에게 곧 위해가 닥치게 된 것을 알고 부랴부랴 서울을 탈주하여 간신히 여기까지 도망하여 왔사옵니다. 사람으로서 은의를 모른다면 그야 금수만 못하옵고, 백 번 죽어도 그 죄가 남을 것이라 믿사옵니다. 장군님께서는 부디 밝게 살펴 주옵소서."

염장은 말을 마치자, 분함을 참지 못하는지 주먹으로 눈물을 닦고 있었다.

장보고도 다른 사람 같으면 또 모르지만 염장이야 자기가 길러내다시피 한 사람인데 설마 진심으로 자기를 배반했으랴 싶었다. 그래서 처음보다는 딴판으로 누그러진 목소리가 되어,

"너의 이야기를 들으니 내가 전에 듣던 바와는 다른 점도 많은 듯하니 잠깐 물러가 있거라."

하고 결박을 풀어 주었다.

그러자 이틀 뒤에는 또 서울서 사람이 와서 전하는 말이, 염장이 서울서 반란을 꾀하다가 탄로되어 도망쳐 버렸으므로 누구든지 그를 체포하여 오는 사람에게는 은상(恩賞)을 후히 준다는 포고가 내렸다는 것이다. 이 말을 들은 장보고는 그제야 마음을 놓고,

"그러면 그렇겠지, 염장까지 나를 잊었을 리야 없었겠지."

하고 곧 염장을 불러들여 자기의 오해를 풀고 큰 상을 차려 그를 위로해 주었다. 염장도 감격의 눈물을 흘리며,

"장군님께서 언제든지 필요하실 때 이놈의 목숨을 써 주시옵소서."
하고 진충(盡忠)을 다시금 맹세하였다.

그런 지 사흘 뒤였다. 그날은 마침 양화랑이 스물다섯 살 나는 해의 생일이었다. 장보고는 눈물 속에 나날을 보내는 가엾은 딸을 위하여 잔치를 크게 차리고 수하 장수들을 불러 취하게 먹였다. 염장은 서울서 특히 옛날 주인을 위하여 의거를 꾀하다 돌아왔다 하여 장보고의 바로 곁에 앉아 술을 받았다.

염장은 이날 장보고가 딸을 위하여 몹시 추창해 하는 것을 엿보고, 특히 그와 그의 딸 양화의 마음을 위로하기 위하여 서울서 지내던 이야기를 있는 말 없는 말 꾸며가며 그들 부녀가 듣기 좋도록 늘어놓았다. 그래 다른 장수들이 다 돌아간 뒤에까지 장보고는 그와 더불어 술잔을 나누며 서울 이야기를 들었다. 그러나 술이 몹시 취한 장보고는 그 자리에서 잠이 들어 버렸다. 그 틈을 타서 소변을 보러 나가는 체하고 밖으로 나온 염장은 미리 밖에 숨겨 두었던 칼을 슬쩍 빼어 들고 들어가서 잠들어 있는 장보고의 목을 찔러 버렸다.

장보고가 눈을 번쩍 뜨며,

"이놈!"

하고 겨우 한 마디 소리를 질렀을 때는 이미 그의 목에서 피가 쿨쿨 쏟아져 나오고 있었다.

염장은 그 칼로 다시 장보고의 얼굴을 찔러서 숨을 끊게 하였다.

무용과 의지로써 그 이름이 당나라에까지 크게 떨치어 김유신, 을지문덕과 더불어 제 일급 해동 준걸로 손꼽히던 당세의 영웅 장보고는 자기가 베푼 수많은 의리와 은혜의 보답으로써 마침내 그 목숨을 잃고 말았다.

양화랑의 그 뒤는 두 가지로 전해지고 있다. 혹자는 양화랑도 그날 밤으로 염장의 칼에 찔리어 죽었다 하기도 하고, 혹자는 그녀가 처음으로 김경응을 만났던 청해정으로 가서 바다에 몸을 던졌다고도 한다.

---

*(출)『김동리 역사소설』, 지소림, 1977.

석탈해

    나이 들수록 다시금 고향이 그리워진다. 옛날부터 잊지 못할 고향 산천이란 말이 있지만, 나이 육십 줄에 들고 기억력마저 희미해진 오늘에 와서도, 내 고향 경주의 산과 내와 들과 수풀 그리고 여기저기 흩어져 있는 고적들이 지금도 눈에 선하다. 생각 같아서는 한 달에 한 번씩은 내려가고 싶다.
    그리하여 며칠이고 푹 쉬며 어릴 때 찾아다니던 남산(南山-金鰲山)이고 반월성 같은 데를 샅샅이 살펴보고 싶다. 그러나 이것은 생각뿐이다. 한 달에 한 번은커녕 한 해에 한 번, 아니 삼 년에 한 번도 어려울 지경이다.
    이것은 내가 삼 년 전 경주에 갔을 때의 이야기다.
    늦은 봄날이었다. 살구꽃 복숭아꽃들도 다 지고 들에는 보리가 퍼렇게 자라나고 있었다. 나는 지팡이를 천천히 내두르며 반월성으로 발길을 옮겼다. 계림(鷄林), 첨성대(瞻星臺), 안압지(雁鴨池)가 다 그 부근에 있지만 나는 언제나 반월성까지 가서야 안심이 된다. 반월성에 무어 그리 두드러진 고적이 있기 때문이 아니다. 석빙고(石氷庫)가 거기 있지만 그것이 첨성대나 안압지보다 더 신기할 까닭은 조금도 없다.

그러면서도 내 마음은 언제나 반월성으로 끌리니 이는 어찌 된 노릇일까. 이유는 물론 나도 모른다. 덮어놓고 반월성의 흙과 돌이 전부 천 년 전의 비밀을 품고 있는 듯이만 느껴지는 것이다.

그날도 나는 술집 계집애에게 막걸리병 하나를 들린 채 반월성을 타고 있었던 것이다. 그리하여 남천(南天-蚊川) 상류 쪽의 효불효교(孝不孝橋)가 바라보이는 위치에 자리를 잡고 앉았다. 자리래야 그냥 돌 위에 앉은 거뿐이지만,

"이거를 깔아 드릴까요?"

계집애가 목에 걸치고 있던 얇은 보자기 같은 것을 끌러 보이며 나에게 물었지만 나는 그것을 사양했다.

"아니야, 괜찮다. 수건은 나한테도 있는 걸. 그 대신 술이나 한잔 따라다오."

계집애는 내 얼굴을 말끔히 바라보고 있더니 준비해 온 하얀 사기 잔에 뿌연 막걸리를 따라주었다. 그러고는 종이에 싸가지고 온 마른 안주도 내어 놓았다.

내가 두 잔째 막걸리를 비우고 났을 때다. 저쪽 석빙고 쪽에서 봉두난발(蓬頭亂髮)에 흰 두루마기를 받쳐 입은 나이 한 사십 남짓 되어 뵈는, 두 눈에 핏대가 선 야릇한 사나이가 나를 쏘아보며 이쪽으로 다가오고 있었다. 그는 나에게 싸움이라도 걸려는 사람처럼 험악한 표정으로 씨근씨근 하며 걸어오는 것이다.

나도 잔을 놓고 그를 마주 바라보고 있었다.

그는 바로 내 곁에까지 오더니 나와 술병과 계집애를 한참 동안 물

끄러미 내려보고 있다가 말없이 그 곁에 털썩 주저앉아 버렸다.

나는 맘속으로 이상한 사람이라 생각하며 담배를 한 개 피워 물었다. 그러자 흰 두루마기의 사내는 풀 위에 덜렁 드러눕더니 풀을 하나 뽑아 입에 물고 하늘을 멍하니 바라보고 있다.

나는 그가 결코 불량한 사람은 아니라 생각하고,

"이거 초면에 안 됐습니다마는 막걸리 하실 수 있으면 한잔 같이 드시지요."

이렇게 말을 건네 보았다. 그러자 그는 자리에서 벌떡 일어나더니,

"아, 이거 초면에 실례가 많습니다."

하고 잔을 받더니 그것을 도로 자기 앞에 놓으며,

"이 사람은 박성(朴誠)이라 합니다. 집이 바로 요 아래에 있기 때문에……"

했다.

"본 고향이 경주이신가요?"

나의 이 물음에 그는 힘이나 얻은 듯이,

"그렇습니다. 똑똑히는 모르지만 한 이천 년 여기서 살아왔지요."

끔찍한 대답을 했다.

"이천 년이라구요."

내가 좀 놀란 듯이 묻자, 그는 곧,

"신라 천 년, 고려, 이조 천 년 해서 약 이천 년 아닙니까? 우린 육촌 때부터 이 고장에 살았으니까요."

자랑스럽게 대답을 한다.

나는 혼자 속으로 육촌 때부터 살았다는 증거가 어딨냐고 묻고 싶었지만 잠자코 있었다.

그는 다시 말을 계속했다.

"그러니까 본래 여기가 우리 집 터지요."

그는 손가락으로 반월성 안을 가리키며 혼잣말같이 중얼거렸다.

"이 반월성이?"

"그렇지요, 『사기』에 나오는 표공(瓢公)이 바로 우리 조상 아닙니까?"

그는 바로 어저께 일같이 태연한 어조였다.

"『삼국사기』 말입니까?"

"그렇습니다. 나도 본래 사학공부를 했습니다. 그러다가 사학이 너무 따분해서 소설 공부를 했지요……. 그것도 따분해서 집어치우고 말았지만…… 하여간 그 새뚝인가 하는 양반이 힘도 장사지만 꾀도 많았던 모양지요, 표공이 그만 그 꾀에 넘어가고 이곳을 내 주지 않았습니까?"

"아니, 새뚝이라니요?"

"저 석탈해 말입니다. 이병도 박사라고 사학자가 있지요? 그분이 쓴 글에 보니 석탈해는 본래 새뚝에서 온 말이라고 했더군요."

그는 말을 할수록 점점 더 힘이 나는지 두 눈에 차츰 광채가 떠돌기 시작했다. 그와 동시, 나는 그의 학식이나 지성이 어느 정도일까 하는 호기심도 떠올랐다.

"그래 그 새뚝이라는 이가 저 어느 섬에서 흘러왔다는 그분입니까?"

"흥!"

그는 대답 대신 코웃음을 쳤다. 그러고는 조용히 입을 떼기 시작했다. 그의 이야기를 간추려 보면 다음과 같다.

시조묘(始祖墓-朴赫居世廟字)의 창건 공사도 이태를 끌고 나니 이제 어려운 고비는 다 넘긴 셈이었다. 어저께는 들보를 올리고 오늘은 도감(都監)이 이 석수와 목공과 미장이들을 위하여 그동안의 노고를 풀기 위한 조그만 잔치를 베풀게 되었다. 석수 모가비와 목공 두목이 각각 좌우에 올라서고 도감 새뚝(昔脫解)이 오색찬란한 예복을 입고 그 한가운데서 들보 머리에 손을 얹고 있었다. 석수 모가비와 목공 두목이 목청을 돋우어 노래를 부르자 그 아래 모여 있던 수백 명의 석수, 목공, 미장이들이 한꺼번에 일어나 춤을 추기 시작했다.

    한배님 한배님
    밝안 한배님
    밝안 따 밝안 사람
    한배님 해 달 우러러이다

    한배님 한배님
    밝안 한배님
    밝안 따 밝안 사람
    한배님 지켜주심이니다

  그들은 모두 흥겹게 춤추며 노래 불렀다.
  새뚝이 손을 들자 무리들은 춤과 노래를 멈추었다. 석수 모가비와 목공 두목이 좌우에서 각각 술잔을 새뚝에게 바쳤다. 새뚝이 술을 받아들고 마시는 동안 무리들은 또 먼저와 같이 노래 부르며 춤을 추기 시작했다. 이번에는 먼저보다도 한층 더 열광적인 목소리로 노래를 부르며 춤을 추었다.
  새뚝이 술 마시기를 마치자 이번에는 석수 모가비와 목공 두목이 각각 손을 들었다. 그와 동시 무리들의 입에서는 〈와아〉 하는 함성이 터져 나왔다.
  "이제는 술이다!"
  그들은 이렇게 외쳤다.
  이때 그들의 앞에 술동이가 운반되어 나왔다.
  "술이다!"
  "술이다!"

하며 그들은 모두 술동이를 에워싸고 모여들었다. 이리하여 술과 춤과 노래는 그칠 줄 모르고 흘러내렸다.

새뚝은 잔치가 아직 한창 흥겹게 벌어져 있는 것을 보고 그 자리를 빠져나왔다. 석수 모가비와 목공 두목에게는 궁중에 들어가 오늘의 일을 나라님께 아뢰어야 한다고 말했으나 그것은 거의 상투적으로 두고 쓰는 거짓 핑계에 지나지 않았다. 실상은 아효 공주(阿孝公主)를 만나기 위함이었다.

아효 공주는 남해 차차웅(南海次次雄)의 맏따님으로서 그해 열다섯 살 난 신비한 아가씨였다. 그가 그녀를 처음 본 것은 작년 시월이니까, 그때는 그녀의 나이 겨울 열네 살밖에 되지 않은 어린 처녀였었는데, 그럼에도 불구하고 그 어린 처녀가 어째서 그의 마음을 그렇게 단번에 사로잡아 버렸는지 스스로 생각해도 기이한 일만 같았다.

그는 이 일 년 동안 이 어린 공주로 인하여 자기 자신의 향배를 몇 번이나 고쳐 생각했는지 모른다. 게다가 근자에 와서는 또 새로운 근심까지 덧붙여졌다. 대보(大輔) 흰찬(白粲)의 아들과 혼담이 있는 눈치니 잘못하다가는 자기는 헛물만 켜고 말는지 모른다는 생각이었다. 아주 속시원히 부딪쳐 보고 여의치 않으면 차라리 아주 끝장을 내고 말았으면 싶었다.

아효 공주는 여느 때나 마찬가지로 신단에 혼자 나와 검님께 배례를 드리고 있었다. 그는 그녀가 배례를 마칠 때까지 신단 곁에 서 있었다.

배례를 마치고 난 공주는 그의 곁으로 다가왔다.

"새뚝님 잘 오셨어요, 이 몸은 새뚝님을 생각하고 여간 괴로워하지 않았사와요."

"공주님, 오늘은 분명히 말씀해 주십시오. 공주님께 관한 혼담이 진행되고 있다는데……"

"새뚝님, 이 몸의 나이는 아직 열다섯 살이에요, 그리고 이 몸이 서라벌 안에서 가장 좋게 생각하는 분은 새뚝님인 것을."

"그러나 그것은 공주님의 생각이실 뿐 부모님께서야 딴판이실 터인데."

"아니에요. 부왕님께서 새뚝님을 항상 칭찬하고 계셨사와요. 어머님께서도 새뚝님이 서라벌의 으뜸가는 영걸이라 그러셨사와요."

"그러시면서 혼담은 딴 데로 돌리신다니 어떻게 믿을 수 있겠습니까? 공주님께서 정말 이 몸을 생각하신다면 지금이라도 이 몸을 따라 서라벌을 떠나실 준비를 하십시오."

"아니에요, 새뚝님. 그것은 너무 일러요. 이 몸의 부모님은 반드시 이 몸의 마음을 아실 거예요. 만약 부모님께서 이 몸의 마음을 몰라주시면…… 아아, 그러나 그런 일은 있을 수 없을 거예요."

이때 밖에서 사람 소리가 들려왔다.

새뚝은 곧 뒷문으로 빠져나왔다.

새뚝이 궁중에서 나와 자기의 집이 있는 〈달언덕(月丘)〉으로 돌아오는 길이었다. 하늘엔 별들이 하나 가득 뿌려져 있었다. 〈새숲(始林)〉 앞을 지나오려니까 숲속에 숨어 있었던 듯한 장사 한 사람이 길가에 나와 엎드리며,

"새뚝 도감님."

하고 불렀다.

"누구냐?"

"저는 돌장이(石工) 우섬(笑島)이라고 합니다."

"웬일이냐?"

"조용히 여쭐 말씀이 있삽기에."

"일어나서 걸어라."

새뚝은 장정을 데리고 자기 집으로 갔다.

그는 본래 무용으로나 담력으로나 세상이 꿀릴 데가 없었기 때문에 언제 어디서 어떠한 장사가 무슨 일로 자기를 찾든지 그와 부딪쳐서 자기에게 불리한 결과를 가져올 수 있다고 믿고 있었다.

집으로 돌아온 새뚝은 조용한 방에 불을 밝히게 하고 사내를 인도하여 들였다. 불빛에 비친 장정의 모습은 새뚝이 그동안 맘속으로 쓸 만한 장정이라고 눈여겨 보아 오던 바로 그 돌장이였다. 기골이 장대한 데 비하여 얼굴에 어딘지 귀인 티가 나는 젊은이였다.

"무슨 이야기냐?"

"다름이 아니오라……."

장정의 목소리는 몹시 엄숙해졌다.

그와 동시 새뚝도 이것은 무슨 중대한 이야기인가 보다 하는 생각이 들었다.

장정은 말을 계속했다.

"저는 가야 나라 사람이올시다."

그의 목소리를 떨렸다.

그와 동시 새뚝도 무언지 가슴이 철렁했다.

"그래서?"

"더 자세히 말씀드리면 가야 땅 활아비(弓夫)로 가야왕님의 밀지를 받들고 새뚝님을 찾아뵈온 것입니다."

"밀지라구?"

"예에."

"……."

"다름이 아니오라 새뚝님께서 언약을 주신다면 가야가 군사를 일으켜 서라벌을 치려 합니다."

"무어? 서러벌을 치겠다구?"

"에에."

"……어떤 언약을?"

"저어, 하오나 새뚝님께서 함께 서라벌을 치시겠다는 언약입니다."

장정은 손으로 이마의 땀을 씻어가며 이야기의 골자를 털어놓았다. 새뚝의 새까만 눈썹이 빳빳이 솟아올랐다.

"그것을 어째서 나에게 통하느냐?"

"그의 커다란 두 눈에는 푸른 광채가 서린 듯했다.

"그것은 의선부인(義先夫人)께 물으시라는 분부였사옵니다."

새뚝은 분노의 불길이 이글이글 타오르는 듯한 무서운 눈으로 장정을 한참 동안 노려보고 있었다.

장정은 두 손을 방바닥에 짚은 채 겁에 질린 듯한 두 눈으로 새뚝을 가만히 쳐다보고 있었다. 새뚝이 다시 입을 열었다.

"그것을 왜 지금 말하느냐?"

"이제 준공도 가까워왔삽기에……."

"준공을 기다린 까닭은?"

"새뚝님의 뜻을 정하시기에 맞는 때라고 믿는 까닭입니다."

그래서 그는 이 기회를 엿보느라고 지금까지 서라벌의 석공들 틈에 끼여 돌장이 일을 하고 있었다는 것이다.

"서라벌 돌장이들이 아무도 너를 눈치채지 못했단 말이냐?"

"조금도 눈치채지 못한 줄 아옵니다."

"거짓말! 나는 이미 너를 알고 있었는데……."

새뚝은 무언지 까닭 모를 울분을 누르지 못하여 이렇게 그를 윽박질러 주었다. 그러고는 그의 대답을 기다릴 사이도 없이,

"일어나라."

했다.

그는 집 뒤의 토굴 속에 장정을 밀어넣고 돌문을 굳게 잠가 버렸다. 가야 나라의 밀사 우섬이 말한 의선 부인이란 곧 새뚝의 늙어 어머니

석탈해 237

를 가리키는 말이다. 의선 부인이 그에게 그의 출생에 대한 비밀을 알려준 것은 그의 나이 열다섯 살 때의 일이었다. 여느 때와 마찬가지로 새뚝이 바다에서 고기를 잡아오는데, 집에 웬 낯선 사람(남자)이 하나 와 있었다. 그의 어머니는 곧 그를 가리켜 그의 외삼촌뻘이 되는 사람이라 하였다. 그러나 그 사람이 그를 대하는 태도엔 어딘지 어색하고 수상쩍은 데가 있었고, 또 지금까지 그의 어머니가 한 번도 외삼촌이 있다는 말을 들려 주지 않았는데 갑자기 외삼촌이 나타났다는 데도 이상한 점이 있어, 그가 떠난 뒤 다시 한 번 캐어물었던 결과 그야말로 청천벽력과 같은 이야기를 듣게 되었다.

그때 그의 어머니가 그에게 들려준 이야기는 대개 다음과 같았다.

너는 본래 가야 나라(伽倻國-駕洛國-金官圖) 사람이다. 바로 김술 왕의 누이동생의 아들이니까, 따지고 보면 김수로왕의 생질이니라.

그러나 너는 나자마자 낙동강 하구에, 그러니까 낙동강 물이 바다로 흘러들어가는 바로 그 곁에 버려져 있었느니라. 그것은 김수로 왕의 누이동생이던 월아부인(月娥夫人)이 아직 남편을 정하기 전에 너를 낳았기 때문이니라. 그가 누구였느냐고? 그렇다, 그것은 드러낼 수 없는 사람이었다.

이와 같이 네가 세상에 나자마자 이내 버림을 받았던 것은 사실이니라. 그러나 월아부인이 너를 그냥 버린 것은 아니니라. 한 됫박의 눈물과, 또 그만큼 되는 황금을 보자기에 싸서 너와 함께 궤에 넣어서 버렸느니라. 뿐만 아니라 부인께서는 누가 너를 업어가는가, 시녀를 시켜서 갈대 숲에 숨어 그것을 보살피게 했었느니라.

나는 본래 가난한 홀어미로, 바닷가에 나와 조개를 줍는 것이 나의 생업이었더니라. 그날도 나는 여느 때나 마찬가지로 조개를 캐러 바닷가로 나갔었는데 참으로 우연히, 놀람과 두려움과 함께 너를 발견하게 되었느니라. 너와 나의 인연은 그때부터 맺어진 것이니라. 이때 갈대 숲속에 숨어 있던 시녀는 나 몰래 나의 뒤를 밟아 와서 나의 집이 있는 곳까지 보아 두고 궁중으로 돌아가 부인께 그것을 아뢰었던 것이니라.

월아부인께서는 아기가 죽음을 면하게 된 것을 다행으로 생각했으나, 한편 뒷일이 켕기었으니 멀지 않은 거리에서 곧 소문이 퍼지면 어쩌나 했음이니라. 그때 나는 남편이 죽은 일곱 달 만의 유복아이를 기르다가 두 달 되어 잃고 아직 젖이 그대로 나고 있었기 때문에 젖 걱정은 없었지만, 제 아이를 갖다 묻은 지 얼마 안 되어 다른 애를 기른다고 하면 이웃 사람들이 아무래도 눈치를 채고 와서, 이것이 웬 아이냐고 물을 것이요, 그렇게 되면 자연히 소문도 퍼뜨려지지 않을 수 없는 형편이더니라. 그런데 그것이 만약 나랏님이나 월아부인의 약혼자의 귀에 들어가기나 하면 큰 야단 나는 판이었더니라(이것은 모두 시녀가 나를 찾아와서 들려준 이야기니라).

나는 부득이 집을 옮겨야 했으니, 그것은 네가 난 지 달포 남짓 했을 때이니라. 나는 너를 업고 동쪽으로 동쪽으로 곧장 걸어가 닿은 곳이 〈구름개(雲浦)〉라는 곳이었느니라.

그러나 거기서 한 반년 지났을 때 월아부인의 시녀가 찾아왔느니라. 너무 가까워서 이내 소문이 퍼지고 하니, 아주 가야 땅을 떠나서 서러벌로 가 살라는 것이니라.

나는 또다시 너를 업고 뱃사공을 찾아가 거기서 배를 타고 아주 서라벌로 옮겨오게 되었느니라. 처음 우리가 닿은 곳은 〈아들개(阿珍浦)〉라고도 하고 〈해맞잇개(日浦)〉라고도 하던 곳인데, 여기서 나는 가지고 온 황금을 조금씩 팔아서 편안히 살 수 있었느니라.

너는 어려서부터 보통 아이들과는 달리 뛰어난 데가 많았으니 어떻게 힘이 세고, 꾀가 많던지 꼭 가야나라 김수로왕과 방불하다고 나는 혼자 속으로 믿었거니와 키가 뛰어나게 큰 것조차 흡사했느니라.

하기야 월아부인께서도 꼭 너와 같이 인물이 출중하고 키가 훤칠하시다고 들었었지만……."

이 이야기를 들은 새뚝은 주먹으로 눈물을 닦으며 마구 느껴 울었다.

"저는 어떻게 하면 좋아요, 가야로 돌아가야 합니까, 아주 서라벌 사람이 되어서 명색없이 묻혀 살아야 합니까."

"글쎄다. 어저께 다녀간 사람이 바로 가야에서 온 사람이니라. 네 외삼촌이라고 한 것은 내가 우선 둘러댄 말이요, 실상은 월아부인의 유모의 아들이라 하더라."

"그이는 머랍디까."

"그이 말이 네가 가야를 위하여 크게 공을 세울 수 있을 때 가야에서도 너를 맞아들일 수 있을 게라고, 이것은 월아부인의 생각이라고 한 뒤, 그 사람이 절하고 가더라."

"가야를 위하여 어떻게 공을 세웁니까."

"가야에서 서라벌을 칠 모양이더라. 그때 네가 서라벌을 함께 치든지 하라는 뜻이겠지."

"어머니, 저는 가야로 돌아가고 싶어요."

"오냐, 그런 줄 알겠다. 그렇지만 가야는 너에게 좋지 않았느니라. 네가 가야로 돌아가려면 가야나라 임금님을 물리칠 만한 힘이 있어야 한다. 우선 너는 여기서 그만한 힘을 길러야 하느니라."

의선부인의 이 말은 새뚝에게 무언지 끝없는 깊은 의미를 풍겨 주는 듯하였다. 가야는 자기 어머니의 나라다. 그런데도 왜 가야로 돌아가려면 그렇게 큰 힘이 있어야 하는가. 가야왕을 물리친다는 것은 무슨 뜻인가. 그러나 이것을 그의 어머니에게 다시 물을 수는 없었다. 어쩐지 그 말은 그대로 가슴속에 새겨 두어야 할 것만 같았기 때문이었다. 그리고 무엇보다도 우선 서라벌에서 힘을 길러야 한다는 그 말이 무슨 하늘에서 일러 주는 거룩한 가르침 같기만 했던 것이다.

— 그렇다. 힘을 기르자, 가야 왕을 물리칠 만한 힘을. 서라벌 왕이라도 물리칠 만한 힘을.

그때 그는 가야와 서라벌 어느 쪽이 더 센가를 알 수는 없었다. 다만 왕을 물리칠 만한 힘을 길러야 한다는 생각뿐이었다.

새뚝이 서라벌 서울로 들어와 살게 된 것은 그의 나이 열일곱 살 나던 때부터이다. 그는 처음 약 십여 명의 무리를 거느리고 다니며 남의 집을 맡아서 짓기도 하고 제방을 맡아 쌓기도 하고, 못 파는 일을 떼어 맡기도 하였다.

그러나 그는 이러한 흙과 돌과 나무를 만지는 일로써만 만족하지 않았다. 그가 좀 더 무리들의 존경과 신임을 받게 된 것은 사냥을 나갔을 때였다. 그들은 공사가 없거나, 또는 공사가 있어도 그다지 급하지 않을 때는 종종 사냥을 나가곤 하였다. 사냥을 나가서 활을 쏘고, 창을 쓰고, 그 험한 산골짜기를 타고 달리는 것을 볼 때 그는 도저히 보통 사람으로서는 견주어 볼 수 없는 이상한 인간이었다. 늑대나 산돼지 같은 것은 그에게 들키기만 하면 창에 목이 꿰인 채 나동그라지게 마련이었다.

호랑이나 곰을 보고도 그는 물러서는 법이 없었다. 한 번은 두 아름이나 되는 바위를 들어 곰의 머리를 바수어 놓은 적도 있었다. 호랑이의 떡 벌린 아가리 속에다 그대로 창을 꽉 박아 놓은 일도 두 번이나 있었다.

그러나 새뚝이 장한 점은 이렇게 용력이 뛰어난 점에만 있지 않았다. 그는 사냥에서 얻은 짐승이나 공사에서 얻은 양식을 결코 자기의 것으로 삼지 않았다. 나눌 것은 공평하게 나눠 가지고, 그렇지 않은 것은 공동으로 쓰게 하였다.

여기다 그는 또한 꾀도 여간 아니었다. 그때까지 그들은 새숲(始林) 속에 근거를 두고 지내면서 집터를 살피고 있었던 것이다. 처음엔 수

석탈해 241

풀을 치우고 거기다 집을 지으려 했으나, 그 울창한 수풀을 치우기도 힘든 일이요, 게다가 집터로서는 좀더 푹 싸인 맛이 없어서 주저하고 있었던 것이다.

그가 처음부터 잔뜩 눈독을 들인 곳은 〈달언덕(月丘-월성)〉이 된 곳이었지만 거기엔 이미 왕실과 한집안인 박씨(朴氏-瓢公)네가 두 집이나 살고 있었기 때문에 여간해서는 집적거려 볼 수도 없는 형편이었다.

이러한 처지에서 새뚝이 꾀를 내어 초하루, 보름마다 〈달언덕〉 건너편 산 위에서, 여우(사냥에서 사로잡아온)를 울게 하였다. 그와 동시 집 뒤 언덕(달언덕) 위에서는 한밤중이나 되어 사람 소리인지 귀신 소린지 분간할 수 없는 고약한 울음소리를 내게 하였다(그것은 여자 하나와 남자 하나가 입에다 나무껍질을 물고, 보자기를 덮어쓰고 내는 소리였다).

그 당시 서라벌에서는 집 앞에 여우가 와서 울면 재앙이 있을 조짐이라 하여 여간 꺼려하지 않았던 것이다. 게다가 집 뒤 언덕받이에서는 귀곡성까지 들리니 앞으로 〈달언덕〉에 큰 재앙이 내릴 전조라고 사람들을 시켜 쑥덕거리게 했던 것이다.

박씨네들은 과연 그 소리를 듣자 금성(金城-당시의 궁성이 있던 곳) 근처로 집을 옮겨가 버렸다.

그러나 새뚝은 이내 그 자리에 들어가지 않고 한 일 년 동안이나 그대로 비워 두게 하였다. 그렇게 한 해 가까이 지난 뒤, 〈달언덕〉에 여우와 귀신이 와서 운 것은 뒤 언덕이 얕고 앞의 개울이 잘못 나서 그러니 이것만 고쳐 놓으면 사람이 들어 살아도 큰 화를 당하지 않을 것이라 하고 무리들을 데리고 가서 뒤 언덕을 높이고, 앞 개울을 따로 돌려놓았다. 그러고는 박씨 집 어른인 표공을 찾아가 이제는 〈달언덕〉에 들어가 살아도 재앙이 없을 터이니 걱정 말고 도로 들어가는 것이 어떠냐고 하였다. 표공은 웃으며 자기는 이미 집을 옮겨 왔으니 〈새뚝께서 생각이 있으면 염려 말고 들어가 살라〉고 점잖게 양보를 했던 것이다.

이렇게 하여 〈달언덕〉을 손에 넣은 새뚝은 그 자리에다 새로이 집을 짓고 그의 어머니와 따르는 무리들을 이끌고 그곳을 옮겨 살게 했던 것이다. 그와 동시에 그를 따르는 무리는 날로 자꾸 늘어만 갔던 것이다.

새뚝이 〈달언덕〉에 집을 정하게 되던 이듬해 봄 삼월에 혁거세왕이 세상을 떠나시었다. 그때 그의 나이 스물두 살이었다.

혁거세왕의 큰아드님이신 남해왕께서 보위를 이어 즉위는 하였으나, 신왕께서는 돌아가신 부왕에 대한 애도에 잠기어 정사와 병마도 제대로 보살피지 않았다.

이러한 틈을 타서 동북쪽의 낙랑 오랑캐들이 서라벌의 북변을 쳐서 점거하게 되었다. 그러나 남해왕은 자기의 부덕을 탄식할 뿐 〈상중에 어찌 군사를 일으키리오.〉 하고 낙랑군을 맞아 싸우려 하지 않았다.

오랑캐 군사들은 서라벌 왕이 군사를 일으켜서 맞아 싸우지 않음을 기화로, 서라벌 사람들의 북쪽 마을에다 불을 놓고, 여자들을 끌어간다, 곡식을 뺏어간다, 그 횡포는 이루 다 헤아릴 수가 없었다. 백성들은 울부짖고 아우성을 치며 어린것들을 업고, 보따리를 이고, 모두 왕성이 있는 남쪽으로 몰려들었다.

오랑캐 군사들이 언제 왕성을 공격하여 올는지 모든 사람들의 불안과 공포는 극도에 다다랐다. 이때 새뚝이 약 삼백 명의 장정을 거느리고 나가 낙랑군과 마주보고 진을 치게 되었던 것이다. 적군은 약 천여 명이나 되는 대군이었다. 그는 사람을 시켜 다음과 같은 글을 보냈다.

> 우리 성왕께서 군사를 일으켜 너희들을 곧 물리칠 것이로되 지금 상중에 계시므로 사람 죽이기를 슬퍼하시고 너희들이 스스로 돌아가기를 기다리시는데, 너희들이 그 뜻을 모르고 무고한 백성을 함부로 괴롭히매 나는 한 개 이름 없는 사냥꾼이나 너희들을 멧짐승 잡듯이 하리니 모가비 되는 자 나와서 내 앞에 목을 바쳐라.

이 편지를 보고 낙랑군의 대장 까막날이(烏飛)는 껄껄껄 웃어대며,
"웬 사냥꾼 아이가 무엄하게도 이런 글을 보내왔나."
하고, 그 자리에서 몇 자 쓰더니 화살 끝에 달아 서라벌 쪽으로 날려 보냈다. 거기는 이렇게 씌어 있었다.

　　　　내 아장(阿將) 쇠손(鐵手)을 보내어 너를 사로잡겠다. 네가 쇠손을 이
　　　　기면 너의 사환도 돌려보내마.

　까막날이가 말한 쇠손은 낙랑군 가운데서 용력이 제일 가는 맹장이었다. 쇠손은 까막날이의 명령을 받자 무장을 갖춘 뒤 말을 달려 나왔다. 그러나 그는 저쪽 편 말 위에 앉은 새뚝의 몸이 엄청나게 클 뿐 아니라, 거울같이 번뜩이는 두 눈을 보자 약간 겁이 질리는지,
　"너는 사냥꾼이라면서 활이나 쏘지 웬걸 창검까지 쓰겠느냐?"
하고 얕잡아보는 체했으나 가까이 다가오진 못했다.
　새뚝이 높은 목소리로,
　"너 같은 멧돼지는 여러 마리 잡은 일이 있다."
하고 창을 꼬나 던지니, 창은 단번에 그의 목을 꿰어서 땅에 떨어뜨렸다.
　이것을 본 까막날이는 얼굴이 퍼렇게 질린 채, 곧 새뚝의 사환을 돌려보내는 동시 쇠손의 시체를 찾아서 그 길로 물러가 버렸다.
　새뚝이 갑자기 서라벌의 영웅이 된 것은 이때부터의 일인 것이다. 그 뒤 그가 남해왕의 부르심을 받고 궁중으로 들어가 정중한 치사와 두터운 은상(恩賞)을 무릅쓴 것은 말할 나위도 없다.
　그리고 뒤이어 그는 시조묘 창건 공사의 도감으로 임명이 되었던 것이다.
　그때 아효공주의 나이는 열세 살이었다. 자기보다는 아홉 살이나 어

린 아효공주의 옥같이 해맑은 얼굴이 처음부터 왜 그렇게 그의 가슴을 헤집고 들어왔던지 자기 자신에게도 그저 알수 없는 일이기만 했다.

새뚝이 비록 낙랑군을 물리침으로써 서라벌의 백성들을 구했다고는 하나 그는 그때까지도 서라벌을 위하여 충성을 바치리라고는 생각해 본 적도 없었다.

그는 다만 그렇게 하여 백성들의 마음을 사고 왕실의 신임을 얻음으로써 자기의 힘을 길러 나가자고 생각했을 따름이었다. 나중에 나라에서도 어떻게 할 수 없는 큰 힘이 쌓여지면 그때는 그 힘으로써 서라벌을 치든지 가야 나라를 치든지 형편대로 하리라 결심했던 것이다.

그러나 그 결심도 아효공주를 알게 되면서부터 흔들리기 시작했다. 그가 낙랑군을 물리치고, 뒤이어(그 공로로 인하여) 시조묘 창건 공사의 도감이 되어 자주 궁중에 출입하였을 때였다. 한번은 설계를 꾸미려고 궁중에 있는 신단을 뵈오려 후원으로 돌아갔을 때 마침 그 아무도 없는 고요한 단 위에 어린 아가씨 하나가 엎드려 열심히 주문을 외우고 있었던 것이다. 어린 아가씨는 입으로 연방 무슨 주문을 외우며 몇 번이나 일어나 춤을 추고는 도로 엎드려 절을 하고 또 주문을 외우곤 하는 것이다.

새뚝이 숨을 죽이고 가만히 신단 곁에 섰으려니까 아가씨는 배례를 마치고 일어나더니 그 곁에 새뚝이 서 있는 것을 보자 놀라운 빛을 띠며 그의 앞으로 다가와,

"새뚝님, 당신은 서라벌의 영웅이에요."

했다.

옷차림으로 보아 공주님에 틀림이 없었다. 새뚝은 당황하여 그녀 앞에 허리를 구부리며,

"공주님 황공하옵니다. 그러하오나 새뚝이 어찌 감히……."

그는 말끝을 잊지 못했다. 도대체 이 어린 공주가 자기를 어떻게 새

뚝인 줄 알고 있느냐 싶었다.

자기는 몇 차례 궁중에 출입한 일이 있었지만 언제나 공적인 임무를 띠고 있었기 때문에 임금이나 대신들 이외엔 만난 사람도 없거니와 있다고 해도 다른 궁내관(宮內官)들이나 시녀들 정도였던 것이다. 게다가 궁내에 출입하는 문주제관(文武諸官)들만 해도 한두 사람이 아니다.

그 가운데서 이 어린 처녀가 어떻게 새뚝을 알아보며, 또 무엄하게도 명분없이 감히 신단 곁에까지 침입한 낯선 사내에게 이렇게도 상냥하게 말을 걸어준단 말인가. 그보다도 새뚝으로 하여금 더욱 당황하게 한 것은 그녀의 별같이 빛나는 두 눈과, 그 가직하고 잔잔한 흰 이빨의 아름다운 얼굴이었다. 그 신비하도록 아름다운 얼굴이 순간 그의 가슴에 못이 되어 박히는 듯했다. 그는 숨을 가다듬은 뒤 다시 말을 이었다.

"……공주님의 치하에 견디겠소이까?"

"아니에요. 부왕님께 듣자온 것을…… 새뚝님은 서라벌의 둘도 없을 영웅이시라고……."

"황공하옵니다. 그러나 감히 묻자옵건대 제가 새뚝임을 어떻게 알아보시옵고, 또한 이 무엄한 행동을 용서해 주시옵는지?"

"아, 새뚝님 염려 마세요. 이 몸은 검님을 모시는 여신관(女神官), 검님의 점지하심으로 새뚝님이 오실 것을 미리 알고 있었사와요"

"아, 공주님. 그러하오면 검님께서도 이 몸이 감히 여기 온 것을 용서해 주시나이까?"

"검님께서도 새뚝님을 서라벌의 제일가는 장군님으로 지켜 주시나이다."

"아, 공주님, 그러하오면 공주님께서도 이 몸이 감히 여기 온 것을 용서해 주시나이까?"

"이 몸은 검님을 모시는 여신관, 검님께서 지키는 장군님을 이 몸도 우러러 모실 뿐일 것을……."

"아 공주님! 그러하오면 이 몸은 앞으로도 이 자리에 나아와 공주님을 뵈옵게 허락해 주옵소서."

새뚝은 어느덧 자기도 모르는 동안에 그녀 앞에 무릎까지 꿇고 있었다.

이때 아효공주는 한참 동안 고개를 들지 않고 있었다. 눈같이 새하얀 그녀의 얼굴에 비로소 발그레한 홍조가 띠기 시작했다. 이윽고 그녀는 고개를 들더니,

"새뚝님, 그것이 검님의 뜻이옵니다."
했다.

이 놀라운 선언을 들은 새뚝은 그녀에게 두 번이나 머리를 수그린 뒤 두근거리는 가슴으로 그 자리를 물러나왔다.

'검님의 뜻이다!'

생각하기에 따라서는 모든 것을 허락하는 뜻인 것 같기도 했다. 그러나 모든 것을 허락한다는 뜻이라면, 그 어린 처녀가 부왕의 허가도 없이 어떻게 감히 자기 입으로 그렇게 언명해 버릴 수 있을까. 그러나 또 한편 생각하면 본래부터 워낙 검님에 대한 공경심이 두터운 공주님이라 검님의 점지대로 따른 결과가 그렇게 되는 것이 아닐까 하는 생각도 들었다.

그 뒤에도 새뚝은 기회 있는 대로 아효공주를 찾았다. 그녀는 대부분의 시간을 신단에서 보냈다.

"신단에서밖에는 공주님을 뵈올 수 없사온지?"

새뚝이 이렇게 물었을 때 아효공주는,

"이 몸은 항상 검님께 빌고 있을 때만 마음이 편한 것을."
했다. 이렇게 말하는 그녀의 얼굴은 과연 푸른 빛이 나도록 파리해 있었다.

"공주님, 너무 몸이 상하시오면······."

"이 몸은 나라님과 서라벌을 생각하오면 잠도 오지 않사와요."

"공주님, 제가, 이 새뚝이 있사오니······."

그는 또 말이 막혀 버렸다. 그는 이 새뚝이 있사오니 부디 걱정하지 마십시오 하고 싶었으나 그렇게 말할 수는 없었던 것이다.

"새뚝님, 고맙사와요. 장군님께서는 밖에서 부왕님과 서라벌을 지켜 주셔요. 이 몸은 궁중에서 항상 검님께 빌겠사와요. 그리고 새뚝님의 무운을 위해서도 빌어드리겠사와요!"

"아아, 공주님!"

그는 감동을 이기지 못하는 듯 이렇게 불렀다.

아름다운 공주의 얼굴로 보아서는 그녀를 위하여 무슨 일이라도 하고 싶었다. 그러나, 자기는 누구에게도 가슴을 펼쳐 말할 수 없는 야릇한 별을 타고 태어난 몸인 것을······.

새뚝은 언제나 공주를 생각하기만 하면 자기의 기구한 운명이 저주스럽기만 하였다.

이렇게 일 년이 흐르는 동안, 시조묘는 상량이 되고, 그의 마음 자리에는 〈가야〉 대신 아효공주가 들어앉게끔 되어진 것이다.

본래부터 그가 가야를 생각했다는 것도, 가야를 위하여 충성을 다 하겠다는 것보다 가야를 쳐서, 가야왕을 물리칠고, 가야의 주인이 되어 돌아가고자 했던 것이다. 만약 그보다 먼저 서라벌을 손아귀에 넣을 수 있으면 서라벌을 먼저 뺏어도 좋다고쯤 생각했던 것이다. 그것이 안 되면 서라벌의 힘을 빌려서 가야 왕을 물리쳐도 좋을 것이라고 생각했던 것이다.

이러한 그의 야심에 커다란 변화를 일으키게 한 것이 아효공주였다. 그는 아효공주를 자기 아내로 삼을 수 있다면 자기는 서라벌 왕실의 한 사람으로서, 또는 서라벌이 우러러보는 무장의 한 사람으로서,

서라벌을 위하여 충성을 다해도 좋다고 생각하게 되었던 것이다.

그러나 그와 아효공주 사이를 비추는 것은 따뜻한 봄볕만이 아니었다.

우선 대보의 아들과 아효공주 사이에 이따금씩 비치는 혼담이 그것이요, 둘째는, 지금 그의 곁에서 잠자리와 음식 시중을 들고 있는 열매와의 복잡한 사연이 그것이다.

대보의 아들은 새뚝이 서라벌의 새로운 별로 나타나 아효공주의 사랑을 — 그녀의 말대로 하면 검님이 점지하신 바이지만 — 받기 전까지는 당연히 그녀에게 혼인을 청할 수 있는 제 일의 후보자였던 것이다.

궁중에서도 아효 공주가 워낙 검님에 대한 공경심이 돈독하고 나라를 사랑하는 마음이 열렬한 데다 검님께서 그녀에게 새뚝을 점지하셨다고 하니 아무도 그녀를 의심할 사람이 없을 뿐 아니라 검님의 뜻을 거역한달 사람도 있을 수 없었던 것이다.

그러나 대보로서 볼 때는 그것이 너무나 뜻밖의 일이요, 또 검님의 점지하신 바란 것도 왠지 잘 납득이 되지 않았던 것이다.

제다가 열매는 또한 열매대로 만약 새뚝이 아효 공주와 혼인을 하고 자기를 버린다면 자기는 못에 빠져 죽을 결심이라고 늘 위협을 해오는 터였던 것이다.

시조묘의 창건 공사도 거의 끝나갈 무렵이 되었다.

한때 뜸해졌던 아효 공주의 혼담(대보의 아들과의)이 또 재연된다는 소문이 들려왔다.

새뚝은 당황하였다. 공사가 거의 준공될 무렵에 또다시 혼담이 들린다는 것은 무슨 곡절이 있는 일 같았기 때문이었다. 사실상 자기는 서라벌 조정에 아무런 지반도 가지지 못한 애매한 존재가 아닌가. 이제 공사가 끝나고, 지금의 도감직마저 해임이 된다면 자기는 궁중에 출입할 기회조차 어려워질 형편인 것이다.

그렇게 되면 자기는 무슨 재주로 아효공주를 만나볼 수 있으며 누가 자기를 믿어준단 말인가. 그때 가서야 공주를 누구에게 주든지 또 어떠한 혼담이 새로이 재기되든지 자기로서는 그것을 견제할 아무런 자격도 없지 않은가. 그보다 우선 알지도 못하게 될 것이 아닌가. 설령 공주가 혼자서 발버둥을 친다고 한들 무슨 소용이 있으랴. 그렇다, 공주만은 자기를 잊지 않으리라. 그러나 그것이 무슨 소용이 있으랴. 공주가 부왕의 엄명을 거스를 순 없지 않은가.

그때까지 지금 토굴 속에 가두어 둔 우섬을 끌어내어 곧 가야로 보내 군사를 일으키게 하고 자기가 안에서 호응한다 하더라도, 그리하여 서라벌을 뒤엎고 땅을 차지한다 하더라도 공주를 잊을 수는 없지 않는가.

어떻게 해서든지 아효공주가 다른 사람의 아내가 될 수 없도록 자기의 것으로 만들어 두어야 할 것이다. 자기의 아내인 거나 다름이 없는 확실한 증거를 쥐어야 할 것이다. 그것이 안 되면 만약의 경우를 위하여 미리 빼내 두기라도 해야 할 것이다.

새뚝은 신단으로 들어가자, 여느 때와 같이 공주가 배례를 마치기를 기다리지도 않고 달려들어 그녀를 댕강 안고 신단 아래로 뛰어내려 왔다.

그러나 그녀는 뜻밖에도 싸늘하고 침착한 목소리로,

"새뚝님 왜 이러시는지?"

하고 나무라듯이 물었다.

"난, 난, 더 참을 수가 없어. 소릴 내면 죽여버릴 테야."

"이 몸은 당신의 왕비가 될 것을."

"왕비? 왕비가 된다고?"

새뚝은 눈이 휘둥그레져서 물었다.

"……."

공주는 고개를 끄덕여 보였다.

"아니, 그럼 어떻게 된단 말이오? 나의 왕비가 된다고? 그럼 내가 임금이 된단 말이오?"

"이 몸을 어서 놓으시고 이야기를 들으시와요."

새뚝은 공주를 땅에 내리었다. 그것은 신단 밖의 조그만 정자가 있는 곳이었다.

"이 몸이 검님께 우리 나라와 부왕님과 모비님의 편하심을 빌었사옵니다. 그리고 새뚝님이 나라에 제일 가는 인물이 되기를 빌었사옵니다."

"그런데 왕비란 무슨 말이오?"

"그때 검님께서 이 몸의 이름을 부르시더니, 새뚝은 장차 이 나라의 주인이 되고 너는 그의 왕비가 되리라 하고 일러 주셨사옵니다."

"아아, 공주, 그것이 정말이오? 정말일 리가 없지, 그동안에도 나를 따돌리고 또 혼담이 있었다는데 누굴 믿는단 말이오?"

"새뚝님, 이 몸과 이 몸의 부모님은 거짓말이 없는 것을, 그리고 검님이 이 몸에게 내리신 말씀을 부모님에게도 감추고 있는 것을. 이 몸의 부모님은 사람을 한 번 믿으시면 두 번 의심하는 일이 없사옵니다."

공주의 침착하고도 의연한 말씨에 새뚝은 무언인지 저항하지 못할 것을 느꼈다. 그러나 좀더 확실한 표적을 잡아야 할 것 같았다.

"그것으로 어떻게 믿는단 말이오? 무슨 증거가 있단 말이오?"

공주는 새뚝의 집요한 의혹이 딱하고 어이없어 한참 동안 그의 얼굴을 바라보고 있더니 다시 입을 열었다.

"그것도 부족하다면 그보다 더 확실한 증거를 보여 드리겠사옵니다. 지금 새뚝님 댁 토굴 속에 가야에서 온 밀사가 들어 있는 걸 새뚝님께서는 이 몸에게도 속였사옵니다."

새뚝은 이 말을 듣자 공주에게 와락 달려들려 하였다.

"놀라지 마세요. 이 몸이 그것을 안 지는 보름도 넘었사옵니다. 이 몸의 어머님이 그것을 들으신 지도 열흘이 넘었사옵니다. 새뚝님의 젊은 여종이 처음엔 이 몸에게 와서 이르고, 다음엔 어머님께 와서 일렀사옵니다. 새뚝님과 자기를 서라벌서 쫓아내어 달랬사옵니다. 그러나 어머님과 저는 새뚝님을 믿기로 하고 그 여종의 말은 한갓 투기심에 지나지 않는 것이라 했었사옵니다. 이래도 이 몸과 이 몸의 부모님이 사람을 믿지 않는다고 생각하시는지."

"아아, 공주님."

하고 새뚝은 공주 앞에 무릎을 꿇으며 두 팔로 그녀의 허리를 쓸어안았다.

그날 밤 토굴 속의 밀사의 몸이 없어진 것은 두말할 것도 없다.

보름 뒤에 시조묘의 준공 축제가 벌어졌다. 그것은 남해왕 삼 년 정월이었다.

제전은, 왕과 왕비와 공주는 물론 신하들과 육부(六府)의 부장들과, 그리고 이 공사에 참여했던 모든 석공들과 목수들과 미장이들이 모인 가운데서 장엄하게 거행되었다.

대보직(大輔職)에 있는 흰찬(白粲)이 나와서 먼저 박혁거세왕과 알영비(閼英妃)의 드높은 덕을 찬송하고 다음엔 금상의 덕을 또한 높이 찬양하자 모여 있던 사람들은 일제히 일어나서,

"서라벌 기리, 한배님 기리."

하고 소리를 질렀다. 그 소리는 건너편 자랏뫼에 울리어 메아리가 되어 돌아왔다.

〈서라벌 기리〉가 끝나자, 남해왕께서 친히 일어나시더니, 이번에 이 일을 맡아 이룩한 새뚝의 공로를 크게 치하하시었다.

왕께서는 먼저 새뚝이 스스로 일어나 낙랑군을 물리친 용기를 갸륵하다 하시고 이번의 한배묘를 이룩한 공로를 길이 잊지 않기 위하여 앞으로 그를 왕족과 더불어 거하게 하리라 하시고 자리를 공주의

곁에 앉게 하시니 이는 곧 그로 하여금 아효공주의 지아비를 삼겠다는 뜻을 사람 앞에 알리는 바였다.

이와 동시에 모든 사람은 다시 일어나,

"서라벌 기리, 한배님 기리."

하고 또다시 소리를 높여 외쳤다.

이때의 새뚝의 가슴 속에 일어난 감격의 파동은 일생을 두고도 잊혀지지 않았다. 그는 이 날을 계기로 하여 딴 사람이 되어진 듯하였다. 그의 어두운 과거가 빚어낸 끝없는 의혹과 야심도 이제는 갠 하늘처럼 깨끗이 가셔진 듯하였다.

이와 동시 그의 가슴속에는 신의에 살고 신의에 죽겠다는 새로운 결심이 쇠뭉치와 같이 굳어짐을 깨달았다. 그때 그의 나이 스물네 살이요, 아효공주가 열다섯 살이었다.

두 해 뒤, 그의 나이 스물여섯이요, 아효공주가 열일곱 살 나서 두 사람은 정식으로 부부가 되었다.

그런데 다시 두 해 뒤에 그는 대보의 중책을 맡고, 대보직에서 마흔일곱 해를 지난 뒤, 유리왕이 세상을 뜨시자, 전왕(前王-南解王)의 유훈에 의하여 드디어 왕위에 오르게 되었던 것이다.

석탈해 253

〈부기〉

1. 『삼국사기』에 탈해가 진한(辰韓) 아진포구에 대인 해를 혁거세 제위 39년(출생년에 해당)이라 하고 그가 왕위에 오른 것이 62세라 했는데 박씨 3왕의 연대로 헤아리면 약 25년의 차이가 생긴다. 이 소설에서는 39년 출생으로 보고 계산되어 있다.

2. 새뚝 – 이병도 박사의 석탈해에 대한 풀이에 의거(『삼국사기』 역주 참조).

---

*(출)『김동리 역사소설』, 지소림, 1977.

호원사기(虎願寺記)
― 비연(悲緣)

얇은 구름이 지나가고, 달은 또 그 희고 둥근 얼굴을 내놓았다. 이월 보름.

'오늘이 마지막이다.'

생각하니 현(現)은 무언지 허전해짐을 느낀다. 이 달(이월) 초여드레에서 시작된 흥륜사의 탑돌기 복회(福會)는 이 날(보름) 밤으로 끝나게 되어 있었다. 그는 이레 동안을 하루도 빠짐없이 이〈복회〉에 참례하여 왔다. 복회에 참례하는 일이라야 별 것은 물론 없다. 그저 흥륜사의 전탑(塼塔)을 자꾸 돌며 염불을 외우는 그것뿐이다. 전탑을 돌면서 대개는 〈나무관세음보살〉이나 〈나무 아미타불〉을 부르는 것쯤이다. 그렇게 하면 한 해 동안의 자기의 소원이 성취된다는 것이다.

그런데 한 가지 재미난 일은 이 복회에 참례하는 사람들의 거개가 미혼의 젊은 남녀들이었다. 그리고 그들의 소원도 대개는 자기의 배필을 구하는 일이었다. 그리고 과연 이 복회는 해마다 수많은 청년 남녀들의 소원을 성취시켜 주었다. 그것도 대개는 현장에서였다.

현의 소원도 물론 배필을 구하는 일이었다. 그러나 그가 이렇게 이레 동안이나 계속해서 전탑을 돌았음에도 불구하고 이 마지막 날 밤이 되기까지 소원을 성취하지 못한 것은 그의 욕심이 너무 많았기 때문인지도 몰랐다. 그는 세상에서 찾아보기 어려운 특별히 아름다운 미녀를 배필로서 구하고자 했던 것이다.

얇은 구름을 헤치고 나오는 달의 희고도 깨끗한 얼굴을 쳐다보며 현이 가만히 한숨 짓고 있을 때, 저쪽에서 마침 이쪽으로 향해 걸어오는 아름다운 소녀가 하나 있었다. 그 얼굴은 그야말로 보름달과도 같이 둥글고 희고 깨끗하였다.

그때 현은 직감적으로 '아아, 저 여자다, 내가 지금까지 구하고자 한 여인이 바로 저 아가씨다' 하는 생각이 들었다. 그리하여 그는 그녀를 대담스럽게 정면으로 노려보고 있었다. 그러자 여자 쪽에서도 입가에 은은한 미소를 띤 채 이쪽을 바라보며 지나가지 않는가.

현은 걸음을 빨리하여 전탑을 돌았다. 얼른 그 여자와 다시 마주치고 싶었기 때문이었다. 두 번째 얼굴을 마주쳤을 때도 여인은 역시 먼저와 같은 은은한 미소를 띠고 그를 바라보는 것이었다. 현의 두 눈에는 점점 빛이 서리기 시작하였다.

'그렇지만 나는 왜 오늘 밤까지 저 여인을 발견하지 못했던 것일까. 사람이 너무 많았기 때문일까. 사람이야 오늘 밤인들 많지 않단 말인가. 그렇다면 저 여자가 오늘 밤에 처음으로 나타난 것일까. 그럴 리도 없을 텐데……'

현은 혼자 속으로 이렇게 중얼대며 계속해서 전탑을 몇 바퀴나 더 돌았다. 그렇게 세 번 네 번 자꾸 더 마주치는 동안 이제는 두 사람이 상대자에게 특수한 관심을 가졌다는 것을 서로 짐작하게 되었다.

일곱 번째 마주쳤을 때였다. 현은 소녀의 앞을 가로막듯이 하고 걸음을 멈추었다.

"사뢰옵기 송구하오나 낭자께서는 누구시온지."

현이 물었다.

"이 몸의 성은 박씨, 이름은 호임(虎姙)이라 하나이다. 귀랑께서는 누구시온지?"

여자의 목소리는 흰 모래를 씻어 내려가는 맑고 잔잔한 물소리 같았다.

"이 몸의 성은 김씨, 이름은 현, 나마(奈麻-제11관등) 김뇌(金惱)의 아들이올시다. 낭자께 청하옵기는 이 몸과 더불어 잠깐 자리를 따로 할 수 없사옵는지?"

"귀랑께서 원하신다면 이 몸은 좇으리다."

두 사람은 걸음을 옮겨 서천(西川)으로 나갔다. 선도산(仙桃山)의 웅장한 모습은 달빛에 싸여 더욱 거룩하게 보였다. 냇물가 수풀 속에서는 부엉이 소리가 부엉부엉 들려왔다. 밤도 어느덧 꽤 깊어진 모양이었다.

언덕 위에까지 온 김현은 여자의 손목을 잡으며,

"청하옵건대 낭자께서는 이 몸의 배필이 되어주시기를……."

하였다.

"이 몸은 미천한 것을."

호임은 고개를 약간 수그린 채 이렇게 대답하였다.

"귀천이 우리의 인연을 가르리이까. 이 몸은 이레 동안이나 낭자가 나타나기를 기다린 것을."

김현의 이말에 여자는 조금 놀라는 듯한 기색을 보이며,

"어쩌면 이 몸과도 꼭 같이."

하였다. 그녀의 설명에 의하면 그녀가 처음 복회에 나와 전탑을 돌고 나서 돌아간 첫날 밤이니까, 아마 여드렛 날 밤이리라고 한다. 꿈에

관세음보살님이 나타나서 이 달 보름날 밤에 배필될 사람을 만나리라 했다는 것이다. 그래서 그런지 과연 이 날까지는 한 사람도 마음에 드는 이가 없더니 마지막 날 밤에 와서 그를 만난 것이라 한다.
"그렇다면 신불(神佛)께서 이미 점지하신 인연인 듯하오니 낭자께서는 빨리 허락하여 주시기를."
"그러하오나 이 몸에겐 늙은 어미가 있사와 어미의 허락을 듣기 전에는 이 몸이 무어라 말할 수 없사옵니다. 귀랑께서는 부디 그날을 기다리시기를."
하더니 여자는 김현에게 머리를 숙여 하직인사를 하고는 그대로 돌아가 버렸다.
"아아, 낭자, 이 몸은 낭자와 떨어져 돌아갈 수 없는 것을."
하고 김현은 목멘 소리로 이렇게 하소 하며 그녀의 뒤를 따라 발을 옮겼다.
"아아, 이 몸의 집은 너무나 누추하온 것을."
여인은 잠깐 돌아다보며 이렇게 말하고 나서 그냥 앞서 걸어갔다. 여인의 집은 무열왕릉과 김유신 묘와의 중간쯤 되는 서쪽 산기슭에 있는 아담한 기와집이었다. 거기서 여인은 김현을 잠깐 문 밖에 세워 놓고 자기 먼저 안으로 들어가더니 조금 있다 도로 나와서 어머니의 허락을 받았으니 빨리 들어오라 하였다.
그녀의 방은 집 뒤꼍을 돌아가 있는 후당에 있었다. 그녀의 어머니인 듯한 부인이 후당에 들어와 보고 그와 그녀를 향해,
"비록 혼례는 갖추지 않았지만 이미 인연이고 보면 지것들이나 다름이 없으니 경사가 아닌 것은 아니다. 다만 네 오빠들이 사나워서 혹 행패가 있을는지 모르니 조심들 해라."
하고 다시 밖으로 나갔다.
어머니가 물러나간 뒤 두 사람은 도란도란 이야기를 시작하였다.

그녀의 말에 의하면 아버지는 일찍이 세상을 떠나시고 어머니와 세 오빠가 있을 뿐이라 하였다. 본디는 언니가 하나 더 있었는데 이미 출가를 하였기 때문에 지금은 사 남매가 있을 뿐이라는 것이다. 그녀의 나이는 열일곱 살이었다. 그녀의 살결은 눈같이 희었고 꽃 같은 두 눈에는 어딘지 처절한 빛이 떠돌았다.

"아버님께서는 낭자가 몇 살 때 돌아가셨는지?"

"이 몸이 세 살 때 돌아가셨어요. 아버님께서 이 몸을 안고 〈호임아, 호임아〉 하시던 것을 지금도 기억하고 있나이다."

"그런데 왜 이름을 호임이라 하셨는지?"

김현이 물었다.

호임이 생긋이 웃고 나더니 이야기를 시작하였다. 그녀의 어머니가 꿈에 호랑이를 보았다는 것이다. 그것도 잠자리에서, 옷을 활짝 벗고 있는데 호랑이의 침범을 당했다는 것이다. 하도 망측해서 그 남편(호임의 아버지)에게 꿈 이야기를 하여더니 그는 껄껄껄 웃으며 태몽이니 걱정말라고 하면서 만약 아들을 낳는다면 대장이 되리라고 기뻐하시더라는 것이다.

여기서 어머니도 은근히 아들을 기대하신 모양이나 결국 딸을 낳게 되었는데, 한번 아기의 얼굴을 보자 조금도 섭섭해 하지 않고 오히려 흐뭇해 하였다는 것이다. 그것은 그녀의 얼굴이 어려서부터 그렇게 아름다웠기 때문이라고 그녀의 부모들이 말했다고 한다. 그리고 꿈에 호랑이를 보았다 하여 그녀의 아버지는 호임이란 이름을 붙여 주었다는 것이다.

첫닭이 울고 났을 무렵이었다. 밖에서 두런두런하는 사람의 소리가 들려왔다. 현은 몹시 곤하게 잠이 들어 있었다. 먼저 눈을 뜬 호임이 김현을 흔들어 깨웠다.

"으응……."

하고 김현이 기지개를 켰다. 호임이 그의 귀에 입을 바싹 갖다 대며 조용히 하라고 속삭였다. 현이 눈을 떴다. 그러자 호임은,

"저 소리를 들어보세요. 오빠들이에요. 반드시 무슨 불량한 짓을 꾸미고 있을 거예요. 어머님이 말리시는 소리가 들리잖아요. 낭군께서는 옷을 입고 계세요. 이 몸이 나가 알아보고 오리다."

이렇게 말하자 일어나 옷을 찾아 입고 밖으로 나갔다. 김현도 일어나 옷을 입었다.

조금 뒤에 호임은 얼굴이 파랗게 질려서 돌아왔다. 그녀의 말에 의하면 그녀의 오빠들이 그(김현)를 죽이려 하고 있다는 것이다. 그들은 그들의 색시(호임의 올케)에게서 이 일을 모두 듣게 된 것이라 하였다. 그 까닭은, 첫째 그가 자기들의 누이동생을 훔쳤기 때문이라고 한다. 그 점은 그녀의 어머니가 변명을 해서 오해를 풀었으나 그들은 의연히 죽일 생각을 버리지 않고 있다는 것이다.

"그렇다면 또 무슨 까닭으로?"

김현이 조금 떨리는 소리로 물었다. 호임이 다시 이야기를 계속하였다.

"이 몸의 오빠들은 이찬 제공(悌恭)의 무리들이에요."

"이찬 제공의 무리라고?"

김현이 의아스러운 얼굴로 다시 물었다.

"바로 그 무리는 아니지만 그 아들의 무리에요."

"그래서?"

"아마 낭군께서는 모르실 거에요. 오늘 저녁쯤 그 이찬이 반란을 일으킬 작정인가 봐요. 이 몸의 오빠들이 그 이찬의 아들의 무리들이기 때문에 같이 반란에 가담하게 되었나 봐요."

이 말을 듣자 갑자기 김현도 얼굴이 파랗게 질려 버렸다.

"그래, 오빠들이 낭군을 죽이려는 것도 그것 때문이에요. 낭군께서 자기들의 음모를 탐지하러 온 것으로 잘못 알고 있는 거에요."

"그, 그렇지 않은 것으로……."

"그래도 믿지 않아요. 이쪽에서 다 엿들었을 터이니까 소용없다는 거예요."

이 말을 듣자 김현은 과연 아래턱을 덜덜 떨었다.

"낭군님 안심하세요. 제가 나갈 때까지는 오빠들이 여기 들어오지 않습니다. 그렇게 약속했어요. 오빠들은 이 몸이 낭군을 자기들에게 잡아 주는 쪽으로 믿고 있어요. 그래 이 몸이 나가서 손짓을 하면 오빠들이 칼을 가지고 들어오게 되어 있어요."

"나, 낭자 어떻게 그, 그런 약속을 했단 말요?"

"그것은 낭군님과 하직하는 시간을 얻으려고 그랬어요. 오빠들은 이 몸을 믿기 때문에 이 몸이 자기들을 속이리라고는 꿈에도 생각하지 않고 있어요."

호임의 이 말에 김현은 간신히 정신을 진정시켰다.

"그렇지만 나중은 어떻게 하려오?"

"이 몸에게 생각이 있어요. 저기 뒷문이 있으니까 나중에 낭군께서는 그리고 빠져나가세요."

"그렇지만 낭자께서는?"

"이 몸은 걱정하지 마세요."

"어떻게 걱정하지 않는단 말이오?"

"지금 생각하면 모든 것이 인연인걸요. 낭군을 만난 것도, 죽고 사는 것도, 모두가 다…… 이 몸은 이렇게 죽을 마련이기에 관세음 보살님께서 나타나 이 몸을 낭군께 인도하신 거지요."

"아아, 낭자, 무슨 인연이 그렇게도 짧고 그렇게도 무상하단 말이오? 어제 저녁에 만나서 오늘 새벽에 헤어지다니, 그것도 영원히 다시 볼 수 없는 길로 헤어지고 말다니…….”

김현의 두 눈에서는 뜨거운 눈물이 주르르 흘러내렸다.

“낭군님, 진정하세요. 그리고 이 몸의 마지막 청을 들어주세요.”

“…….”

김현이 눈물을 닦고 다시 고개를 들었다.

“낭군께서는 이 길로 바로 가서 조정에 고발을 하세요, 이찬 제공의 무리가 오늘 밤을 기하여 반란을 일으킬 것이라고.”

“그것이 낭자에게 무슨 소용이 있소?”

“들어보세요. 이 몸은 낭군께서 떠나신 뒤 조금 있다 뒤뜰로 나가면 오빠들이 곧 후당으로 달려들 거예요. 거기서 그들이 이 몸에게 속은 것을 알면 그들은 당장에 이 몸을 찔러 죽일 거예요. 그러니까 낭군께서 고발을 하시든지 안 하시든지 이 몸의 죽음에는 아무런 상관이 없사와요.”

“그렇다면.”

“그리고 오빠들에게도 마찬가지예요. 반란의 결과는 어차피 뻔한 거니까요. 살상을 덜 뿐이지요. 그리고 벌도 살상이 적을 수록 가볍게 될 거예요. 차라리 오빠들에게도 그 편이 나을 거예요.”

호임은 사건의 결과를 미리 다 내다보고 있듯이 말했다(그녀의 말에 의하면 그녀의 어머니에게서 들은 것이라 한다. 그녀의 어머니는 여러 번 아들들의 가담을 제지시키려고 했던 것이다).

“그러면 살상을 덜기 위해서 고발을 하라는 거요?”

“그뿐 아니죠. 낭군님을 위해서예요.”

“어떻게?”

“낭군께서 고발을 하시면 나라에서 반드시 은상(恩賞)을 내리실 거예요. 그러면 낭군께서는 살상을 덜게 하시고 은상을 타시게 되겠지만, 그러시지 않으면 도리어 반란의 혐의를…….”

"아아, 낭자께서 안 계시는데 나 혼자 살아 남아 은상을 타면 무슨 소용이 있단 말요?"

"낭군께서 그렇게 이 몸을 잊지 못하시거든 부디 절을 하나 세워 주시기를. 절이 안 되면 조그만 탑이라도 하나 세워 주시기를. 이 몸의 소원은 그것뿐인 것을."

"호임은 말을 마치자 곧 문을 열었다. 그러고는 발자국 소리가 나지 않게 사뿐사뿐 걸어서 뒷문께로 갔다. 뒷문을 살며시 열고 그를 내어보내자 얼른 뛰라는 듯이 손을 한 번 들어 보이고는 곧 도로 문을 닫았다. 그것은 원성왕(元聖王-제 38대왕) 칠 년 삼월 열엿새 날이었다.

이찬 제공은 본디 원성왕의 족제(族弟)였다. 처음 원성왕은 왕위에 오르자 그에게 시중(侍中)이란 대직(大職)을 주었다. 상대등(上大等)을 별도로 한다면 관직으로서는 최고의 자리다. 어떤 점에 있어서는 상대등 이상의 실권을 가진 자리라고도 할 수 있다. 그럼에도 불구하고 그는 감지덕지를 하기커녕 도리어 어정쩡한 얼굴이었다. 거기엔 까닭이 있었다.

본디 전왕(前王-宣德王)께서는 직계왕자가 없었기 때문에 족자(族子) 김주원(金周元)이 왕위를 잇도록 되어 있었다. 그런데 공교롭게도 선덕왕이 세상을 뜨실 무렵에 비가 많이 와서 냇물이 모두 넘치고 있었던 것이다. 그때 김주원은 알천(閼川-北川) 북쪽에 있었으므로 이 물을 건너야 하겠는데 특히 이 냇물은 물결이 거세어서 물이 조금만 많아도 건너지 못했던 것이다. 게다가 비는 자꾸 쏟아 내려져서 물은 연방 불어만 갔다.

그동안 조정에서는 전조(前朝)의 중신들이 회의를 열고 잠시라도 왕위를 비워 놓을 수가 없다 하여 당시 상대등으로 있던 경신(敬信)을 추대하여 왕위에 오르게 했다. 그가 곧 원성왕이다. 경신으로 말하면 전왕(宣德王-제 37대 왕)과 합세하여 폭군 혜공왕(惠恭王-제 36대왕)을 물리치고 정치를 바로잡게 한 공으로 보든지, 전왕과 같은 내물왕계(奈勿王

系)의 진골이라는 지체로 보든지, 상대등이라는 지위로 보든지 왕위에 오를 만한 조건이 부족했던 것은 아니다. 다만 전왕의 혈연관계로 보아 김주원이 가까웠을 뿐이다. 그렇건만 김주원이라야 한다고 생각하는 사람들은 이 일을 몹시 부당한 것이라 하여 분개하고 있었다. 그것은 전왕의 성지를 무시하는 반역행위라 하였다. 이찬 제공도 물론 그러한 사람중의 하나다. 당사자인 김주원이 앙앙불락하고 있음은 더 말할 나위도 없었다.

신왕은 이러한 불평들을 일소하기 위하여 김주원 계열에게도 관직을 안배한다는 원칙을 세우고, 이 원칙에 따라 일찍이 김주원을 받들던 이찬 제공에게 시중이란 대직을 주었다. 그러나 이 일이 처음부터 경신을 받들던 사람들의 반발을 사게 되었다. 처음부터 경신을 받들던 사람들이라고 하면 충렴(忠廉)과 세가(世强)이 대표자들이었다. 본디 그들은 충렴이 상대등으로 된다면 세강은 시중이 되리라고 믿고 있었다. 그런데 충렴은 예상대로 상대등이 되었으나 시중의 자리는 제공에게 빼앗긴 것이다.

신왕을 배알하고,

"제공과 같이 처음부터 딴 마음이 있었던 사람에게 시중이란 대직을 맡기는 것은 나라의 전도로 보아서도 위험 천만한 일인 줄 아나이다."

하고 충렴이 아뢰자 세강도,

"제공과 같이 처음부터 딴 마음이 있었던 사람에게 시중이란 대직을 맡기는 것은 나라의 전도로 보아서도 위험천만한 일인 줄 아나이다."

하고 충렴이 아뢰자 세강도,

"옳은 말인 줄 아나이다."

하고 맞장구를 쳤다.

여기서 왕은 제공에게 주려던 시중의 자리를 세강에게 주기로 하였다.

그런 지 육년 뒤다.

제공은 그동안 혼자서 앙앙불락하다가 드디어 참지 못하여 일을 꾸미게 되었던 것이다. 물론 그것은 그 자신보다도 그의 아들과 동생들이 그를 떠메고 나와 시작한 일이었다. 그의 큰아들 양곡(良谷)과 동생 큰말(大斗)은 각각 수백 명의 무리 중에 들어 있었던 것이다.

김현이 집으로 돌아가 그의 아버지 김뇌를 보고 이 말을 전하자, 그렇지 않아도 평소부터 제공 일당을 싫어하던 그는 좋아라고 아들의 손목을 이끌고 함께 나가 왕에게 이 일을 일러바쳤다.

조정에서는 김현 부자의 고발을 받고 곧 군사를 풀어서 제공 일당을 사로잡게 하였다. 관군이 제공의 집을 포위하고 대문 안으로 들어서니 거기엔 과연 백여 명의 장사들과 수많은 무기가 쌓여 있었다(그때까지 무리들은 아직 다 모이지 못하고 있었던 것이다).

제공은 일이 이미 탄로된 것을 알고 무리들에게 항거를 못하게 하고 스스로 나아가 순순히 자백함으로써 희생자를 덜 내려 하였다. 그 결과 제공 부자와 그 동생 큰말(온말)만이 주벌(誅罰)을 당하고 그 나머지 사람들은 모두 태형을 받고 놓여나게 되었다.

호임의 세 오빠 가운데서는 큰오빠와 둘째가 그 속에 끼여 있다가 매를 맞고 놓여났다. 셋째는 그날 아침에 형들이 누이를 죽이는 것을 보고 그 반란에 가담할 용기를 잃고 말았던 것이다. 그는 혼자서 누이를 산에 가져다 묻고 집으로 돌아오자 그대로 자리에 누워 있었던 것이다.

김현은 호임이 말한 것처럼 과연 나라에서 관직과 금은 이백 냥을 상으로 타게 되었다. 그는 관직을 사양하고 금은 이백 냥만 타서 그것으로 호임의 집이 건너다보이는 서천가 수풀 속에 절을 짓기로 하였는데, 절이 완성되자 이름을 호원사(虎願寺)라 하였다. 그것은 호임이 죽기 전에 그에게 탑이나 절을 세워 달라고 원한 사실을 기념하기 위해서였다.

그는 한 달에 두 번씩 초하루, 보름으로 이 절에 와서 호임의 명복을 빌기 위하여 재를 올렸다. 뿐만 아니라 그는 일절 다른 배필을 찾으려고도 하지 않고 관직에도 나아가지 않았다.

그의 심정을 잘 알고 있는 그의 어머니가 빨리 그의 마음을 돌이키려고 아름다운 처녀들을 여러 번 만나게 하였으나 그는 끝까지 호임을 잊지 못하겠노라면서 혼인을 하지 않았다.

"하루도 잊을 날이 없이 언제나 눈앞에 그녀의 얼굴이 떠 있는 것을 어떻게 하오리까."

현은 목멘 소리로 이렇게 대답하는 것이었다.

삼 년이 지났다. 삼 년이 지나면 그도 마음을 돌이키리라고 믿었던 그의 부모들의 기대와는 반대로, 그는 도리어 머리를 깎고 중이 되어서 호원사에 들어앉고 말았던 것이다.

*(출)『김동리 역사소설』, 지소림, 1977.

원왕생가(願往生歌)

　법사(法師) 원효(元曉)는 만년(晩年)을 주로 초개사(初開寺)에서 보냈다. 거기서는 아침 저녁 솔바람 소리가 윙윙하고 거문고를 타는 듯 울려 오곤 했다. 이 솔바람 소리에 귀를 기울이며 그윽한 명상에 잠긴 채 가만히 눈을 감고 앉아 있는 법사의 얼굴엔 조금도 무료한 빛이 보이지 않았다.
　그러한 어느 날 저녁때였다. 어떤 낯선 중 하나가 찾아와서 그의 뜰 아래 엎드려 있었다. 아무런 말도 없이, 그것도 땅에 이마를 댄 채 엎드려 있는 것을, 원효도 처음엔 그냥 버려 두고 있었다. 그렇게 해서 그의 정성을 살핀다거나 결심의 정도를 헤아려 본다든가 그러기 위해서가 아니요, 그때 마침 자기 자신도 그윽한 명상에 잠겨 있었기 때문에 졸연히 그것을 깨뜨리고 싶지 않았던 것이다.
　한참이나 지난 뒤 원효는 뜰에 엎드린 중을 불렀다. 중은 고개를 들어 원효를 우러러보더니 일어나 네 번이나 절을 하고 나서 또다시 그 자리에 엎드렸다.

원효는 그 중을 자리에 올라오게 하였다. 그리하여 찾아온 연유를 물었다. 중의 이름은 엄장(嚴莊)이라 하였다. 나이는 한 삼십여 세나 되어 보였다.

다음에 기록하는 이야기는 이 엄장이 원효대사에게 도(道)를 물으러 와서 아뢰어 바친 그의 반생에 대한 참회담이라고 해도 좋고 회고담이라 해도 좋을 것이다.

저의 본사(本寺)는 분황사(芬皇寺)이옵고 제가 처음으로 출가를 한 것은 열네 살 때이옵니다. 그러니까 꼭 열다섯 해 전이옵지요. 그때 대사님(원효를 가리킴)께서도 분황사에 계셨으므로 일찍이 우러러뵈올 기회는 여러 번 있었사오나 아무것도 모르는 사미(沙彌)의 몸으로 감히 나아가 뵈올 계제에까지는 이르지 못했사옵니다.

그런데 그 절(분황사)에는 저와 퍽 친하게 지낸 또 하나의 사미가 있었사온데 그의 이름은 광덕(廣德)이라 하였사옵고, 나이는 저보다 한 살 위였사옵니다. 그때 저희는 이 광덕과 더불어 대사님을 살아 계신 부처님같이 우러러뵈었으나 아까도 말씀드린 바와 같이 아무것도 모르는 어린 사미의 몸으로서 감히 대사님을 찾아뵈옵는다 할 수가 없었으므로 구족계(具足戒)나 받고 한 사람의 사문(沙門)이 되면 언제든지 나아가 뵈오리라 이렇게 서로 언약하고 지냈사옵니다.

그렇게 두 해를 지내니, 광덕이 열일곱 살이 되고 제가 열여섯이 되었사옵니다. 하루는 절(분황사) 곁에 사는 어떤 소녀 하나가 그 친척을 따라 절에 나타났사옵니다. 이것은 나중에 알게 된 이야기지만 그 소녀의 이름은 연하(延荷)라 하였사옵고 나이는 그 해 열다섯 살이었사옵니다. 얼굴엔 어딘지 푸른 빛이 돌았사오나 두 눈은 연꽃같이 환하고 아름답게 빛나고 있었사옵니다.

사뢰옵기 황송하온 말씀이오나 저는 처음 그 소녀를 보았을 때부터 웬 까닭인지 저도 모르게 곧장 마음이 끌리었사옵니다.

연하는 신심이 돈독하와 자주 절에 와서는 부처님께 배례를 올리옵곤 돌아가고 하였사옵니다. 그리고 이것도 나중 알게 되었지만 소녀는 일찍이 부모를 여의고 그녀의 외삼촌 댁에 붙이어 지내는 형편이온데 그 외삼촌 댁이 또한 가난하여 여간 구박을 받지 않았다고 하옵니다. 그러는 중에서도 연하는 항상 부처님에 대한 신심이 두터워 언제나 절에 오고 싶은 생각을 금할 수 없었다고 하옵니다. 어떤 때는 외삼촌 내외의 허락을 받아서 오기도 하지만 어떤 때는 몰래 집을 빠져나온 것도 한두 번이 아니었다고 하옵니다.

그러는 동안에 절에서도 차츰 그녀를 알아보고 동정하는 스님이 여럿 있게 되었사옵니다. 그러한 스님들은 연하가 오면 으레 절에서 공양(供養-밥)을 하도록 마련해 주곤 하였사옵니다. 그것이 거듭할수록 연하는 자주 절을 찾게 되었사옵니다. 처음엔 큰 재(불공)가 있을 때만 와서 일을 거들던 것이 나중엔 거의 날마다 와서 일을 거들고는 하였사옵니다. 그녀의 외삼촌 내외도 워낙 자기들의 살림이 구차한 데다 또한 그녀의 신심이 놀라우니 그렇게 매일 절에 가서 거들고 하는 것을 묵인해 두는 모양이었사옵니다.

그런데 위에서도 잠깐 사뢰었사옵니다마는 소승은 처음부터 연하를 보자 몹시 마음이 끌리었사옵니다. 그것이 날이 갈수록 더욱더 간절하여 나중엔 그녀의 얼굴을 얼핏 보거나 목소리만 잠깐 들어도 가슴이 찌릿찌릿하게 저려 들게 되었사옵니다.

이렇게 지내기를 한 해 가까이 하였사옵니다. 이듬해 이른 여름이니까, 그때 소승이 나이 열일곱 살이요, 광덕이 열여덟이요, 연하가 열일곱 살이었사옵니다.
　소승은 안타까운 가슴을 누를 길 없어 마침내 연하를 만나보기로 결심하였사옵니다. 마침 보리 이삭이 무룩이 피어오르는 어스름 달밤이었사옵니다. 소승은 남몰래 절을 빠져나와 연하가 돌아가는 길목을 지키고 있었사옵니다. 남에게 보이지 않도록 보리밭 둑에 쪼그리고 앉아 있었사옵니다. 하늘에는 희미한 달이 떠 있고 어디서인지 개구리 소리가 와글와글 울어대고 있었사옵니다. 그때 마침 연하가 절문 밖으로 나오더니, 이쪽 길로 접어들고 있었사옵니다. 그때 저의 가슴속에서는 걷잡을 길 없는 쌍방망이질이 일어나고 있었사옵니다. 연하는 점점 가까이 다가오고 있었사옵니다. 어스름 달빛에도 그녀의 파리한 얼굴과 그 연꽃같이 슬프고 아름다운 두 눈이 보이는 듯하였사옵니다. 연하가 바로 저의 앞을 지나치려 할 때 저는 〈에헴〉 하고 헛기침을 하고 밭둑에서 일어나 그녀의 곁으로 다가갔사옵니다. 그와 동시 소승은 용기를 내어,
　"이봐, 연하."
하고 그녀의 이름을 불렀사옵니다. 그때 저의 목소리는 사뭇 경풍 들린 사람처럼 떨려 나왔사옵니다.
　처음 연하는 깜짝 놀라며 길 저쪽으로 주춤 물러섰사오나 이내 소승의 얼굴을 알아보는지 걸음을 멈춘 채 말없이 고개를 수그리고 있었사옵니다.
　"연하, 나를 몰라 보겠어? 난 저 절에 있는 엄장이야."
　"……"
연하는 고개를 푹 수그린 채 역시 입을 떼지 않았사옵니다.
　"이봐, 연하. 난 가, 가슴이 터질 것만 같애."
　이렇게 말하며 저는 연하의 손목을 잡았사옵니다.
　바로 그때였사옵니다. 인기척이 나기에 놀라 고개를 들어 보니 한

여남은 걸음 저쪽에서 어떤 사람 하나 걸어오고 있었사옵니다. 가까이 다가오는 것을 보니 그것도 다른 사람이 아닌 광덕이었사옵니다. 저는 곧 연하의 손목을 놓고 그냥 묵묵히 서 있었사옵니다. 그러자 광덕이 저의 곁으로 다가오며,

"게서 뭐하는고?"

하고 물었사옵니다.

그때 저는 맘속으로 광덕이를 그지없이 원망하였사오나 겉으로는 어찌하는 수가 없었사옵니다.

"응, 길에서 연하를 만났어. 우연이야."

저는 이렇게 거짓말을 하는 수밖에 도리가 없었사옵니다.

"응, 그래? 그럼 나하고 같이 들어가."

광덕이 이렇게 말하자 연하는 저희들에게 고개를 조금 소곳해 보이고는 그대로 그곳을 떠나가 버렸사옵니다. 저는 주먹으로 광덕이의 볼을 쥐어박아 놓고 싶었사오나 분을 삼키며 그를 따라 절로 돌아오고 말았사옵니다.

사흘 뒤에 저는 또 아무도 몰래 절문을 빠져나왔사옵니다. 그리하여 이번에는 전날보다 좀더 절에서 떨어진 곳에서 연하를 기다리고 있었사옵니다. 하늘에는 보름 가까운 달이 떠 있고 개울에서는 개구리들이 잔치를 하는 듯 와글거리고 있었사옵니다. 〈아아 달도 밝다〉 하고 저는 하늘의 달을 쳐다보고 한숨을 뽑었사옵니다. 바로 그때 연하는 그 푸른 얼굴에 달빛을 받으며 이쪽을 향해 걸어오고 있었사옵니다. 순간 저의 가슴은 얼어붙는 듯하였사옵니다. 마땅히 와야 할 연하가 걸어오건만 그것이 너무도 신기해서 꿈만 같았사옵니다. 오늘 밤에야말로 연하를 붙잡으면 그냥은 놓아 주지 않으리라 결심했사옵니다. 그리하여 어떠한 일이 있더라도 기어이 나의 아내가 되어 준다는 언약을 받고야 말리라 혼자 맹세하였사옵니다.

연하는 바야흐로 저의 앞을 지나치려 하였사옵니다. 저는 또 먼저와 같이 밭둑에서 뛰어나오며 연하를 불렀사옵니다.

"이봐, 나여."

"난 곧장 가슴이 터질 것만 같애."

저의 입에서는 역시 전날과 같은 말이 흘러나왔사옵니다. 그 찢어질 것만 같은 안타까운 가슴에 비겨서 웬 까닭인지 신통한 말이 나와 주지는 않았사옵니다.

"……."

연하는 역시 벙어리같이 고개를 수그리고 서 있을 뿐이었사옵니다. 저는 먼저 연하의 손목을 잡았사옵니다. 그러고는 끌었사옵니다.

"연하, 이봐, 내 말 들어줘. 나하고 혼인해서 살아, 난 이러다간 가슴이 터져 죽겠어."

"……."

"누가 보지 않게 이리로 와, 이리로 와서 이야기를 좀 나눠."

저는 연하의 손목을 잡은 채 보리밭 고랑 속으로 그녀를 끌어들이려 했사옵니다. 그러자 연하는,

"놔요. 이러다간 절에도 못 다니게……."

하고 저의 손을 뿌리치려 했사옵니다.

"나하고 혼인해서 살자니까, 절엔 안 감 어때?"

"아이 놔요. 그러다간 지옥 가게……."

"지옥은 무슨 지옥이여? 원효 스님께서도 아들 낳으시잖았어?"

"원효 수님이야 부처님이 되셨으니까 우리하고 다르잖우?"

"나도 연하만 얻으면 그렇게 되여."

"아니 놔요. 아직 더 공불 하셔야지."

이렇게 연하의 마음이 조금씩 움직이려 할 때 또 저쪽에서 어떤 사람이 걸어오고 있었사옵니다. 저는 곧 손목을 놓고 그냥 말없이 서 있

었사옵니다. 그 사람은 저의 곁으로 가까이 다가왔사옵니다. 그는 광덕이었사옵니다.
 "거기서 뭘 하고 있어?"
 광덕이 천연스런 목소리로 이렇게 물었사옵니다. 그때 저는 곧 광덕에게 달려들어 주먹으로 그의 상판을 때려주고 싶었사오나 그 대신 후들후들 떨리는 목소리로,
 "응, 아무것도 아녀. 바람을 쐬러 나왔어."
한즉, 광덕도 역시 시치미를 떼며,
 "나도 바람을 쐴려고 너를 찾았어"
하였사옵니다. 그리고 그는 다시 말을 이어,
 "내가 저쪽으로 돌아오자니까, 연하 아주머니가 연하를 기다리고 있나 보던데 저물기 전에 빨리 가 보아."
하였사옵니다.
 이 말을 들은 연하는 고맙다는 듯 고개를 소곳해 보이고는 곧 걸어가 버렸사옵니다. 저는 그때부터 광덕을 주목하기 시작했사옵니다. 그는 처음부터 연하에게 야심을 품고 있거나 그렇지 않으면 적어도 저의 행동을 처음부터 감시하고 있었음에 틀림이 없다고 생각했사옵니다.
 그 뒤부터 저와 광덕은 연하를 사이에 두고 서로 감시의 눈을 게을리하지 않았사옵니다. 다시 말씀 사뢰오면 저희들은 서로 상대자로 하여금 혼자서 연하를 만날 수 있는 틈을 주지 않으려 했사옵니다.
 그렇게 달포 가까이 지났사옵니다. 하루는 광덕이 그의 스님의 사환으로 절을 떠나고 없었사옵니다. 벼르고 벼르던 기회라 생각하고 저는 그날 밤 또 연하를 만나게 되었사옵니다. 그때는 보리도 이미 누렇게 익어가고 있었사옵니다. 저는 여느 때와 같이 보리밭 둑에 쪼그리고 있다가 연하가 가까이 오는 것을 보자 달려들어 그녀의 손목을 잡고 끌었사옵니다. 그날 밤엔 웬일인지 연하도 그다지 사납게 항거를 하지

않고 제가 잡아 끄는 대로 보리밭 고랑 속을 끌려들어왔사옵니다.

저는 연하의 손목을 잡은 채 보리밭 고랑 속으로 깊이 헤치고 들어갔사옵니다. 그리하여 전날과 같은 하소연을 되풀이한 뒤 곧 그녀의 몸에 손을 대려 하였사옵니다. 그때 연하는 자기의 옷매무새를 굳게 잡으며 자기의 몸에 손을 대지 못하게 했사옵니다.

"아, 혼인해서 부부가 될 터인데 왜 나를 믿지 못해?"

하고 제가 목멘 소리로 달래자 연하는 의외로 또렷한 목소리로,

"장 수좌(莊首座-엄장을 가리킴)는 글렀어."

하였사옵니다.

"뭣이 어째?"

"덕 수좌(德首座-광덕을 가리킴)는 그러지 않았어."

"뭣이? 광덕이 어쨌다고?"

"덕 수좌는 나더러 혼인하자고만 했지 옷끈을 끌르라고는 하지 않았어."

"뭣이 어째? 그럼 광덕이와도 만났던 말이여? 나 몰래?"

"그렇지만 덕 수좌는 그렇게 하지는 않았어. 그래서 난 덕 수좌를 오빠처럼 믿어요."

"저런 나쁜 자식이 나 몰래 만났어. 연하를 꼬였던 말이지."

"그러니까 장 수좌도 내 몸에 손을랑 제발 대지 말아요. 나같이 불쌍한 계집앨 그렇게 하곤 서방세계(西方世界-극락) 못 가요."

이 말을 들었을 때 저는 방망이로 머리를 얻어맞은 것처럼 멍하게 그녀를 바라보고 있었사옵니다. 순간 저의 목에는 뜻 아니했던 울음이 터져나오며 두 눈에서는 뜨거운 눈물이 자꾸만 쏟아져 나왔사옵니다.

"연하 연하."

저는 이렇게 그녀의 이름을 부르며 자꾸만 흐느껴 울었사옵니다. 연하는 다정한 목소리로,

"저도 부처님 믿어서 극락세계 가고 싶어요. 장 수좌님 생각 돌려서 일어나셔요."

이렇게 한마디 남기고는 그곳을 떠나가 버렸사옵니다.

그 뒤부터 저는 연하의 말대로 생각을 돌리기로 했사옵니다. 생각을 돌린다고 그녀를 단념한 것은 물론 아니었사옵니다. 다만 그 전과 같이 연하의 손목을 잡고 보리밭 가운데로 끌어들이려는 태도를 버렸을 뿐이었사옵니다. 그 대신 저도 광덕과 같이 누구든지 다른 사람이 연하의 몸에 손을 대지 못하게 그것을 감시하는 데만 정신을 기울이기로 했사옵니다.

그렇게 또다시 한 해가 지났사옵니다. 하루는 광덕이 저에게 말하기를 자기는 연하와 혼인을 하게 되었다는 것이었사옵니다. 그때 저는 얼굴빛이 샛노랗게 질렸다고 나중 광덕이 저더러 이야기했사옵니다.

"뭣이 어째?"

저는 곧 싸움을 걸 듯이 대어들었사옵니다. 그때 광덕은 부드러운 목소리로,

"나도 네가 연하를 갖고 싶어하는 것을 모른 것은 아니다. 그렇기 때문에 어디까지나 비열하게 어린 계집애를 내 손아귀에 넣은 것은 아니다. 나는 처음 한 해 동안은 순전히 그녀를 위해서 다른 놈이 손을 대지 못하게 지켜만 왔던 것이다."

"그럼 그때 네가 더럽게 방해를 놓고 다닐 때도 그랬단 말인가."

"그때는 벌써 일 년이 지난 뒤니까 나도 맘이 좀 변해 있었다. 까놓고 이야기하자면 나도 혼인하고 싶었다. 그래서 네가 손대지 못하게 감시를 하는 일방 나도 혼인을 청해 보았다. 그때 연하는 대답을 하지 않더라. 다만 나를 오빠와 같이 믿는다고만 하더라."

"그때 너는 나를 중상했겠지."

"중상하지 않았다. 연하가 내 대신 너를 택해도 하는 수 없다고 생

각하고 있었다. 다만 누구든지 연하의 몸을 훔치는 것만은 막으려 하고 있었다."

"그런데 어째서 너하고 혼인하게 됐단 말이냐."

"그것은 내가 물어보았다. 연하는 엄장과 나와 누구의 아내가 되겠느냐고, 그렇지 않으면 누구의 아내가 되기 싫으냐고?"

"그러니까?"

"그랬더니 연하의 말이 자기는 자기의 외삼촌이 허락한다면 나의 아내가 되겠노라고 하더라. 그래서 나는 곧 스님에게 모든 것을 자백해 올렸다."

"그래 너의 스님은 뭐라고 그래?"

"하는 수 없다고. 그렇지만 불도를 닦는 것은 끝까지 잊지 말라고 그러시더라."

"흥, 장가를 들어서 불도를 닦는다는 건 새빨간 거짓말이여. 네가 지금이라도 극락 갈 생각이 있다면 혼인은 제발 그만둬라. 나는 너를 위해 진심으로 빈다."

이렇게 말하면서 저는 그의 앞에 두 손으로 합장을 해 보였습니다.

그때 광덕은 무언지 비창한 얼굴로 저를 바라보고 있었사옵니다. 그러나 역시 부드러운 목소리로,

"엄장, 자네와 나는 둘도 없는 친구로 피차 다 서로 불과(佛果)를 얻도록 원하고 있네. 우리가 각각 헤어져서 불도를 닦되 누구든지 먼저 정각(正覺)을 얻는 쪽이 상대를 찾아보기로 함세."

"그럼 정각을 얻을 때까지는 만나지 말자는 뜻인가."

"그렇다네. 자네가 나를 의심하니까 하는 말일세."

"그럼 좋아."

이렇게 하여 저희들은 헤어지고 말았사옵니다.

그 뒤 광덕은 연하와 혼인을 해서 아기까지 낳았다고 들었사옵니

다. 바로 분황사 곁에서 신을 삼아 팔며 근근히 호구를 한다고 들었사옵니다. 저는 남산(南山) 기슭에다 움막을 치고, 그 곁에다 조금씩 곡식을 심어가며 혼자서 마음을 닦으며 지냈사옵니다."

그렇게 지내는 동안에는 광덕을 찾아가 보고 싶은 생각이야 언제나 간절했었지만 헤어질 때 언약한 바가 있었기 때문에 정각을 얻을 때까지는 찾아갈 수 없었사옵니다.

그렇게 십년이란 세월이 흘러갔사옵니다. 하루는 역시 정좌(靜坐)를 하고 있는데, 몹시 고단하여 졸음이 곧장 침범하여 들곤 하는 중에, 문득 광덕이 저의 앞에 나타나 보였사옵니다. 그것이 꿈이었는지 생시였는지 지금도 소상히 분간할 수 없었사옵니다. 이런 것을 비몽사몽간이라 하옵는지 모르겠사오나, 어쨌든 저의 눈앞에는 선연한 자태로 광덕이 나타나더니,

"나는 먼저 서방(극락) 세계로 가니 자네도 곧 뒤쫓아 오게."
하고는 홀연히 사라졌사옵니다.

그때엔 저도 정신이 확 들었사옵니다. 그리하여 방문을 열어 보니 뜰에는 소나무 그림자가 길게 비껴 있고 해는 이미 서산에 걸쳐 있었사옵니다.

저는 그 길로 곧 광덕을 찾아갔사옵니다. 분황사 곁에서 신을 삼아 파는 광덕이라 하니 이내 찾아낼 수 있었사옵니다. 그런데 그의 집엘 들어가 보니 광덕이 이미 죽어 있었사옵니다. 그의 시체 곁에는 광덕의 아내인 연하와, 그리고 그의 아들인 듯한 여남은 살 가까이 되어 보이는 아이 하나가 향을 피워 두고 눈물을 흘리며 앉아 있었사옵니다.

연하는 처음 저를 보더니 잠깐 놀라는 빛이었으나 이내 태연한 얼굴로 돌아가며 어떻게 마침 찾아왔느냐고 물었사옵니다. 그래 제가 그 연유를 이야기했더니 연하도 놀라운 얼굴로 두 분은 참 연분이신 모양이라고, 아까 광덕이 운명한 것이 바로 그 시각이라고 일러 주었

사옵니다. 그때 저는 맘속으로 한 가지 의아하게 생각된 것이 있었사옵니다. 그것은 광덕이 열반(涅槃)할 때, 평소의 언약을 이행하기 위하여 그 혼령이 저를 찾아와 서방으로 간다고 아뢰일 정도면 이미 살아 있을 때 불과(佛果)를 거두었을 터인데 왜 진작 나를 찾아와 주지 않았던가 하는 점이었사옵니다.

그러나 그때는 그러한 말을 물을 수도 없고 해서, 그냥 향을 사르며 고인의 명복을 빌 뿐이었사옵니다.

이튿날 광덕의 시체를 다비(茶毘-화장)에 부치고 그의 유가족과 더불어 그의 집으로 돌아갔사옵니다. 그리하여 거기서 이레 동안이나 묵으면서 무량수불전(無量壽佛殿)에 그의 명복을 빌었사옵니다.

이레를 지낸 뒤에도 저는 역시 그곳을 떠나지 않았사옵니다. 그것은 연하에게 물어볼 말이 있었기 때문이었사옵니다. 그리하여 여드레째 되던 날 밤에 연하에게 물어보았사옵니다.

"광덕은 이미 극락세계로 가고 이제는 없으니 내가 이 집에 함께 살면 어떻겠소?"

제가 이렇게 물었을 때 연하는 서슴지 않고,

"스님 뜻대로 하시지요."

하고 선선히 대답하였사옵니다.

그때 연하는 아직 나이 스물여섯 살밖에 되지 않았을 때이라 그 아름다움은 바야흐로 절정에 다다른 듯하였사옵니다. 광덕의 명복을 빌면서도 가끔 그녀의 아름다운 얼굴을 훔쳐볼 적마다 그저 가슴이 찢어지는 듯이 저리고 따가웠사옵니다. 그러던 차에 그녀로부터 함께 살아도 좋다는 승낙을 받았으니 그때의 저의 기쁨은 이루 다 말할 수가 없었사옵니다. 왜 그러냐 하면 연하가 저더러 함께 살기를 허락한 이상 그녀는 저의 뜻을 무엇이나 다 받아 주리라 믿었던 것이옵니다.

그날 밤 연하와 더불어 잠자리를 가지런히 하게 되었사옵니다. 그런데 뜻밖에도 연하는 옷매무새를 단정히 하고 저의 뜻을 받으려 하지 않았사옵니다. 처음엔 저도 연하가 사양을 하거니 하고 여러 번 간청을 하여 보았사옵니다. 그러나 연하는 조금도 움직일 기색이 보이지 않았사옵니다. 나중엔 반 강제로 달려들어 보았사옵니다. 그러나 그녀는 조금도 굽히려 하지 않았사옵니다. 저더러 잠깐만 기다리라고 하더니 일어나 무량수불전에 향을 피우고 나서 엄숙한 목소리로 저를 불렀사옵니다.

"장 스님(엄장) 듣자옵소서. 덕 스님(광덕)과 이 몸이 혼인한지도 십년이 지났사옵니다. 혼인한 지 처음 몇 달이 지난 뒤 스님께서 열반하실 때까지 십 년 동안 스님께서는 아침 저녁 저와 더불어 자리를 같이 하셨사오나 한번도 저의 몸에 손을 대신 일이 없사옵니다. 저 아이는 저희가 혼인한지 열 한 달만에 낳은 아이요, 그 뒤엔 다른 아이가 있을 수 없사옵니다. 한 번은 이 몸이 물어 보았사옵니다. 왜 이 몸을 금하시느냐고. 그랬더니 자기는 엄장과 더불어 정진을 맹세하였노라고 대답하였사옵니다. 그때 저는 맘속으로 덕 스님의 도경(道境)이 이미 높으심을 깨닫고 그를 따라가려고 저도 주야로 아미타불을 불러왔사옵니다. 지금 이 몸이 장 스님을 이곳에 머물게 한 것은 덕 스님의 뒤를 이어 정진을 쌓으시와 이 몸도 함께 덕 스님이 가신 서방 세계로 이끌어 주시올까 하였사올 뿐이지 다른 뜻이 없사옵니다."

이 말을 듣고서야 저도 머리에 냉수를 끼얹는 것같이 맑은 정신이 들었사옵니다. 저는 일면 부끄럽기도 하고 일면 슬프기도 하였사옵니다.

"하 수좌(荷 首座)."

저는 연하를 이렇게 불렀사옵니다. 저의 눈에는 훌륭한 수좌같이만 보였기 때문이옵니다.

"그럼 덕 스님이 생전에 왜 나를 찾아주시지 않았단 말씀요?"

제가 이렇게 물었사옵더니, 연하의 대답이 그렇지 않아도 자기가 그것을 물어 보았삽는데 덕 스님 말씀이, 장 스님이 먼저 자기를 찾아오기를 기다린다고 하였사옵니다. 이 말을 듣고 저는 연하에게 머리를 수그리며,

"저를 용서해 주십쇼."

하고, 겨우 이렇게 말하자 이내 흑흑 느껴 울기 시작하였사옵니다. 어이한 설움인지 갑자기 까닭 모를 설움이 복받쳐 올라와서 쉴 사이 없이 눈물을 좍좍 쏟으며 느껴 울었사옵니다.

그렇게 한참 느껴 울고 있을 때 저의 귀엔 문득 형언할 수 없이 맑고 슬프고 아름다운 목소리가 들려왔사옵니다. 그것은 마치 멀고 먼 극락세계에서 들려오는 관세음보살님의 노래가 연꽃(蓮花)을 타고 피어나는 듯한 그렇게 슬프고 아름다운 소리로 가늘게 들려오는 것이었사옵니다.

>달아 이제 그대는
>서방까지 가시리. 가시거든
>이내 사연 삷아주소서
>다짐(맹세) 깊으신 임께 우러러
>두 손 모아 부르오니
>원왕생 원왕생
>그리운 사람 있다 삷으소서
>아으 이 몸 남겨 두시고
>사십 팔 대원 이루실까

>月下伊底亦
>西方念丁去賜里遣
>無量壽佛前乃
>惱叱古音多可支白遣賜立

誓音深史隱尊衣希仰支
　　　兩手集刀花乎白良
　　　願往生願往生
　　　慕人有如遣賜立
　　　阿邪此身遣也置古
　　　四十八大願成遣賜去

　그때 저는 울음을 그치고 그 슬프고 아름다운 목소리가 흘러나오는 쪽을 향해 고개를 돌렸사옵니다. 무량수불전에 두 손을 모으고 서 있는 연하의 얼굴에도 두 줄기 눈물이 흘러내리고 있었사옵니다.

---

*(출)『등신불』, 정음사, 1963.

아호량기(阿尸良記)

취등왕

아리랑국(阿尸良國阿那伽耶)은 시조 거리왕(居尸王)에서 말왕(末王) 취등(吹登)에 이르기까지, 십오세(世), 사백팔십이(四百八十二)년간 사직(社稷)을 이어온 육 가야(六伽耶) 중의 한 나라다.

보통 가락국(駕洛國) 또는 금관국(金官國)으로 불리우는 본가야(本伽耶)보다 약 십오년 뒤에 일어나 그보다 육년 뒤에 망한 셈이다.

대개 한 나라가 망하는 것은, 주군(主君)의 탐락(耽樂)이나 암약(暗弱)에 기인(基因)하는 것이라 한다. 그러나 이 취등왕으로 말하면 아리랑국 역대 왕 가운데서 그 기개(氣槪)와 경륜(經綸)과 역량(力量)에 있어 일찍이 그에 미칠 만한 인물이 없었다고 해도 과언이 아닐 것이다.

그는 키가 칠척팔촌(지금의 六척三촌가량)에, 수염이 두자(二尺)요, 눈은 길게 찢어진 채 중동(重瞳)이었다. 목소리는 높고 우렁차면서도 어딘지 떨리는 듯하였다. 그래서 조금만 크게 소리를 지르면 건너편 산이라도 무너질 듯이 쩌렁쩌렁 하였다.

그는 마흔한 살에 부왕 배품(倍品)의 뒤를 이어 왕위에 올랐다. 그때 그에게는 세 딸과 두 아들이 있었다. 첫째가 여나왕자(如那王子)로 그해 열일곱 살이었고, 둘째가 아리공주(阿尸公主)로 나이 열여섯이었고, 셋째가 사리공주(沙尸公主)로 나이 열네 살이었고, 네째가 가리공주(嘉尸公主)로 나이 열한 살이었고, 막내가 미나왕자(未那王子)로 나이 겨우 일곱 살이었다. 그리고 그 다섯 남매는 보는 사람마다 꽃송이 같고 달덩이 같다고들 말했다. 그렇게들 모두 어여쁘고 아름다웠던 것이다.

취등왕이 즉위한 이듬해였다. 그는 대아간(大阿干上位大臣) 중구(仲仇)를 불러서,

"우리 가야국 여섯 나라로 말하면 서(西)에 백제(百濟)를 끼고, 동(東)으로 신라(新羅)와 잇대어 있으니 동서(東西)가 다 강방대국(强邦大國)이라, 그들이 서로 다투어 우리를 엿보고 있으니 우리가 그 사이에서 어떻게 했으면 좋겠소."

하고 물었다.

그가 이렇게 묻는 것은 몰라서 하는 짓이 아니다. 자기의 가슴속에는 이미 모든 경륜이 가득 차 있지만, 신하들의 의견도 시험 삼아 들어 볼 겸, 그들로 하여금 스스로 깨닫게 하여 헌책(獻策)하는 절차를 취하게 하려는 것이다. 그는 지금도 〈우리 아리랑국은〉 하지 않고, 〈우리 가야국 여섯 나라는〉이라고 말한 것이다. 이것은 전왕(前王倍品王)까지 일찍이 쓰지 않던 말이다. 지금까지는 자기들의 아리랑국만 생각하면 되었던 것이다. 그것을 취등왕은 그렇게 말하지 않고, 〈우리 가야국 여섯 나라〉라고 말한 것이다. 여기엔 이미 자기의 본의(本意)가 어디에 있다는 것을 암시하고 있는 것이다.

대아간 중구는 취등왕의 흉중(胸中)이 무엇이란 것을 대강 짐작할 수 있었다. 그는 두어 번 머리를 조아리고 나서,

"신(臣)의 생각으로는 우리의 동서에 있는 신라 백제의 침공에 대비하려면 먼저 가야나라 여섯이 화합단결 해야 할 줄 아뢰오."
하였다.

"……."

왕은 입가에 미미한 웃음을 띤 채 고개를 끄덕여 보였다. 대아간의 대답이 일단 자기의 노리는 바를 맞추었기 때문이었다(물론 그의 경륜은 화합단결에 그치는 것이 아니었지만).

"그러면 우리 여섯 가야가 화합단결 하려면 어떻게 해야 하겠소."

"신의 생각으로는 사절(使節)을 교환하며 그들(여섯가야)로 하여금 대세를 살펴서 스스로 깨닫게 함만 같지 못할 줄 아뢰오."

"나의 생각도 그렇소."

왕은 대아간 중구의 의견을 채택하는 형식을 취하여, 먼저 인근국(隣近國)인 금관국(대가야)과 임나국(任那國大伽耶)과 소가야국(小伽耶國)에 각각 친선사절을 보내기로 하였다.

이튿날 그는 소사간급(小沙干級) 이상의 문무들을 모아 놓고 이것을 공포하였다. 그리고는 인선(人選)에 대하여 여러 사람의 의견을 듣기로 하였다.

먼저 대아간 중구가 입을 열어,

"금관국으로 말씀하오면 육가야 가운데서도 본방(本邦·아리랑국)을 제외하고는 가장 문화가 높고 무력이 강성한 곳이니 여기엔 대사간(大沙干) 영해(榮亥)를 보내심이 적당하옵고, 그 다음 임나국 대가야에는 아간(阿干) 소리(蘇利)를 보내심이 적당하옵고, 그리고 소가야국에는 사간(沙干) 범쇠(凡金)를 보내심이 가장 적절한 줄 아뢰오."
하였다.

왕은 잠자코 좌중을 돌아다보았다. 누가 또 의견이 없느냐는 듯한 표정이었다. 이때 대사간 영해가 앞에 나와 엎드리며

"금관국과 같은 대국에 신과 같은 무능한 자가 가서는 감히 그 임무를 다하기 어려울 줄 아오니 금관국에는 대아간 중구를 보내시고 신은 다른 데로 돌려주심이 지당한 줄 아뢰오."

하였다.

왕은 또 좌중을 둘러보았다. 아무도 입을 떼는 사람이 없었다.

"그렇다면 이렇게 하는 것이 좋겠소. 금관국에는 태자(太子) 여나(如那)를 임나국에는 아간 소리를, 소가야에는 대사간(영해)을 각각 보내서 기약에 유감 없기를 바라오."

왕의 이 말에 좌중은 깊은 충격을 받았으나 아무도 무어라고 입을 떼어야 좋을지 몰랐다. 한참 뒤에 대아간 중구가 다시 입을 열었다.

"황공하오나 태자를 사절로 보내는 것은 부당한 일인 줄 아뢰오."

"내가 남을 믿지 않는데 남이 나를 믿겠소. 내가 먼저 태자를 보내면 그들이 나의 속을 의심치 않을 것이요."

왕의 이 말에 아무도 더 입을 떼지 않았다.

사흘 뒤 그들은 모두 길을 떠났다. 태자 여나가 사절로 가는 금관국에는 사간 범쇠와, 소아간(小阿干) 실복(實復)이 각각 수원으로 배행(陪行)하였다. 예물(禮物)로는 모시(紵布) 오십필과, 연시(軟柿) 열 접과 노루 가죽 열 장을 보냈다.

임나국에는 모시 삼십필과, 연시 열 접과 여우 가죽 열장을, 소가야국에는 모시 삼십필과, 연시 열 접과 너구리 가죽 열 장을 보냈다.

사절들이 떠나기 전에 취등왕은 각각 그들을 불러서 밀지(密旨)를 내리었다. 먼저 태자 여나에게는, 금관국 태자나 다른 왕자를 아리랑국으로 초청하도록 하였다. 아간 소리에게는 임나국의 왕자를 초대하게 하였다. 그리고 대사간 영해에게는 색다른 밀지를 분부하였다. 그것

은 소가야국에 어여쁜 공주가 있다 하니 왕자의 배필을 청하라 하였다. 대사간(영해)과 같은 노인을 특히 소가야로 보내는 데는 취등왕의 이러한 계획이 있었던 것이다. 하긴 금관국에 태자를 사절로 보내는 데도 같은 복선이 들어 있었던 것이다. 다시 말하자면 막연한 친선사절이 아니라 왕실간의 혼인을 복선으로 하는 사절이었던 것이다.

그해 가을 그는 여섯 가야국의 왕자 또는 왕제(王弟) 왕질(王姪)들을 초청한 가운데 전국(아리랑국) 무술대회를 개최하고, 밤이면 궁전에서 호화로운 잔치를 베풀어서 그들로 하여금 마음껏 서로 즐기게 하였다.

그리고 그들이 있는 자리에는 언제나 아리공주(阿尸公主)와 사리공주(沙尸公主)도 끼어 놀게 하였다.

특히 그해 열여섯 살 먹은 아리공주는 항상 금관국 왕자 무덕(武德)의 곁에 자리하고 있었다.

둘째의 사리공주와 셋째의 가리공주도 이웃나라의 왕자들과 한테 싸여 놀았다. 가운데서도 금관국의 무덕왕자는 정신 나간 사람처럼 아리공주의 아름다운 얼굴을 멍하게 바라보곤 하였다.

아리공주는 꽤 대담하게 그리고 적극적으로 무덕왕자를 따랐으나 그녀의 부모는 물론이요 아무도 그녀를 감시하거나 제지시키려 하는 이도 없었다(취등왕은 맘속으로 은근히 미소를 짓고 있었던 것이다).

이리하여 그 이듬해 봄엔 과연 금관국왕 구해의 청혼에 의하여 아리공주는 무덕왕자의 부인으로 출가하게 되었던 것이다. 그때 그녀의 나이 열일곱이요, 무덕왕자가 열아홉이었던 것이다. 뿐만 아니라, 그해 그는 소가야국의 월색공주(月色公主)를 여나태자(如那太子)의 배필로 맞이하게 되었던 것이다. 그리고 또 그 다음 해엔 취등왕의 둘째딸인 사리공주가 임나국 태자와 혼인을 하게 되었다. 이렇게 하여 불과 두 해 동안에 그는 세 나라와 혼인을 맺게 되었던 것이다. 이것이 그가 계획하였던 대외정책의 첫 단계였던 것이며, 그것은 또한 모두 만족할 만한 성과였던 것이다.

금관국(駕洛國)의 멸망

그러나 취등왕의 진정한 목적은 여섯 가야의 화합단결에 있는 것이 아니고 여섯 가야의 통일에 있었던 것이다. 여섯 가야를 통일하여 신라나 백제라도 넘어뜨릴 수 있는 대가야왕국(大伽倻王國)을 건설코자 하였던 것이다(더 자세히 말하면 그는 여섯 가야를 통일하여 대가야국을 건설한 뒤에는 백제와 손을 잡고 먼저 신라를 넘어뜨릴 원대한 계획이었던 것이다).

그가 여섯 가야를 통일시키기 위하여 먼저 화합정책을 쓴 데는 두 가지 이유가 있었다. 첫째는 자기(취등왕)의 실력(군사)이 충분히 가꾸어지기 전에 신라나 백제로부터 침공을 받는 경우 서로 힘을 합하여 대항하기 위함이요, 둘째는 통일의 단계에 가서 될 수 있는 대로 전쟁보다 외교로써 성공을 거두어 보려는 심산이었던 것이다.

그는 여섯 가야의 통일 사업으로써 제일 먼저 소가야에 손을 대었다. 소가야와의 국경에 병력을 집결시켜 놓고는 사절을 보내어 형제국의 의(誼)를 맺자고 제안하였던 것이다.

그 당시 소가야의 이문왕(以紋王)은 자기의 딸이 이미 아리랑국 왕실에 출가해 있을 뿐 아니라, 아리랑국의 위세가 하늘을 찌를 듯이 떨쳤으므로 도저히 그와 싸워서 승패를 가리자고 할 수는 없었던 것이다. 게다가 형제국으로 삼아 국토를 식읍(食邑)으로 주겠다고 하니 싸워서 망하는 것보다는 어느 모로 보나 유리하였다. 그래서 순순히 승낙을 하고 말았던 것이다.

바로 그 무렵이다. 신라의 대군(大軍)이 돌연히 금관국을 침노했다는 소식이 들어왔다. 그는 곧 파발을 보내어 진상을 조사해 오게 하였다. 파발이 돌아와 보고한 바에 의하면 약 일만(萬) 여기(餘騎)나 되는 신라의 정병이 금관국을 동서북 삼면에서 포위하였다는 것이다.

이 말을 들은 취등왕은 속으로 여간 당황하지 않았다. 시기가 무척 나쁘다고 생각하였다. 소가야국을 비록 외교로써 병탄(倂呑)하였다고는 하나 자기들이 군사를 일으켜 신라와 싸우는 경우 소가야의 태도가 어떻게 나올는지 그것은 예기할 수 없는 노릇이었다.

그러나 금관국의 멸망을 그대로 보고 있을 수는 없는 일이었다. 그는 곧 임나국에 사람을 보내어 급보를 전하게 하는 동시, 빨리 군사를 동원시켜서 신라군의 옆구리를 찌르게 하였다. 그리고 아리랑국의 군사는 약 절반을 소가야와의 국경과 도성 수비에 돌리고 남은 절반 만을 금관국과의 접경선에 비치시켜 두었다. 신라군이 피로한 기색을 보일 때 임나국 병사와 호응하여 출객하려는 태세를 갖추고 있었던 것이다.

그런데 이상한 정보가 들어왔다. 임나국에서는 신라군의 측면에 병력을 집결시키지 않고 도리어 아리랑국 국경에 군사를 모으고 있다는 것이다. 그리고 그것은 먼저 취등왕이 소가야를 위협하여 겉으론 형제국을 맺었지만 실속으론 빼앗은 거나 다름없는 사실을 부당하게 생각할 뿐 아니라, 자기(임나국)들에 대하여도 이런 기회를 이용하여 어떻게 나올는지 모르기 때문에 그에 대비(對備)하는 것이라 한다. 거기다 또 더욱 고약한 정보가 들려왔다. 그것은 취등왕이 만약 금관국을 도와 신라와 싸우게 되면, 임나국은 그 틈을 타서 성산가야(星山伽倻)를 병탄하리라는 것이다. 그것은 이미 신라가 금관국으로 출병할 때, 임나국이 이에 개입(介入)하지 않는 조건으로 신라와의 사이에 비밀협정(秘密協定)이 성립되어 있다는 것이다. 그것은 지리(地理)로 미루어서 있음직한 이야기였다. 소가야가 남쪽 끝에 편재(偏在)하여 아리랑국을 통하지 않고는 다른 나라로 나갈 수 없는 것과 같이 성산가야와 고령가야(古寧伽倻) 역시 임나국에서 북쪽으로 뻗쳐 있는데다 동쪽에는 신라요 서쪽에는 백제니, 임나국을 거치지 않고는 금관국이나 아리랑국과 통할 수 없는 것과 흡사한 지세(地勢)였다.

　취등왕의 놀람과 분노는 짐작할 수 있을 것이다. 그는 발을 구르고 이를 갈아붙였으나 하는 수 없었다. 그는 비장(悲壯)한 결심을 하고, 장문(長文)의 편지를 써서, 둘째 아들 미나왕자(未那王子)에게 주어서 보냈다. 그 편지에서 그는 대개 다음과 같이 말했다.

　　　내가 일찍이 소가야왕과 형제지의(兄弟之誼)를 맺은 것은 결코 그의 주권을 침해한 것이 아니고 다만 외침(外侵)에 대하여 공방(攻防)을 함께 하자는 굳은 맹세를 지은 것뿐이니 이는 이문왕께 친히 물어 보시면 의혹이 풀릴 것입니다. 더욱이 내가 다른 우방(友邦)에 대하여 딴 뜻이 있다고 하는 것은 신라인들의 모략유언(謀略流言)에 지나지 않습니다. (중략) 본디 우리 여섯 가야로 말하면 형제들과 같은 사이온데 그중 한 나라가 침해를 받는다면 이것은 어느덧 자기 자신이 침해를 받음이나 다름 없는 일이요, 더구나 금관국으로 말하면 시조 수로왕(首露王) 이래 한번도 형제를 침해한 일이 없은즉 이번에 우리가 힘을 합하여 그를 구하지 않는다면 이는 자기 자신을 적에게 내어 주는 거나 다름 없는 결과를 가져오게 될 줄 압니다. (하략)

　그가 특히 이 편지를 왕자에게 부쳐서 보내는 것은 상대자의 의혹을 풀기 위함이었다. 자기는 당신네에 대하여 조금도 타의(他意)가 없기 때문에 사랑하는 왕자를 직접 보낸다는 뜻이다. 저쪽에서 만약 적의가 있다면 왕자를 죽일 수도 있고 사로잡을 수도 있는 일이기 때문이다.

　이에 대하여 임나국에서는 예를 갖추어 회답을 보내었다. 그 내용은 취등왕에게 전해진 정보는 대체로 신라인들의 모략에 지나지 않을 것이요, 자기들은 어디까지나 여섯 가야의 형제지의를 지킬 작정이라 하였다. 더구나 귀하신 왕자를 전란 중에 보내신 후의에 대해서는 송구할 따름이라 하였다.

아호랑기(阿尸浪記)

그러나 이 편지를 가지고 온 사람은 미나왕자가 아니고 임나국의 사신(使臣)이었다. 이에 대하여 사신은 다음과 같이 말했다.

"왕자께서는 편안히 계십니다. 하루하루를 지극히 유쾌하게 행복스럽게 보낸다고 말씀하셨습니다. 그리고 언제든지 부왕께서 부르시거나, 왕자께서 떠나시겠다고 하면 저희 나라 군사로써 호송해 드리겠습니다."

"아, 그렇겠소."

취등왕도 불쾌한 기색을 보이지 않고 고개를 끄덕였다.

"그럼 출병에 대한 구체적인 말씀은 없었소?"

취등왕이 물었다.

"네에, 그것은 귀국과 협정을 맺은 뒤에 협정대로 실천할 작정이올시다."

"……"

왕은 잠자코 고개를 끄덕였다. 속으론 불만이었지만 참을 수밖에 없었다.

"그럼 대아간(중구)과 그 일에 대해서 의논하시오."

왕은 이렇게 분부를 내리었다. 그는 대아간 중구를 불러서 미리 방침을 일러 주었다. 그것은 임나국과 아리랑국은 각기 정병 오천 명씩을 동원시켜서 출전케 하고, 일방 임나국은 성산가야와 고녕가야에 급사를 보내어, 그들로 하여금 백제와 짜고 신라의 서북변경(西北邊境)을 공격하게 하는 일이었다.

임나국의 사신도 이러한 중구(대아간)의 제안에 만족해 하였다.

그러나 그가 임나국으로 미처 돌아가기도 전에 금관국왕이 신라군에 투항(投降)을 하고 말았다. 전하는 말에 의하면, 신라의 침공군(侵攻軍)이 수(數)에 있어서나 질(質)에 있어서나 훨씬 우세한데다 공격이 워낙 급해서 도저히 오랫 동안 막아 낼 수가 없었다는 것이다. 그리고 보니, 취등왕도, 소가야와 대가야(임나국) 사이에서 이리저리 조각을 맞추고 있는 동안에 어느덧 보름이나 지나 있었던 것이다.

구해왕(仇亥王―金官國王)은 원군(援軍)을 기다리다 못하여 마침내 성문을 열고 신라군의 입성을 맞이하게 되었던 것이다. 투항의 조건도 간단한 것이었다. 금관국군은 무기를 놓고 신라군에 대하여 항전을 중지할 것. 신라군은 금관국 도성을 점령하되 일체 살상(殺傷)을 엄금하여, 왕실과 귀인의 재산을 보호할 것.

이리하여 금관국은 신라군에 의하여 완전히 점령이 되고 말았다. 금관국 병사들은 무기를 놓고 흩어지고, 왕과 왕비와 왕자 셋은 측근 자들을 거느린 채, 왕실의 보물과 귀중한 재화(財貨)를 수레에 싣고, 신라군에 의하여 신라 서울로 호송되었다. 마침 하늘에는 달도 둥그렇게 밝을 무렵이었다. 밤과 낮을 가리지 않고, 수레에 흔들리며 길을 재촉하고 있는, 구해왕은, 아리랑국의 취등왕이 주먹으로 용상(龍床)을 치며 혼자 울고 있을 것도 아는지 모르는지 넋 나간 사람처럼 하늘의 달만 멍하니 쳐다보고 있었다. 법흥왕(法興王) 십구년(단기 二八六五년) 구월 열나흘 날 밤이었다.

가리공주

금관국이 망해서 금관군(金官郡)이라는 신라의 한 고을이 되었다. 그와 동시 일찍이 구해왕에 소속되었던 금관국의 대장 밀쇠(密釗)가 휘하 장사 약 삼천 명을 거느리고 아리랑국으로 망명하여 들어왔다. 취등왕은 그들을 환대하여 크게 잔치를 베풀어 주고 또한 그들이 일찍이 금관국에서 가졌던 관급(官級)대로 아리랑국의 관급을 주었다.

뿐만 아니라 취등왕은 밀쇠를 불러서 신라군의 무기와 전법(戰法)과 편대(編隊)와 전술(戰術) 등에 대하여 자세히 이야기하게 하였다. 이야기를 다 듣고 난 취등왕은 대아간 중구를 불러서 밀쇠와 의논하여 신라군의 좋은 점을 연구해서 아리랑국 군사에게도 적용시키게 하였다.

적을 이길려면 적을 알아야 한다. 적에게서라도 좋은 점이 있으면 배워야 한다. — 이것이 취등왕의 새로운 신념이었다. 그는 구해왕이 신라군의 공격을 받은 지 보름을 넘지 못하여 항복한 것을 보고 일면 놀라며 일면 새로운 정신이 들었던 것이다.

"그렇지만 신라군의 그 왕성한 사기(士氣)는 무엇에 기인 하는고?"

취등왕은 또 밀쇠를 불러서 이렇게 물었다.

"꽃이란 말이 있더이다."

"꽃이라니."

"꽃이다, 꽃 핀다, 이렇게 말하더이다."

"꽃 핀다고?"

"네에. 나이 불과 열 예닐곱씩밖에 안 된 아이들이 맨 앞에서 칼을 빼어들고 이쪽 진지(陣地)로, — 그러니까 저쪽에서는 적진(敵陣)이라 하겠읍지요마는 — 뛰어드는데, 그러니까 물론 죽음을 각오하고 하는 짓이겠읍지요. 그러니까 그 뒤에 있던 많은 병사들이 그 아이의 뒤를 따라 돌격을 해 오더이다. 그런 아이를 가리켜서 그들은 꽃이다 꽃 핀다, 하는데 죽음을 무릅쓰고 뛰어드는데는 참 당해 내기 어렵더이다."

"그게 무슨 짓이람!"

취등왕은 밀쇠가 말하는 신라군의 〈꽃〉이란 말이 무슨 뜻인지 잘 이해할 수 없었다.

"요컨대 돌격대를 앞세운단 뜻인가?"

"그렇습죠, 맨 앞에 꽃이라고 부르는 소년결사수(少年決死手)가 있고 그 뒤에 돌격대가 따르는 셈이겠소이다."

"……!"

취등왕은 고개를 끄덕였다. 좀더 연구를 해 보아야 하겠다고 생각하는 것이다. 그는 밀쇠를 물러가게 하고 다시 중구(대아간)를 불러서 같은 말을 물었다.

"경은 신라군의 사기가 무엇에 기인하는 줄 생각하오?"

"네에, 신이 들은 바에 의하면, 신라왕(법흥왕을 가리킴)이 사십오년 전부터 불도(佛道)를 받아들여서 거기서 많은 영험(靈驗)을 보는 줄 아뢰오."

"내가 들으니까 그들이 꽃이라고 부르는 소년결사수가 있다는데 그럼 그것도 불도와 관련이 있는 것이요?"

"네에, 그것이 신이(神異)에 속한 것이라면 모두 불도에서 나온 것인 줄 아뢰오."

"……."

취등왕은 잠자코 고개를 끄덕였다. 무언지 막연한 대로 대강 짐작이 되었던 것이다.

그런지 몇 달이 지난 뒤였다. 신라 사람으로서 아리랑국에 들어와 불도를 전하는 자가 있다 아뢰는 사람이 있었다.

왕은 신기한 이야기를 듣는다는 듯이

"그런 자가 있어, 그럼 곧 가서 그 자를 데리고 오도록 하라."

하고 명령하였다.

궁중에 잡혀온 자는 머리를 빡빡 깎고, 장삼을 입은, 나이 한 마흔이나 되어 보이는 중년 남자와 그 곁에 그의 제자인 듯한 나이 한 열예닐곱쯤 먹어 보이는 같은 차림의 동승(童僧)이었다.

"너희들은 무얼 하는 사람들이냐?"

취등왕이 용상에 앉아서 물었다.

"네에, 저희들은 이나라에 부처님의 가르치심을 전하려는 자들이올시다."

"너희들은 어느 나라 사람들이냐?"

"저희들이 태어난 곳은 신라국이올시다."

"신라국 사람이 어째서 이나라에 그것을 전하려 하느냐."

"부처님의 가르치심에는 국경과 족속의 차별이 없사옵고, 이승에 한번 태어난 사람에게는 누구든지 전해야 할 거룩한 도리(道理)이기 때문이올시다."

"그것을 배우면 어떠한 영험이 있는고."

"죽음과 괴롬을 뛰어 넘는 영험이 있나이다."

"죽음을 어떻게 뛰어 넘느냐."

"죽음과 삶이 무엇인지를 깨달음으로써 이루어지나이다."

"그러면 그대는 이미 죽음을 뛰어넘을 수 있는가."

"소승은 부처님의 길을 닦는 수행승(修行僧)에 지나지 않사오나 삶과 죽음에 구애(拘碍)는 느끼지 않을 줄 아뢰나이다."

"영험은 그것 뿐인가."

"부처님의 가르치심에는 끝이 없는 줄 믿나이다. 중생(衆生)을 위해서 비를 빌면 비가 나리고, 바람을 빌면 바람이 나릴 수도 있는 줄 아뢰나이다."

이 말에 취등왕은 바짝 구미가 당겼다. 그는 혼자 속으로

(그렇다면 신라군이 그렇게 강성해진 것도 이 불도 때문이겠군.)

하고, 아까보다 한결 부드러운 목소리로,

"그래 그 좋은 도리를 신라 사람들에게는 모두 전한 뒤인가."

"아직 전해지지 않은 사람도 많사옵니다."

"그럼 어째서 자기 나라 사람에게도 다 전하지 못한 것을 다른 나라에까지 전하려 하는가."

"신라에는 이미 전하는 사람이 있으니 인연(因緣)있는 사람은 받을 수 있을 줄 믿나이다. 아무리 좋은 보물이라도 받을 인연이 없는 이에게는 전할 수 없나이다. 그럼으로 아직 전하지 못한 땅에 처음으로 전

하는 것이 가장 귀중한 일인 줄 아뢰나이다."

"그 동자는 그대의 제자인가."

"네에, 그렇소이다."

"그럼 그대는 오늘부터 내 궁전에 머물며 나에게 그 도리를 가르쳐 주오."

왕은 이렇게 분부를 내렸다. 무엇보다도 불도를 믿으면 비를 내릴 수도 있고 바람을 부를 수도 있다는 것이 마음에 들었던 것이다. 특히 그가 호기심을 가진 것은 그의 셋째 딸인 가리공주(嘉尸公主)가 오래전부터 병석에 누어 있었으므로 불도의 신이력(神異力)으로써 그녀의 병을 고쳐 보자는 생각도 있었던 것이다.

신라에서 온 중은 이름을 원광(圓光)이라 하였다. 궁중에서는 보통 〈법사〉(法師)라고 부르게 되었다. 문서에 기록할 때는 〈원광법사〉라 하였다. 그리고 동승의 이름은 신발(信勃)이라 하였다. 궁중에서는 보통 발수좌(勃首座)라고 불렀다.

처음 원광법사는 신발을 가리켜 자기의 제자라고 대답했지만 사실 신발이 그의 제자가 된 것은 신라에서 떠나기 조금 전의 일이었다. 법흥왕의 중신(重臣)으로 있는 이찬(伊飡) 철보(哲夫)가 그(원광)를 불러서 아나가야(阿那伽倻…阿尸良國)에 불도를 전하러 가는 것이 어떠냐고 묻기에 즉석에서 좋다고 대답을 했더니, 그러면 화상(和尙─圓光)을 시봉(侍奉)할 상좌(上佐) 겸 제자 한 사람을 소개하겠노라 하고 데려다준 것이 이 신발이었던 것이다.

신발로 말하면, 이찬 철보의 친구인 동시에 역시 법흥왕의 중신의 하나인 각간(角干) 우덕(于德)의 아들이란 것은 자기도 이미 알고 있던 터이다. 다만 그(신발)가 어째서 중이 되었고, 또 타국에까지 자기(원광)를 따라가서 그 일을 도우려고 하는지는 알 수 없었다. 그것은 반드시 무슨 곡절이 있는 일이라고 그는 속으로 짐작하였다. 그리고 그것이 어떠한 성질의 것이란 것도 대강 짐작 못할 바 아니었다. 그러나 그는 그런 것을 알려고 하지 않았다. 자기는 다만 외지(外地)에 불도를 전하는 일만 하면 된다고 믿었던 것이다. 설령 철보(哲夫)나 신발에게 어떤 불순한 정치적 복선이 있다고 하더라도 불도를 전하는 일 그자체는 역시 귀중한 일이 아닐 수 없다고 믿었던 것이다.

신발은 머리가 뛰어나게 총명하고 영민(英敏)한 소년이었다. 그리고 그의 인물은 그 머리 이상으로 뛰어나게 아름다웠다. 이와 같이 어디 한 군데 나무랄 데 없이 아름답고 영민한 소년을 호랑이 굴 같은 아리랑국으로 내어 보낸다는 그의 아버지도 아버지려니와, 아버지의 뜻을 받들어 순순히 나서는 신발이 또한 얼마나 놀라운 아이냐 싶었다.

"스님, 나라를 위해서 죽어도 극락에 갈 수 있겠습니까."

신발이 물었다.

"나라를 위해서 죽으면 그 나라에 다시 태어날 것이다."

원광의 대답이었다.

"전 극락에 가는 것보다 신라 나라에 다시 태어나고 싶어요."

신발이 이렇게 말하며 원광을 향해 합장을 하였다.

그들이 취등왕의 궁중에 머물게 된 지 사흘째였다. 그들은 왕의 부름을 받고 나왔다.

"법사는 나에게 불도를 믿으면 비를 부를 수도 있고 바람을 내릴 수도 있다고 했는데 지금 나에게 그러한 신이(神異)를 보여 주시오."

"무엇이온지."

"다름이 아니라 내 셋째 공주가 지금 병석에 누운 지 오래나 지금까지 약효(藥效)가 없으니 법사께서 공주를 위하여 신불(神佛)께 빌어서 공주의 병을 낫게 해 주오."

"네에 알아 받들겠나이다. 그러하오나 지금부터 공주님의 밥상에 고기를 금하시기 바라나이다. 그러면 내일 밤부터 소승이 발과 함께 와서 공주님의 병마를 물리치도록 하겠나이다."

이렇게 말하고 물러가자 그는 다시 목욕을 하고 나서 불전(佛前)에 향을 사르며 기도를 드리기 시작하였다. 그리고 이튿날 밤부터는 바로 공주의 병실로 가서 향을 사른 뒤 경문을 외기 시작하였다.

수리 수리 마하수리 수수리 사바하.
나무 사만다 못다남 옴 도로 도로 지미 사바하.
천수천안 관자재보살 광대원만 무애대비심 대다라니.
나모라 다나다라 나막아략 바로기제 새바라야 모지사다바
야마하사다바야마하가로니가야 옴 살바바예수 다라나 가라야……

원광법사와 신발은 먼저 천수경(千手經)을 세 번 외웠다. 그리고는 용호축사경(龍虎逐邪經)을 외기 시작하였다.

천겁지겁 축사살신. 오방대왕 축사살신 오방장군 축사살신.
사해용왕 측사살신 동방청제 축사살신. 남방적제 축사살신 서방백제 축사살신. 북방흑제, 축사살신…….

원광법사는 몇 번이든지 이 경문을 거듭하여 외웠다. 신발도 원광법사에게서 미리 이 경문을 외울 것이라고 들었기 때문에 대강은 따라 외울 수 있었다. 그러나 신발은 경문을 외우는 것보다 공주의 얼굴에 더욱 마음이 끌리었다. 처음 죽은 듯이 눈을 감고 있던 가리공주는 신발의 목소리를 듣자 가만히 눈을 떴던 것이다. 그리하여 반쯤 열린 눈으로 그의 얼굴을 오랫동안 쳐다보고 있었던 것이다.

신발의 눈이 공주의 얼굴에 끌린 것은 그녀의 시선이 자기의 얼굴에 와서 멎었기 때문만은 아니었다. 그보다도 그녀의 창백한 얼굴이 무엇이라고 형언할 수 없으리만치 아름다웠기 때문이었다. 일찍이 신라에서 수많은 미녀를 보아온 신발로서도 이렇게 고상하게 청초하고 아름다운 얼굴은 처음이었다.

　그들의 독경(讀經)은 이튿날도 계속되었다. 그것은 어저께와 꼭 같은 시간에 시행되었던 것이다. 공주는 어저께보다 좀더 빛나는 눈으로 신발을 쳐다보았다. 사흘째는 그 새하얗고 가지런한 이를 반쯤 보이며 생긋이 웃어 보였다.

　이렇게 이레가 계속되자 공주는 자리에서 일어났다. 음식도 제대로 먹었으며 보행도 할 수 있었다.

　취등왕과 그 왕비는 가리공주가 병석에서 일어난 것을 보자 그지없이 기뻐하였다. 지금까지 아무런 약을 써도 효험이 없던 것이 원광법사와 신발의 독경에 의하여 일어나게 되었으니 과연 불도의 영험은 헤아릴 수 없는 것이라 하였다. 특히 취등왕이 맘속으로 기뻐한 것은 불도의 영험이 이와 같다면 앞으로 아무것도 겁날 것이 없다고 생각되었기 때문이었다. 불도의 영험을 빌어서 먼저 다섯 가야를 통일해놓고 보면 신라나 백제도 두려울 것이 없다고 생각되었던 것이다.

　그는 왕비와 공주에게 먼저 불도를 믿게 하였다. 여기서 원광법사는 왕과 왕비와 왕자와 공주들의 안강(安康)을 위하여 아침 저녁으로 경문을 외었다. 그와 동시 가리공주와 신발의 접촉도 얼마든지 가능하게 되었다. 왕과 왕비는 그들의 접촉을 조금이라도 감시하느니보다는 도리혀 장려하는 편에 가까웠다. 그것은 그렇게 할수록 공주의 건강이 빨리 회복되리라고 믿기 때문이었다.

　하루는 신발이 혼자서 정원을 거닐고 있는데 가리공주가 저쪽에서 흰 말을 타고 이쪽으로 오고 있었다. 그녀는 가까이 오자 그 새하얗고 가지런한 이를 보이며 생긋이 웃고 나더니

　"수좌님."

하고 불렀다.

신발이 말 위에 앉은 공주를 향해 합장을 하고 있을 때였다. 저쪽에서 검정 말 한 마리가 이상한 소리를 지르며 이쪽으로 뛰어오고 있었다. 그러자 공주를 태운 흰 말이 또한 그와 같은 이상한 소리를 지르며 갑자기 뛰기 시작하였다.

신발은 신라에 있을 때 말을 많이 다루었기 때문에 그 짓이 무엇이라는 것을 이내 깨달았다. 공주를 태운 흰 말이 암내를 내인 모양이었다. 공주는 말 위에서 어쩔 줄을 모르고 소리를 질렀다. 고삐를 잡고는 있었으나 워낙 말이 사납게 뛰어서 곧 말에서 떨어질 듯하였다.

신발은 처음 검정 말을 붙잡으려다가 공주가 더 급한 것을 보고 흰 말 쪽으로 달려갔다. 그가 막 곁에까지 다가갔을 때 말이 한 번 위로 껑충 뛰는 바람에 공주는 그만 고삐를 놓고 말 위에서 펄렁 떨어져 버렸다. 그것을 신발이 민첩하게 공주를 받았는지, 말이 공교롭게도 공주를 그의 품에 던져 주었는지 공주는 신발의 가슴에 안겨 있었다.

"공주님. 공주님."

신발이 공주를 두 팔로 받아 안은 채 이렇게 불렀다. 그러나 공주는 실신한 사람처럼 두 눈을 감은 채 온 몸을 그대로 그에게 맡기고 있었다.

신발은 공주를 그대로 땅바닥에 놓을 수 없어서 그 곁에 있는 정자까지 안고 가지 않으면 안 되었다. 나이 이제 열여섯밖에 되지 않은 호리호리한 체격인데다 근자에는 병까지 앓느라고 살도 빠져서, 일찍이 대도(大刀)와 장창(長槍)을 휘두르던 그의 두 팔에는 감당하지 못할 만한 체중은 아니었다. 두 팔에 느껴지는 묵직한 중량감은 그대로 어떤 쾌감이 되어 돌아왔다.

"공주님, 공주님."

정자에 와서 신발이 또 이렇게 불렀다. 그러나 공주는 역시 눈을 뜨지 않았다. 이번에는 손목을 잡았다. 눈빛같이 새하얀 살결이었다. 게

다가 목이나 허리에 비하여 토실토실한 편이기도 하였다.
"공주님, 공주님."
그는 손목에 힘을 주며 이렇게 불렀다.
공주가 실눈을 떴다. 실눈이 점점 벌어져 반이나 열리었다.
"공주님 정신 차리세요."
그는 이렇게 말하며 또 손목에 힘을 주었다. 그러자 공주는 신발의 얼굴을 알아보는 듯 가는 목소리로
"수좌님."
하고 입을 열었다.
저쪽에서 시녀 두 사람이
"공주님, 공주님."
부르며 이쪽으로 걸어오고 있었다. 신발이 시녀들을 향해 손짓을 해 보였다. 그녀들은 신발의 손짓을 보자 기쁜 빛을 띠며 정자 쪽으로 종종걸음을 쳤다.
"공주님 여기 계세요."
정자에 들어오며 한 시녀가 이렇게 물었다.
"공주님 공주님."
두 시녀는 공주의 양쪽 손을 하나씩 잡으며 이렇게 불렀다. 그녀들의 설명에 의하면 그날 가리공주는 자기(시녀)들에게는 알리지도 않고 혼자 말을 타고 나간 것이라 한다.
"공주님께서는 가끔 그럴 때가 계세요. 따분해서 견딜 수 없다면서……."

사랑과 인연(因緣)

신발이 말에서 떨어질 뻔한 공주를 구호한 지 사흘 뒤였다. 취등왕

은 신발을 불러서 그 일을 치하한 뒤

"내 그대에게 그대가 원하는 것을 상주고자 하노니 무엇을 원하는고."
하고 물었다.

그러자 신발은 곧 입을 열어

"소승은 법사님을 따라 불도를 배우고 있는 사미(沙彌)에 불과하옵거늘 하루바삐 불도를 성취하는 일밖에 또 무슨 소원이 있사오리까. 원하옵건댄 앞으로도 대왕께서 은혜를 베푸시와 이 궁전에 두어 주시고 계속하여 불도에 정진케 하도록 허락하여 주시옵소서."
하고 대답하였다.

왕은 용상에 앉은 채 신발을 가만히 내려다보며, 혼자 맘속으로, 저렇게 똑똑하고 어여쁜 아이가 어쩌면 중질을 하고 있담, 하고 탄식을 금치 못했다.

"내 그대를 볼 때마다 자식같이 귀여운 생각이 드니 이것도 불도의 인연이라 하는가."

"황공하오나 그렇게 믿고 싶사옵니다."

"내 그대가 원한다면 황금(黃金)과 미녀(美女)와 준마(駿馬)를 상 줄 수 있거늘 그대는 그 어느 것도 취하지 않겠는가."

"소승에게는 부처님을 받드는 일밖에 아무런 소원도 없사옵니다. 원하옵건대 신라나 백제에 가서 불상(佛像)을 더 구해 오게 하시고, 불사(佛寺)를 짓게 하오시면 앞으로 대왕께 더욱 큰 홍복(洪福)이 내리실 줄 아뢰옵니다."

"오오, 기특한 수좌로고."

왕은 만족한 듯이 고개를 끄덕였다. 그날 밤 신발은 또 여느 때와 마찬가지로 혼자 정원에 나와 있었다. 달이 없는 밤이라 수풀 속은 캄캄 하였으나 하늘에는 별이 총총 나 있었다. 궁성 뒤꼍 수풀에서는 밤

꺼주기 우는 소리가 들려왔다. 그는 머리를 젖혀 하늘의 별을 쳐다 보며 자기는 죽어서 하늘의 별이 되어도 좋겠다는 생각을 하였다. 그리고 자기가 별이 된다면 가리공주도 반드시 별이 되어 자기 곁으로 오리라 — 이런 생각을 하고 있었다. 그는 낮에 취등왕이, 〈황금과 미녀와 준마로써 상 줄 수 있거늘 그대는 그 어느 것도 취하지 않겠는가.〉 했을 때, 머리 속으로 얼른 가리공주를 생각하며 한순간 가슴이 찌르르 했던 것을 생각하니 지금도 속이 뭉클해지는 것 같았다. 그의 눈 앞에는 잠시도 가리공주의 얼굴이 사라지지 않는 것이다. 불도를 닦느니, 아집(我執)을 버리느니, 하는 것은 그에게 있어 완전히 입에 발린 거짓말에 지나지 않는 것이다. 그는 처음부터 불도를 닦으려고 중이 된 것도 아니다. 오직 이 아리랑국에 들어오기 위하여, 취등왕의 궁중에 침투하기 위하여 사미(沙彌)를 가장했을 뿐이다.

그러나 속일 수 없는 것은 본능(本能)이요, 정열이었다. 그는 가리공주의 얼굴을 병석에서 처음 보았을 때부터 이내 마음이 끌리기 시작했던 것이다. 그 다음 그녀의 미소를 보았고 그리하여 그녀의 그 새까만 눈동자를 똑바로 바라보았을 때 그의 가슴은 이미 걷잡을 수 없으리만치 뛰놀기 시작했던 것이다.

그가 혼자서 이렇게 생각하고 있을 때 저쪽에서 도란도란 하는 여자들의 목소리가 들려왔다. 순간 또 그의 가슴은 바짝 오그라지는 듯하였다. 직각적으로 그것이 공주와 시녀들의 목소리라고 느껴졌기 때문이었다.

'아아 그리운 공주님.'

그는 혼자 속으로 자기도 모르게 이렇게 뇌까렸다. 그리고는 자리(돌)에서 벌떡 일어났다. 거기서 공주를 만난다면, 하고 생각할 때 너무도 무서웠기 때문이었다. 사랑해서는 안 될 몸, 사랑할 수도 없는 몸. 그는 얼른 피해야 한다고 생각하였다.

그는 정원에서 자취 소리가 나지 않게 걸어서 정자 있는 쪽으로 피했다. 밤에 더욱이 달도 없는 캄캄 어두운 밤에, 정자를 찾아올 사람은 아무도 없으리라 믿었기 때문이었다. 그는 아무도 없는 정자에 가서 얼마든지 자기의 슬픈 운명을 혼자서 울고자 했던 것이다.

그가 정자 안에 발을 들여놓았을 때였다. 무언지 희끄무레한 것이 기둥 곁의 난간에 걸터앉아 있었다. 순간, 무슨 귀신(鬼神 幽靈)이 아닌가 하는 생각이 들며 몸에 소름이 쪽 끼쳤다. 그러나 다음 순간, 설령 귀신인들 자기를 어쩌랴 하는 생각이 들었다(거기엔 물론, 나는 신라의 진골(眞骨)이다, 하는 의식이 밑받침 되어 있었지만). 그는 무서움을 참고 그 희끄무레한 것을 똑바로 바라보았다. 그것은 분명히 여자의 형상이었다. 그와 동시, 이것은 귀신이 아니고 사람이라는 직감이 들었다.

"누, 누구신지."

그의 목소리는 와들와들 떨려 나왔다. 그러자 저쪽에서는 어딘지 좀 잠긴 듯한 낮은 목소리로

"수좌님."

하고 불렀다. 공주의 목소리였다.

"아, 아니 공주님이……."

신발은 이렇게 말하며 그녀의 곁으로 다가갔다. 가리공주였다. 공주는 여전히 난간에 걸터앉아 기둥에 손을 짚은 채

"수좌님은 어떻게 여까지!"

하고 물었다. 역시 잠긴 듯한 낮은 목소리였다.

"소승은 아무도 사람이 없는 곳을 찾아오노라고 왔사온데……."

"이몸도 그렇건만……."

"그렇지만 공주님께서는 조금 전에 저쪽 정원에 계시지 않았사온지."

"그것은 이 몸의 시녀들이겠지요. 이 몸을 찾아 아마 거기까지 나온 줄 믿사와요."

"그럼 공주님은 처음부터 여기 나와 계셨사옵니까."
"수좌님이 아마 정원에 계실 때부터……."
"그렇지만 이 어두운 밤에 이런 데를 어떻게 혼자서."
"수좌님은 어떻게 혼자서……."
"그렇지만……."
"수좌님, 법사께서 언젠가 인연(因緣)을 설법(說法) 하셨지요."
"……."
"이몸은 이렇게 생각했사와요. 만약 오늘밤에 수좌님께서 이곳을 찾아오시지 않으면 이몸은 수좌님께 인연이 없다고……."

공주는 이렇게 말하며 그에게 자기의 한쪽 손을 내어 밀었다. 그는 물에 빠진 사람이 무엇에 매어 달리듯 두 손으로 그녀의 한쪽 손을 움켜잡았다. 그리고는 사뭇 방아를 찧듯 쿵덕거리는 가슴속으로 그녀의 날씬한 어깨를 끌어안았다. 그리하여, 어떻게 두 사람의 입술이 닿게 되었는지는 그들 스스로도 똑똑히 알 수 없었다. 그저 언덕이 무너지듯 다음에서 다음으로 흘러갔을 뿐이었다.

이튿날도 그들은 정자에서 만났다. 신발의 가슴속은 찢어지는 듯이 아프고 쓰리었으나, 공주에겐 조금도 두려워하는 빛도 근심하는 기색도 보이지 않았다.

"수좌님을 만나지 못했던들 이 몸은 이미 죽었을 것을……."

공주는 행복스러운 듯한 얼굴로 이렇게 말했다.

"아아, 공주님, 사람의 마음이란 끝이 없는 것인지……."

"이몸은 수좌님의 얼굴을 한번 보았을 때부터 병이 낫기 시작 했사와요. 염불로써 나은 게 아닌 것을."

가리공주는 자못 명랑한 얼굴로 이렇게 자기 실정을 고백하였다. 그러나 신발은 무슨 곡절인지 그녀의 손목을 잡은 채 그저 말없이 흑흑 느껴 울고만 있었다.

가리공주가 동승 신발과 가까이 지낸다는 소문은 궁성 밖에까지 알려졌다. 이것을 듣고 가장 분개한 사람은 대아간 중구의 넷째 아들 복지(復枝)였다. 그것은 취등왕이 특별한 정책혼인을 취하지 않고 국내에서 그 배필을 구한다면 그(복지)야말로 둘도 없는 후보자가 될 것이라고 나라 사람들이 누구나 다 인정하고 있기 때문이었다. 그(복지)는 첫째 대아간의 아들이요, 게다가, 무예(武藝)에 있어서도 그를 당할 청년은 아리랑국에 없었던 것이다. 그러니까 문벌로 보나 실력으로 보나 그를 당할 만한 인물이 아리랑국에는 아무도 없다고 자타가 인정하는 청년이었던 것이다(취등왕은 금관국이 망하던 그해 가을에 흥무정책(興武政策)의 하나로서 앞으로는 누구든지 무예에 가장 뛰어난 사람이 가리공주의 배필로 삼아질 것이라고 선포한 일이 있었던 것이다).

대아간 중구는 취등왕을 배알한 뒤

"대왕께서 일찌기 선포하신 대로 우리나라의 젊은이들을 모아서 무술경연대회(武術競演大會)를 개최함이 마땅할 줄 아뢰오."

하였다. 그 말에는 빨리 〈무술대회〉를 개최함으로써 복지와 가리공주의 혼인을 성취시켜 달라는 뜻이 포함되어 있던 것이다.

"……."

왕은 말없이 고개를 끄덕였다. 무술대회를 열어야 한다는 대아간의 말은 지당한 것이었기 때문이었다. 그러나 그 결과 가리공주를 내어주어야 한다고 생각하니 무언지 어정쩡했던 것이다. 같은 값이면 신발과같이 어여쁘고 영민한 청년이 무술대회에서 우승을 했으면 오죽 좋으랴 싶었다. 그만치 요즈음 와서 그의 마음은 신발에게 쏠리고 있는 것이었다. 그것은 신발이 법사를 도와 공주의 병을 물리쳤다거나, 또, 공주가 말에서 떨어질 뻔한 것을 용감하게 뛰어가 구호해 내었다거나, 왕비나 공주가 그를 무척 신임하는 기색이라거나 하는 그러한 결과적인 사실로써가 아니었다. 무엇보다 그의 아름다운 얼굴과, 그 얼굴에 못지않은 영민한 마음씨가 그의 마음을 사로잡았던 것이다.
 취등왕은 대아간이 물러간 뒤 내전으로 들어가 왕비를 보고,
 "대아간이 빨리 무술대회를 열어야 한다고 아뢰는데 어쩌면 좋겠소."
하고, 상의하였다.
 "그거야 대왕께서 한번 선포하신 일이니 그대로 시행하셔야지요."
 왕비의 대답이었다. 물론 당연한 말이다. 왕도 그것을 몰라서 그 일을 왕비에게 물은 것이 아니다. 그 결과가 공주와의 혼인과 상관 되기 때문에 왕비의 뜻을 들으려 한 것이다.
 "당연한 말씀이오. 그러나 그 결과는 곧 공주의 혼인문제와 상관 되지 않으오."
 "그것도 그대로 하셔야지요. 대왕께서 한번 선포하신 이상 어떤 일이 있드라도 그것은 움직이지 못할 줄 압니다."
 "그렇다면 대회에서 우승한 자를 공주의 배필로 삼아야지."
 "물론 그러하리다."
 왕비는 무슨 생각인지 거침없이 대답한다.
 왕은 왕비와의 사이에 못할 말이 있으랴 하고 마음속을 털어서 다시 물어보았다.
 "나 그동안 저 신발수좌를 두고 보니, 용모로나 성품(性品)으로나 나무랄 데가 없구려. 만약 그가 나에게 충성만 다한다면 나는 그를 부마(駙馬)로 삼고 싶소."
 "황공하오나 이몸도 그렇게 생각하오."
 "그렇다면 비는 무슨 생각으로 무술대회를 열라고 하오."
 "그것은 다름이 아니옵고 수좌가 일찍이 마필(馬匹)을 다루는 품이 범수(凡手)가 아니었다 합니다. 반드시 무예에도 뛰어난 재주가 있을 줄 믿습니다. 게다가 수좌는 불도를 닦는 사람이라 무예에도 반드시 범인이 미치지 못할 신이(神異)를 드러낼 사람인 줄 생각하오.」

"……."

왕은 고개를 끄덕이며 얼굴에 미소를 지었다. 왕비의 말이 대단히 흡족했던 것이다. 불도에서 어디까지나 신이와 영험을 노리고 있는 그로서는 왕비의 말이 가장 적당하게 들리었던 것이다. 그는 고개를 끄덕이며 한참 생각하고 나더니

"비의 말씀이 대단히 옳은 듯하오. 그러나 그는 이미 속세를 떠난 승려(僧侶)라 어찌 다시 무예를 다투려 하겠소."
하고, 또다시 새로운 의문을 제출하였다.

"대왕의 말씀은 지당하오나 그 점은 이 몸에게 맡겨 주시오."

"비에게 무슨 좋은 수가 있소."

"특별히 좋은 수가 있는 것은 아니나, 이몸이 수좌를 보니 나이 아직 젊은 사람이요, 게다가 얼굴에 많은 귀기(貴氣)와 공명기(功名氣)를 띠었기 때문에 법사와 같이 속세를 완전히 떠난 사람이 아니옵고 반드시 세간으로 돌아올 사람으로 보입니다."

왕비의 이 말에 왕도 이제는 완전히 의심이 풀리는 듯 만족한 얼굴로

"나와 동감이요. 그러면 모든 것을 비에게 맡기니 부디 그를 대회에 참가토록 이끌어 주오."

왕이 나간 뒤, 왕비는 가리공주를 불렀다.

"지금 부왕께서 말씀하시기를 금년 가을에는 무술대회를 열어서 부마 가음을 골르시겠다고 하시는데 어쩌면 좋지."
하고, 공주의 얼굴을 건너다보았다.

"……."

공주는 고개를 수그린 채 대답이 없다.

왕비는 다시 입을 열었다.

"너도 알다시피 무술대회에 우승한 사람이 너의 배필로 정해지는 거야. 이것은 부왕께서 국민 앞에 한 번 선포한 것이 돼서 다시 움직

이지 못해."

"……."

"왜 말이 없니. 미리 할 말이 있음 해야지, 그때 가서는 후회해도 미치지 못할 것을."

"어머니."

가리공주는 그 창백한 얼굴을 들어 겨우 이렇게 한마디 부르고는 다시 고개를 수그려 버린다. 그녀의 커다란 두 눈에는 어딘지 처절한 달빛 같은 것이 서려 있는 듯하였다.

"말하려무나. 나에게도 못할 말이 무어란 말이냐."

"이몸은 발수좌를 보았을 때부터 병이 낫기 시작했사와요……."

"오냐, 모든 것을 나에게 이야기해 주려무나."

"발수좌를 못 보면 이 몸은 또다시 자리에 눕게 될 것을."

이렇게 말하는 공주의 두 눈에는 어느덧 눈물이 글썽글썽 하였다.

"오냐, 알겠다. 너의 마음이 곧 내 마음인 것을."

왕비는 이렇게 말하며 손수 공주의 눈물을 닦아 주었다. 그리고는 다시 말을 계속하였다.

"발수좌는 반드시 뛰어난 무예를 가진 사람일게다. 그가 만약 대회에만 나오면 틀림없이 우승할 수 있을 것을."

왕비의 이 말에 공주는 갑자기 생기가 나는지

"아아, 참 발수좌는 반드시 무술이 뛰어날 거에요. 그이는 아무리 사나운 말이라도 강아지나 다루듯 했사와요."

하고, 어머니를 쳐다보았다.

"그러니까 공주도 그와 떠나지 않으려면 우선 그를 대회에 끌어내야지."

왕비는 딸에게 알아들으란 듯이 이렇게 일러 주었다.

치자꽃이 피는 밤

　신발로 말하면 본디부터 불도를 닦는다거나 그것을 외지(外地)에 전하는 것이 중요목적은 아니었다. 애당초의 동기로 말하면 아리랑국에 들어오기 위한 방편으로 그것을 가장 했을 뿐이다. 그 당시의 그의 심정은 신라 나라와 그의 가문(家門)을 위하여 자기의 한 목숨을 바쳐도 좋다는 생각이었고, 따라서 그 길을 취했던 것이다.
　그러나 정말 원광법사에게서 불도를 배우며 중의 행세를 해 보니 미리 생각했던 것보다는 훨씬 마음이 끌리기도 하였다. 세상의 모든 부귀공명과 영화영달을 헌신짝같이 바라보는 법사의 심경이 어쩌면 자기에게도 이해될 것 같았다. 그리고 모든 일에 구애하지도 않고 집착하지도 않는 채, 담담한 심경으로 부처님의 가르치심을 그대로 지켜 나가는 법사야말로 이 세상에서 가장 강하고 가장 행복된 사람 같기도 하였다.
　여기다 또 한 가지 그의 심정에 변화를 일으킨 것이 있었다. 그것은 가리공주의 미모와 아울러 그녀를 에워싼 궁중의 자애(慈愛)로운 분위기였다. 그는 처음 아리랑국을 무척 험악한 곳으로 생각했기 때문에 실지로 와서 본 가리공주의 미모와 그녀를 중심한 궁중의 자애로운 분위기는 그의 심정에 커다란 충격을 주었던 것이다. 더욱이 가리공주와의 뜻하지 않았던 연정은 그의 마음을 여지없이 짓밟아 놓았다. 그가 처음 나라와 집을 위하여 자기의 한목숨을 바쳐도 좋다고 생각했을 때의 적국(敵國) — 아리랑국 — 이란 신비한 정염에 불이 붙는 듯한 가리공주가 아니요, 취등왕이나 왕비에게서 느껴지는 위엄과 신의와 자애가 아니요, 눈에 핏대를 세운 도둑 떼와 이를 엉크러뜨린 개떼와 같은 것이다. 적국—아리랑국—이 본디 이러한 곳인 줄을 미리서 알았던들 자기는 그러한 사명을 들고 오지는 않았을 것이다. 그가 신라를 떠날 때 품고 온 사명이란 다음의 세 가지다. 첫째는 아리랑국의 지극히 중요한 비밀을 본국(신라)으로 알릴 것(혹은 직접 가져올 것), 둘째는 아리랑국의 취등왕을 살해할 것, 세째는, 신라와 아리랑국이 싸우게 될 때, 안에서 혼란을 일으키고, 신라군에 호응하여 행동할 것 — 이것이었다.

그러나 지금의 그의 심경으로는 그 어느 것도 감행할 자신이 없었다. 물론 지금의 그라고 하더라도 나라나 집을 사랑하고 위하고 싶은 마음이 그전보다 약해진 것은 아니다. 다만 적을 그전같이 밉고 흉악한 것으로 생각할 수 없게 된 것뿐이다. 자기의 나라와 집이 흥하게 되기를 원하는 동시에 가리공주의 행복도 빌고 싶었으며, 취등왕의 사직도 지켜 주고 싶었던 것이다.

그는 이따금 꿈결 속에서 가리공주의 그 창백한 얼굴과 신비한 두 눈을 볼 때가 있었다. 그럴 때마다 그는 그녀의 손목을 붙잡고 미친 것처럼 엉엉 느껴울곤 하였다. 아아, 가리공주, 가리공주, 내가 어찌 그대를 죽여야 한단 말인가 — 그는 꿈결 속에서 언제나 이렇게 부르짖으며 울었다.

그럴 때마다 원광법사가 그의 어깨를 흔들어서 잠을 깨워 주곤 하였다. 놀라 깨고 나서도 그의 두 눈에서는 그냥 눈물이 멎지 않았다.

원광법사는 그의 눈물이, 무엇을 의미하는지를 아는지 모르는지
"신발아, 너 부처님께 더욱 의지 하려무나."
하고, 인자로운 목소리로 타이르곤 하였다.

원광법사에게서 그런 말을 들을 때마다 신발은 정말 아주 중이 되어 버릴가, 하는 생각을 일으키곤 하였다. 그가 나라나 집을 배반한다는 것은 물론 생각할 수도 없는 일이었다. 그러나 가리공주를 죽이고 그녀의 부모를 멸망시킨다는 것도 참아 취하지 못할 노릇이었다. 이리도 저리도 못할 노릇이라면 정말 중이나 되어 속세를 떠나 버리기라도 하고 싶었던 것이다.

이와 같이 그의 마음이 갈래갈래 찢기이고 있을 때 그는 또 가리공

주와 만났던 것이다. 치자꽃이 달빛 아래 향기를 뿜고 있는 정원 속이었다. 그들은 걸음을 옮기어 연당가로 나가고 있었던 것이다. 못가에까지 나온 그들은 한참 동안 물속에 비친 달을 들여다보고 있었다. 공주가 고개를 돌렸다.

"그렇지만 무술대회에선 사람을 죽이는 곳이 아니니깐요. 불도에도 무사(武士)가 있다고 하잖아요. 사천왕(四天王)님 같은……. 그러니까 수좌님께서는 사천왕님이 되어 주세요."

공주는 이렇게 말을 계속하였다. 그녀는 신발이 중을 핑계로 하여 무술대회에 참가할 것을 거절한 데 대한 반박을 하는 것이었다.

"이 몸은 사천왕님도 아니지만 사천왕님께서도 무술대회에는 나가시지 않을 것이라 믿소이다."

"그렇지만 수좌님은 꼭 나가셔야 해요. 이 몸을 위해서……. 이 몸을 꼭 껴안아 주세요. 이리로, 이쪽 감나무 그늘 아래로 오세요."

공주는 신발의 손목을 끌며 감나무 그늘 아래로 들어갔다.

"자아, 꼭 껴안아 주세요, 그리고 이 몸을 떠나지 않는다고 말씀해 주세요."

"아아, 공주님."

신발은 와들와들 떨리는 두 팔로 공주를 껴안았다. 그녀의 부드러운 살결과 향긋한 체취는 순간 그의 정신을 몽롱케 하였다.

"수좌님 이 몸을 떠나시지 않는다고 말씀해 주세요."

"이 몸은 신라에서 불도를 전하러 온 중이올시다."

"수좌님, 저 못물 위를 좀 보세요. 제비가 날고 있어요. 달빛이 환하게 밝고요. 그리고 저쪽에는 치자꽃이 하얗게 피어 있어요. 수좌님, 이 몸은 수좌님을 뵈옵기 전에는 이 세상이 이렇게 즐겁고 아름다운 것인 줄 몰랐어요. 그저 밤낮 자리에 드러누워 앉기나 하는 것이 일이었지요. 이제 저에게는 극락도 왕궁도 다 소용이 없어요. 그저 수좌님, 아니, 신발님이라고 하겠어요. — 이 몸에게도 이름을 불러 주세요. 그저 신발님과 같이만 있으면 이 세상은 얼마든지 아름답고 즐거울 수 있사와요. 신발님 계시는 곳이 극락도 되고 왕궁도 될 것을."

가리공주는 신발에게 안긴 채 그의 손등을 쓸며 무엇에 취한 듯이 이렇게 긴 말을 속삭이었다.

"그렇지만 공주님께서 이 몸을 생각하거던 그것만은 제발 참아 주십시오. 이 몸이 대회에 나가면 반드시 이 몸에 환난이 있으리다."

"신발님 이 몸의 이름을 불러 주세요."

"가리님."

"네에. 또 한 번."

"가리님."

"네에. 썩 잘 불러 주었어요. 신발님의 목소리는 저의 가슴속까지 헤집고 들어왔어요. 이 담에 제가 또 자리에 눕게 되거든 그때는 경문을 외이지 말고 저의 이름을 불러 주세요. ……신발님께서 기어이 대회에 나가시지 않는다면 그것은 이 몸을 죽이시는 거에요."

공주는 이렇게 말하고 나서 갑자기 자기의 시녀들이 기다리고 있는 쪽으로 걸어가 버렸다.

그날 밤 이래로 가리공주는 정원에 나타나지 않았다. 적어도 신발이 있는 근처에서는 보이지 않았다. 들리는 바에 의하면 또 병석에 눕게 되었다는 것이다.

취등왕은 법사를 불러서 또 먼저와 같이 불도의 신이로써 공주의 병을 물리쳐 달라고 청했다. 그러나 이상하게도 이번에는 공주 쪽에서 그것을 거절한다는 소문이 들려왔다.

신발은 공주의 병인과 그러한 태도를 짐작할 수는 있었으나 무어라고 말할 수가 없어서 잠자코만 있었다. 여러 날 만나지 못하니 그리운 생각이 자꾸 쌓여서 나중은 가슴이 따가워졌다. 혼자 있는 대부분의 시간을 정자에서 보내지만, 자리에 누우면 의례건 눈물이 흘러 내려 베개를 적시기 마련이었다. 이렇게 슬픈 나날을 보내느니보다는 숫제 보따리를 싸서 신라로 달아나 버릴까 하는 생각도 들었다.
 '아니, 신라로 달아나 버리면 원광스님에게도 화가 미칠 것이요 나도 웃음거리가 될 터이니 차라리 백제로나 가 버릴까.'
 이런 생각도 들었다.
 그러한 어느날이었다. 왕비께서 그를 부르신다는 전갈이 왔다. 시녀를 따라 내전으로 들어가니 왕비는 밀수(密水)와 향기 나는 과실을 내어다 권하며,
 "왜 그렇게 얼굴이 파리하온지."
하고 물었다. 신발은 그동안 얼굴이 몹시 초췌해 있었던 것이다.
 "……"
 신발은 잠자코 고개를 수그릴 뿐이었다. 왕비는 다시
 "수좌님은 공주의 병환을 아시는지."
하고 물었다.
 "법사님께 들었사옵니다."
 "그러면 병인도 짐작하시는지."
 "……"
 신발은 고개를 수그린 채 입을 떼지 않았다.
 "그럼 이 몸과 함께 지금 공주를 가 보고자 하는지."
 "허락하신다면 원하옵니다."
 신발의 목소리는 잠긴 듯하였다.
 왕비는 자리에서 일어났다. 시녀들이 양쪽에서 왕비를 부축하였다.
 "그럼 이 몸을 따라."
 왕비는 신발을 돌아다보며 이렇게 말하고는 앞서 걸었다.
 신발은 왕비를 따라 가리공주의 병실로 갔다.

아호랑기(阿尸浪記)

공주는 죽은 듯이 눈을 감은 채 움직이지 않았다. 그것은 언젠가 그들이 처음 경문을 외우기 위하여 그녀를 찾아왔을 때와도 흡사하였다.

"아가."

왕비는 지극히 낮은 목소리로 이렇게 불렀다.

"……."

공주는 역시 눈을 감은 채 움직이지 않았다.

"아가."

왕비는 두 번째도 역시 낮은 목소리였다.

"……."

공주는 역시 꼼짝 하지도 않았다.

"아가."

세 번째 왕비는 공주의 늘어뜨린 손목을 잡으며 불렀다. 목소리도 먼저보다는 조금 높았다.

공주가 눈을 바시시 떴다. 그리고는 바짝 말라 보이는 입술로,

"어머님."

하고, 모기 같은 가는 소리를 내었다.

"아가, 수좌님이 오셨다."

왕비의 이 말에 공주는 눈을 다시 크게 뜨기 시작하였다.

"신발님."

하고 부르는 그녀의 목소리는 역시 먼저와 같이 가늘었다. 그러나 그녀의 두 눈에는 지금까지 보이지 않던 광채가 서리기 시작하였다. 그러한 눈으로 그녀는 한참 동안 신발의 얼굴을 노려보듯 하고 있었다.

"신발님, 목소리를 들려 주세요."

"공주님."

하는 그의 목소리에는 울음이 섞여 있었다.

"어머님 앞에서 이 몸의 이름을 불러 주세요."

"가리님."

"또."

"가리님."

"아아!"

공주는 이제 비로소 숨이 트이는 듯한 얼굴이었다.

시녀가 공주의 입에 석류물을 떠다 넣었다. 석류 물을 두어 번 받아 먹고 난 공주는 다시 왕비에게 시선을 보냈다.

"어머님."

하고 부르는 그녀의 두 눈에서는 갑자기 눈물이 흘러내리기 시작 하였다. 왕비가 손수 그것을 닦아 주었다.

공주의 시선이 다시 신발에게로 옮겨 졌다.

"신발님. 신발님의 목소리는 이 몸에게 필요해요. 이 몸은 그동안 여러 날을 죽어 있었사와요."

"가리님."

신발은 더 참을 수 없는 듯한 얼굴로 이렇게 불렀다. 그의 얼굴에는 어떤 새로운 결심이 서려 있었다.

그해 가을에 열리기로 되어 있었던 무술대회는 이듬해 봄으로 연기 되었다. 가리공주의 건강이 좋지 못하기 때문이라 하였다.

신발은 그해 여름부터 가끔 말을 달려서 사람이 없는 한적한 곳으로 나가곤 하였다. 가끔 활을 가지고는 다녔으나 창검을 들고 다니는 일은 거의 볼 수 없었다. 그것은 무술연습을 하러 다니는 사람보다 혼자서 무슨 수양(修養)을 하러 다니는 사람 같았다. 더욱이 무술경기대회에 참가할 사람같이는 누구의 눈에도 보이지 않았다. 왜 그러냐 하면, 대회에 참가할 사람들로서는 모름지기 이용하지 아니치 못할 여러 가지 시설 장소가 있었음에도 불구하고 그는 한 번도 나타난 일이 없었기 때문이었다.

이와 같이 거의 준비도 쌓지 않던 신발이 경기장에 나타나자 사람들은 모두 의혹의 눈을 던졌다.

"무슨 별다른 기술이 있나보지."

"불도를 믿는다니까 아마 신불의 힘을 빌릴 모양이지."

보는 사람들은 모두 이렇게 한 마디씩 중얼거렸다.

경기는 궁술(弓術) 마술(馬術) 검술(劍術) 창술(槍術) 네 가지 종목이었다. 그리고 우승자는 이 네 가지 종목에 걸쳐서 가장 많은 점수를 획득한 사람으로 현장에서 취등왕으로부터 상패(賞牌)를 받게 되어 있었다.

이날 가장 많은 사람들의 촉망과 기대를 받는 사람은 대아간 중구의 아들 복지와, 대사간 영해의 아들 칠보(柒宗)와 자당감(紫幢監) 백수(伯首)의 아들 석석(石石)이었다.

신발의 이름은 이미 아리랑국의 모든 사람들에게 알려져 있었다. 그러나 아무도 그가 무술대회에 참가 하리라고는 예상도 못한 모양이었다. 그것은 그가 중으로 궁중에 와 있다는 것과, 또 그가 한번도 무술도장(武術道場)에 나타나지 않았기 때문인 듯 하였다.

그러나 그가 경기장에 나타난 것을 알자 모든 사람들의 시선은 그에게로만 쏠리게 되었다. 그것은 지금까지 이름만 들어온 그가 어떠한 몰골을 하고 있으며, 얼마만 한 무술에 대한 실력을 가지고 있는가 하는 호기심 때문인 듯하였다. 그러므로 그가 분홍 빛 전복(戰服)에 남전대(藍戰帶)를 띠고, 머리에 승관(僧冠)을 쓰고, 왼쪽 겨드랑이에 활과 칼을 느슨히 드리운 채 흰 말을 타고 나타났을 때, 모든 사람들의 시선은 일제히 그에게로만 집중이 되었다. 그의 태도가 조금도 어색하거나 스스로운 데가 없이 으젓하고 늠름한데다, 차림이 특이하고, 게다가 얼굴이 뛰어나게 아름다웠기 때문이었다. 그 당시 아리랑국에서 이러한 무술대회에 참가하는 청년들은 각기 가문(家門)의 관위(官位)에 따라, 대아간은 홍포(紅袍)요 대사간은 자포(紫袍)요, 아간은 청포(靑袍)요, 사간은 남포(藍袍)요, 소아간(小阿干)은 녹포(綠袍)요, 소사간은 황포(黃袍)로 구별 되어 있었다. 머리에 쓰는 것도, 각각 그 전포(戰袍)와 같은 빛깔을 취하 되, 대아간 대사간은 전립(戰笠)에 꼬두마리를 달았고, 아간 사간은 벙 거지를 썼고, 소아간 소사간은 전건(戰巾)을 썼다. 그리고 그 이외의 관 위에 해당되는 집 사람들은 모두 분홍빛깔을 쓰고, 관위에 들지 못하 는 일반 서민들의 자제는 흰 빛깔을 쓰도록 되어 있었다.

경기의 첫 종목은 마술(馬術)이요, 다음이 창술(槍術)이요, 세 번째가 검술(劍術)이요, 맨 나중이 궁술이었다. 그리고 등급(等級)은 각 종목이 상상(上上), 중상(中上), 하상(下上), 상중(上中), 중중(中中), 하중(下中), 상하 (上下), 중하(中下), 하하(下下), 아홉 등급으로 나누어져 있었다. 그러니 까 제 구위(第九位)까지가 등급에 참례하는 셈이요, 그 이하는 등외(等 外)라 하여 가리지 않았다. 그리고 등급별 점수는 제 일위(上上)가 십점 이요, 제 이위(中上)가 팔점이요, 제 삼위(下上)가 칠점이요, 제 사위(上 中)가 육점이요, 제 오위(中中)가 오점이요, 제 육위(下中)가 사점이요, 제 칠위(上下)가 삼점이요, 제 팔위(中下)가 이점이요, 제 구위(下下)가 일 점으로 제 일위와 제 이위의 사이가 이점 차(差)일 뿐이며, 그 다음은 모두가 한 점씩의 차위(差違)로 구별되어 있었다. 경기는 왕과 왕비와 왕자와 공주와 각급 중신들이 임석한 가운데서 시작 되었다.

제 일번 전의 마술경기에 있어 신발은, 달리기, 뛰어넘기, 뛰어 타 기 뛰어 내리기 네 종류에 걸쳐 이십오점을 따서 제 일위가 되었다. 제 이위는 이십일점으로 자당감 백수의 아들 석석이 되고, 제 삼위는 소사간의 아들 광의(廣夷)가, 제 사위는 소아간의 아들 공길(公吉)이, 제 오위는 평민의 아들 좌구(坐丘)가, 제 칠위와 제 팔위는 대아간의 아들 복지와 대사간의 아들 칠보가 각각 타게 되었다. 따라서 마술경기의 순위별(順位別) 득점수(得點數)는 신발이 십점, 석석이 팔점 광의가 칠 점, 공길이 육점, 좌구가 오점, 복지와 칠보가 삼점과 이점을 각각 따게 된 셈이었다.

지금까지 예상도 하지 않았던 신발이 마술경기에서 제 일위를 획득하자 아리랑국 사람들의 경탄과 물론(物論)은 물 끓듯 일어났다. 어떤 사람은 취등왕이 그와 같은 좋은 인재를 얻었으니 앞으로 나라를 크게 일으킬 것이라 하고, 어떤 이는 그의 복장이 법에 맞지 않는다 하였다. 특히 그가 전건이나 벙거지를 쓰지 않고, 승관을 쓴 데 대해서 그들은 물의를 일으켰다.

대아간 중구는 이러한 물의에 대하여 왕에게 아뢰었다. 그러나 왕은 도리어 못마땅한 듯이,

"그가 이미 왕실에 공이 있고 벼슬이 별전(別典)이니 분홍전포에 남전대를 두른 것은 그의 관위에 맞는 것이요, 승관을 쓴 것은 별전이 신관(神官)이라 또한 마땅하지 않으오."

하고, 대답하였다.

대아간 중구는 황송한 태도로,

"어리석은 백성들에게 그것을 밝히 알리도록 하리다."

하고, 물러섰다. 그리하여 대아간으로부터 이러한 해명이 집행부에 전달 되자 경기는 다시 계속하게 되었다.

두 번째인 창술경기에 있어 복지가 제 일위를 획득하고, 칠보가 제 이위, 평민(平民)의 아들 좌구(坐丘)가 제 삼위, 석석이 제 사위, 공길이 제 오위를 각각 획득하고, 신발은 출전하지 않았음으로 점수를 따지 못했다. 그 결과, 복지가 합계 십칠점이요, 석석이 십사점이요, 칠보와 공길이 각각 십일점이 되었으나, 신발은 마술경기의 십점이 그대로 남아있을 뿐이었다.

이에 대해서도 사람들은 또 여러 가지 말들을 하였다. 그는 말 탈 줄밖에 모른다느니, 복장의 규격이 맞지 않아서 실격이 되었다느니, 따라서 등내(等內)에 참예할 가망은 없다느니 온갖 억측들을 다 하였다.

그러나 세 번째 경기인 검술에 또다시 그가 나타났을 때 군중들은 뜻하지 않게 환호와 갈채로써 그를 맞아 주었다. 그것은 아무도 예상하지 못했던 일이었다. 제 일번 경기에 있어 그가 일위를 획득했을 때는, 명문계통(名門系統)은 말할 나위도 없고, 일반 군중들까지 대개 그를 좋지 않게 보았었는데, 제 이번 전에 기권을 하고, 제 삼번 전에 다시 나타나자 돌연히 군중들은 그의 편이 되어서 그를 맞이하기에 열광(熱狂)한 듯하였다.

더욱이 그가 하나하나 상대자를 물리치고 마침내 복지와 일, 이위를 다투게 되었을 때 군중들은 약속이나 한 것처럼 열광적으로 그를 응원하였다. 거기엔 어떠한 군중심리가 작용하고 있었는지 그것을 똑똑히 분석할 수는 없지만, 신발이 복지보다 나이 한 살 어리고, 몸집도 훨씬 작은 편이었음에도 불구하고 칼 쓰는 태도에 조금도 야비한 데가 없이 깨끗하고 도의적(道義的)인 것이 보는 사람들의 호의와 동정을 사게 된 중요한 원인의 하나인 것은 의심할 여지가 없는 일이었다. 결과적으로 복지가 일위를 획득하고, 신발이 제 이위를 차지하긴 하였으나 그들의 시합을 직접 구경한 사람들은 모두 신발의 검술이 더 훌륭했다고 말했다.

그리하여 제 삼번까지의 종합득점수(綜合得點數)는, 복지가 이십삼점으로 제 일위요, 평민의 아들 좌구가 십구점으로 제 이위요, 신발이 십팔점으로 제 삼위, 석석이 십칠점으로 제 사위, 칠보와 공길이 십오점으로 동점(同點)이요, 광의가 구점이었다.

마지막 경기인 궁술로 들어갔다. 궁술경기엔 원거리(遠距離), 근거리(近距離), 지상궁(地上弓), 마상궁(馬上弓)의 네 종별이 있었다. 이 네 가지 종별에 걸쳐서 신발은 삼십오점의 신기(神技)로써 단연 제 일위를 획득하였고, 칠보가 이십사점으로써 제 이위를 따고, 그 다음 광의가 제 삼위, 공길이 제 사위, 석석이 제 오위, 복지가 제 육위, 좌구가 제 칠위를 각각 따게 되었다.

그 결과 전체 경기의 종합득점수는, 신발이 이십팔점으로 우승을 하고, 복지가 이십사점으로 제 이위, 칠보가 이십삼점으로 제 삼위, 석석과 좌구가 각각 이십이점으로 그 관위(부모의)에 따라 제 사위 제 오위가 되고, 공길이 이십일점으로 제 육위, 광의가 십육점으로 제 칠위, 아간의 아들 거복(居復)이 제 팔위, 평민의 아들 가할(叮割)이 제 구위로써 각각 등내에 참예하게 되었다.

경기가 끝나고, 취등왕이 신발에게 우승상패를 수여했을 때, 군중들은 우레 같은 박수 소리와 함께, 가리공주 만세를 불렀다.

이로써 그들은 오늘의 우승자와 가리공주의 행복을 진심으로 축복하는 것이었다.

아리랑국(阿尸浪國) 최후의 밤

신발이 아리랑국의 무술경기대회에 나가 우승자가 되자, 그 자리를 노리고 있던 대아간 중구의 아들 복지와, 대사간 영해의 아들 칠보와, 그 밖의 여러 명문의 아들들에 의하여 그는 끝없는 시기와 증오의 대상이 되었다. 그들의 그러한 감정은 취등왕의 중신들로 있는 그들의 아버지를 통하여 취등왕에게 직접적으로 반영되었다. 그들은 기회 있는 대로 취등왕에게 신발을 경계하라고 간(諫)하였다. 그들의 논지는 신발이 비록 불도를 전하러 온 승려(僧呂)로 가장하고 있으나 그는 승려가 아니고 신라의 자객(刺客)으로 신라 왕의 특명을 띠고 와 있다는 것이다. 그 이유로는 그의 무술이 뛰어난 것으로 보아 짐작할 수 있다는 것이다.

"그 밖에 다른 확증은 없겠지."

취등왕은 약간 이맛살을 찌푸리고 묻는다. 이것은 취등왕이 자기(중구)의 〈직간〉(直諫)을 못마땅하게 생각한다는 증거라고 중구는 해석하는 것이다. 그들은 언필칭 〈직간〉이니 고간(苦諫)이니 충간(忠諫)이니 하는 말들을 썼지만, 취등왕의 비위를 거슬리지 않으려고 다투어 눈치들을 살폈다. 대아간 중구는 취등왕이 이맛살을 찌푸린 것을 보자,

"소신은 대왕의 용체(龍體)에 만일의 경우라도 있을까 하여 죽음을 무릅쓰고 고간할 뿐이외다. 확증이 있으면야 이러고 있으리까. 우리 나라와 우리 조위(朝威)에 만일의 잘못이라도 있을까 하여 아뢰오니 대왕께서는 소신의 직간을 물리치지 맙시고 항상 유념(留念)하여 주시기 바라오."

"나도 여러가지로 보는 바가 있으니 이제 다시 그 말은 더 하지 마오."

왕은 대아간의 〈고간〉을 조금도 귀담아 듣지 않는 모양이었다.

그가 이렇게 중신들의 자칭 〈직간〉이니 〈충간〉이니 〈고간〉이니 하는 것들을 조금도 귀담아 듣지 않는 데는 여러 가지 이유가 있었다. 첫째는 불도를 받아들여서 불도의 신이력(神異力)을 이용하자는 것이요, 둘째는 신발의 용모와 마음이 하도 아름답고 깨끗하여 그를 나쁜 사람으로 볼 수 없다는 것, 또 그에게 만일의 경우 나쁜 뜻이 있다 손치더라도 그에게서 피해를 입지 않으리만치 자기(왕)는 항상 신변을 경계하고 있다는 것, 그리고 가장 중요한 증거로는, 그가 무술대회에 우승한 뒤에도 공주의 배필이 될 것을 원치 않고 있다는 점, 그것이었다. 다른 사람들이 원하는 것은 〈우승〉도 우승이려니와 무엇보다도 가리공주 그 자체에 있었던 것이다. 여러 가지 이유에서 그 이상의 행복을 바랄 수도 없을 것이다. 그러나 신발은 그것을 사양하고 있지 않는가. 그리고 그가 무술대회에 나간 것도 〈우승〉이나 〈공주〉에 야심이 있었기 때문이 아니고 왕비와 공주의 간곡한 소청을 어기지 못하여 한 짓이 아닌가(취등왕은 왕비를 통하여 그 경위를 자세히 들어서 알고 있는 것이다).

이러한 사람을 자객이니 간첩이니 하여 경계하란 것은 결국 그들의

시기와 야심에 지나지 않는다고 그는 믿고 있는 것이다. 신발은 어저께도 왕비에게 자기는 불도를 위하여 일생을 바칠 몸이라는 이유로써 부마될 것을 거절했다고 하지 않는가. 그가 끝끝내 공주를 사양한다면, 나는 대아간들과는 다른 이유로 그를 없이할는지 모른다. 그러나 대아간들의 시기심에서 나오는 모함으로 그를 경계하지는 않을 것이다. ― 하고 취등왕은 대아간들을 도리어 비웃고 싶은 심정이었다.
"수좌가 공주를 사양하다니 그 무슨 곡절이 있는 일 아니오."
왕은 왕비에게 물었다.
"불도를 닦으려니까 그렇지 그 밖에 무슨 곡절이 있으리까."
"끝내 거절을 한다면 없애 버리든지 해야지, 나도 그대로 두지는 않을걸."
"공주를 보아서라도 제발 그런 말씀은 마시기를."
"공주를 생각해서 그러오. 그래 공주는 뭐라고 하오."
"공주는 수좌가 끝내 혼인을 사양 한다면 자기도 따라 여승(女僧)이 되겠답니다."
"접때와 같이 누워 앓지는 않소."
"공주는 꼭 혼인을 하지 않더라도 곁에서 자주 얼굴이나 보고 살면 좋겠다고 하오."
"아직 어려서 하는 소리지 그렇게야 되나. 그가 우승을 하기 이전과는 어떻소."
"한결 좋아합디다. 법으로 정해진 상대거니 생각하는 것만으로도 안심이 되는 모양이요."
"그러나 그대로 두지는 않겠소. 수좌도 각오를 해야지."
취등왕은 신발이 공주를 취하지 않으려는 태도가 몹시도 괘씸하고 안타까운 모양이었다.
이러한 취등왕으로 하여금 신발에 대한 또다시 새로운 의혹과 분노의 불길을 일으키게 할 일이 생겼다. 그것은 몇 해 전에 신라(서울)로 끌려가다 시피 한 금관국 구해왕의 둘째 아들 무덕(武德)이 신라왕(법흥왕)의 비공식(非公式) 사신이 되어 그(취등왕)의 앞에 나타난 데서 기인한 것이다. 무덕은 위에서도 이야기한 바와 같이 취등왕의 장녀 아리공주(阿尸公主)의 남편인 것이다.

취등왕은 무덕이 자기의 부마(사위)가 아니라 하더라도 같은 여섯 가야의 한 나라로 있던 금관국의 왕자로서 마땅히 자기(취등왕)와 힘을 합하여 신라를 치려고 할 것이어늘, 이것은 도리어 신라를 위하여 신라왕의 세객(說客)이 되어 나타나다니 이렇게 괘씸할 데가 어디 있느냐 하는 것이다. 더욱이 그 사명이란 것이 또한 이만저만한 파렴치가 아니다. 무덕의 말에 의하면, 신라인과 가야인은 본디 같은 변진인(弁辰人)이라는 것이다. 고구려나 백제에 비해서는 처음부터 형제와 같은 사이라는 것이다. 게다가 신라는 시조 박혁거세왕 때부터 국풍(國風)이 좋고, 군신(君臣)이 현철(賢哲)해서 문화가 발달되고, 병사가 강하고, 백성이 가멸(富)하다는 것이다. 자기들(구해왕과 왕비와 왕자들)도 처음엔 어떨는지 몰라서 대단히 불안과 의혹을 품고 갔으나 신라왕은 진심으로 자기들을 환영하였으며, 고토(故土―金官國)를 그대로 식읍(食邑)으로 봉해주었으며, 지체에 있어서도 신라왕족과 같은 진골을(眞骨)로 대우해 주었다는 것이다. 그것도 처음엔 자기들을 속이는 수작인가 했더니 그렇지 않고 진정이더라는 것이다.

"그러고 보니 조그만 나라를 가지고 공연히 불안해 하며 쩔쩔매는 것보다 얼마나 푸근하며 대국적(大局的)인지 모르겠더이다."
하고, 무덕은 끝없이 신라를 추켜 올렸다.

취등왕은 지극히 불쾌한 듯한 얼굴로
"구해왕은 이미 늙어서 그렇다 하거니와 그대같이 젊은이가 어쩌면 그렇게 마음이 무디고 어리석단 말인가. 그것도 십 년이나 이십 년

아호랑기(阿尸浪記)

이라도 겪어 보았다면 또 모르려니와 이제 겨우 사·오년에 남의 속을 어찌 알 것이라고 진정이니 어쩌니 한단 말인고."
하고, 오래간만에 보는 부마를 사정 없이 나무라기 시작하였다. 그러나 무덕은 수그러지지 않고,

"황송하오나 그렇지 않은 줄 아나이다. 그것은 그네들이 간계(奸計)로써 하는 짓이 아니고 순후(淳厚)하고 너그러운 국풍이었나이다. 대왕께서는 부디 이 몸을 세객으로 보지 마시고 골육지간(骨肉之間)의 진정에서 우러나는 것이라고 믿어 주소서 이몸은 신자(臣子―駙馬임을 가리킴)로서의 은의(恩義)와 국가간(國家間)의 공의(公義)에서 아뢰나이다."

"그래서 나를 어쩌란 말인고. 그대는 나에게 무엇을 원하는고."

"대왕께서는 부디 방국(邦國)간의 대세를 넓히 살피시와 부질없는 유혈(流血)을 피하시고 대국적인 견지에서 화합귀일(和合歸一)하시옵기 바라나이다."

"무엇이 어쩐다!"

취등왕의 두 눈에는 갑자기 불이 켜지며 거센 목소리가 궁전 안에 찌르렁 울렸다.

"화합귀일을 하라고. 부질 없는 유혈을 피하라고. ……나더러 구해 왕이 되란 말인가. 내 마저 신라국의 포로가 되란 말인가. 오백 년간의 사직을 헌신짝같이 버리고 내마저 남의 나라의 노복이 되란 말인가. 저 놈을 당장 끌어내어 옥에 넣으라."

취등왕의 노기는 극도에 달했다.

좌우에서 무사들이 뛰어나와 무덕을 끌고 나갔다.

누구 하나 감히 입을 떼는 이도 없었다.

취등왕은 무덕을 옥에 넣은 이튿날, 곧 원광법사와 신발을 불렀다.

"법사께서는 불도로써 나를 도웁고 내 나라를 일으키는 것인 줄 믿으오. 앞으로 나라가 전단(戰端)을 피치 못한다면 법사께서는 어떠한

신이(神異)로써 나를 도우려 하오."

취등왕은 약간 흥분한 어조로 이렇게 물었다.

그러나 법사는 담담한 태도로,

"대왕의 학수(鶴壽)와 왕실의 복락을 부처님께 빌겠나이다."
할 뿐이었다.

"그보다 나의 무운(武運)과 우리 군사의 무예와 용기를 빌어 주시오."

"불도에서는 살생(殺生)을 금하기 때문에 살생으로써 승패를 겨루지 않는 더 큰 복락을 비는 것이외다."

"그러나 국가의 흥망을 다투는 일에 어찌 살생을 피한다 하겠소. 대사께서는 부디 우리 군사에게 일찍이 발수좌에게 빌었던 거와 같은 무예를 빌어 주시오."

취등왕은 신발이 일찍이 무술대회에서 우승한 것은 어디까지나 불도의 신이력에 의한 것이라고 믿고 있기 때문에 이렇게 말한 것이다(그때 신발의 궁술에는 과연 신기에 가까운 것이 있었으며, 사람들은 모두 그것을 불도의 신이력이라 말했던 것이다).

그러나 원광 법사로서 볼 때 취등왕의 이 말은 너무 넘겨짚는 것 같다(물론 법사 자신도 신발의 무술에 신불의 가호가 없었다고 생각하는 것은 아니다). 그의 우승이 비록 신불의 가호로써 이루어진 것이라 하더라도 그것을 전혀 신이력에 의한 것이라고만 본다면 여간 잘못이 아니다.

"네에, 발수좌의 무예에 신불의 가호가 없었다고 하지는 않겠소이다. 그러나 그는 본디 어려서부터 스스로가 무예를 신불께 빌었소이다. 신라에는 본시 불도가 들어오기 전부터 신불에 통하는 〈발그 검〉(밝의 검)이 있었사와 무예를 닦는 소년들은 모두 〈발그검〉께 신기(神技)를 빌었사외다. 발수좌로 말씀하오면 일찍이 불문에 들어오기 전부터 〈발그검〉께 무예를 빌어 신라에서도 으뜸이란 소문이 있었나이다."

원광법사는 역시 담담한 태도로 자기가 아는 것을 아무것도 숨기려 하지 않고 모두 털어놓는다. 이 말에 취등왕은 속으로 문득 집히는 것이 있었다. 그것은 그가 일찍이 생각하지 못했던 신발이 불문으로 귀의하게 된 동기 — 그것이었다. 신발과 같이 어여쁘고, 영민한 아이가 무슨 이유로 세상을 버리고 중이 되었을까 하는 의문이었다. 순간, 그렇다면 혹시나 하는 생각이 그의 머리 속을 스쳤다. 그러나 다음 순간 그의 달빛같이 희고 아름다운 얼굴과, 착한 마음씨가 속속들이 환히 들여다보이듯 하는 두 눈을 바라보았을 때, 아아, 저 얼굴에 죄가 있으랴, 하고 스스로를 꾸짖었다.

"나 수좌에게 묻노니, 신라왕이 나에게 사람을 보내어 나에게 이르되, 내 나라를 그에게 바치고 나로 하여금 그의 신하가 되라 하는데, 수좌는 이 일을 어떻게 생각하는고."

왕의 물음에 신발은 한참 생각 하고 나더니

"어째서 대왕께서는 신라왕에게 먼저 그와 같이 말씀하시지 않았사온지."

하였다.

웅지(雄志)와 심모(深謀)에 있어서는 일찍이 상대할 만한 인물을 구경할 수 없다고 항상 개탄하여 마지않던 취등왕으로서도 이 말에는 찔끔 놀라지 않을 수 없었다. 그것은 보통 사람으로서는 도저히 생념조차도 할 수 없는 〈웅지〉요 〈심모〉에 속하는 대답이었기 때문이었다.

"아아, 수좌는 과연 신인(神人)이로다. 원컨대 그 일을 나에게 자세히 가르쳐 주오."

하고 나서, 무덕의 이야기를 자세히 설명해 주었다.

이야기를 다 듣고 난 신발은

"신라왕이 진심(眞心)이면 대왕의 진심을 헤아릴 수 있겠나이다. 양국이 진심으로 서로를 해치지 않고 서로 도움이 되고, 서로 힘이 되고, 서로 편함이 된다면 하필 어느 쪽이 칭왕(稱王)을 하고, 어느 쪽이 칭신

(稱臣)을 하지 않더라도 〈화합귀일〉할 방책은 있을 줄 아뢰나이다."
하였다.
 "오오, 영특한 수좌로다. 수좌는 나를 위하여 그 일을 가르쳐 주오."
 "소승에게 명령하시와 무덕공과 접촉케 하소서. 그리 하오면 소승이 무덕공의 흉중을 살피고 신라왕의 진심 여부를 헤아리겠나이다."
 "오오, 그렇게 할 것을."
 취등왕은 곧 사람을 시켜 옥중에 있는 무덕을 나오게 하였다. 그리하여 신발과 무시로 접촉할 수 있는 위치에 기거(起居)케 하였다.
 신발은 무덕과 몇 번 접촉하지 않아 그의 위인을 대강 짐작할 수 있었다. 그는 나이 한 스물 예닐곱 되어 보이는 눈이 크고, 수염이 꽤 많은, 열정적인 사람이었다.
 "발수좌 내 말을 믿어 주시오. 나는 내 아내 아리공주를 끝없이 사랑하오. 그리고 또 취등왕을 꼭 내 부모같이 존경하고 있소. 내가 이번에 온 것도 사실은 법흥왕이 먼저 명령한 것이 아니고 내가 먼저 아뢰어서 허락을 받았던 것이오. 신라에서는 처음부터 외교수단보다 무력으로 무찌르려 했던 것이오. 나는 내 사랑하는 아내와 내 존경하는 취등왕을 위하여 이 일을 사서 나온 것이오. 지금 우리 형제 세 사람은 진심으로 신라를 위하여 충성을 바치고 있소. 우리 나라(금관국)가 망한 것 같지 않고, 우리나라(금관국과 신라를 합친)가 커진 것만 같구려. 이것은 신라의 순후하고 너그러운 국풍 때문인 것 같소."
 "그렇지만 취등왕께서는 대가야왕국(大伽耶王國) 건설의 〈웅지〉는 끝까지 버리시지 않을 듯하오."
 "그것은 취등왕께서 대세를 모르시기 때문이라오. 대가야왕국을 구상할 시기는 이미 늦어 버렸소. 성산가야와 고녕가야가 이미 실속으로는 신라와 손을 잡은지도 오래라오. 더구나 임나가야(任那伽耶)가 가운데서 길을 척 막고 있지 않소. 그렇다고 해서 취등왕께서 임나가야를 칠 수 있나요. 취등왕이 만약 임나가야를 친다면 임나가야는 쉽사리 신라의 후원도 받을 수 있고, 성산가야나 고령가야의 원조를 받을 수도 있다오. 어떻게 대가야 왕국을 건설한단 말이요."

"옳은 말씀이요."

신발은 맘속으로 참 좋은 친구를 알게 되었다고 생각하며 이렇게 그의 말을 수긍해 주었다.

마지막으로 신발은 무덕을 향해

"신라로 도루 돌아가시오."

하였다.

"지금 나에겐 그러할 자유도 없으리다."

"그것은 이 몸이 취등왕께 아뢰어 올리리다. 너무 조각을 따지지 말고 떠나가시오."

이튿날 신발은 취등왕을 배알하고, 아리랑국과 신라국의 공수친선동맹(攻守親善同盟)을 맺도록, 신라왕에게 제안을 하되 무덕과 함께 이쪽 대신급 한 사람을 사절로 파견하라 하였다.

"수좌는 무엇으로 신라왕과 무덕의 진심을 믿게 되었소."

"소승이 무덕공과 사귀어 보니 근본이 호의에서 나온 것이 분명 하였으나 무덕공과 신라왕의 정치적 구상이 부족한데서 그와 같은 무례한 말이 나왔음을 알게 되었나이다."

"수좌의 영민한 구상은 궁술의 신기를 지나는 듯하오."

하고, 취등왕도 드디어 만족한 미소를 띠었다.

그런 지 사흘 뒤, 취등왕은 아간 소리를 무덕과 함께 신라로 보내었다.

그러나 신라에서는 달포가 지나도록 사절도 소식도 돌아오지 않았다. 이쪽에서 보낸 소리마저 죽었는지 살았는지 소식조차 없다.

취등왕은 신발을 불러서

"수좌, 이것이 어찌 된 일인고. 신라에서는 이쪽에서 보낸 사절조차도 돌려보내지 않으니."
하고 묻는다.

신발로서도 할 말이 없었다. 신라왕이 취등왕의 공수동맹 제안을 받아 줄 리 없다는 것은 그 자신이 잘 알고 한 일이었기 때문이었다. 무엇보다도 그는 무덕을 신라로 돌려보내고 싶었던 것이다. 그것은 첫째 무덕의 목숨을 구해 주고 싶었고, 둘째로는 자기(신발)에게 부하된 사명을, 그(무덕)를 돌려보냄으로써 간접적으로나마 달성시킬 수 있다고 믿었기 때문이었다.

"그동안 풍우(風雨)가 많았기 때문에 혹시 도중에 사고가 생겼는지도 모르겠나이다."

신발의 대답에도 이제는 〈모르겠나이다〉가 나왔다.

"그렇지만 적어도 일국의 사절인데 도중 사고로 소식이 두절되다니……."

왕은 볼멘소리로 혼잣말같이 뇌까렸다.

그러한 어느날이었다. 금관군(전 금관국) 방면의 신라군이 먼저 아리랑국을 향해 공격을 개시하여 왔다. 그런지 한 시간쯤 뒤에는 임나가야의 국경 근처에 집결되어 있던 신라군도 또한 아리랑국을 향해 행동을 개시하였다는 급보가 들어왔다. 이렇게 되고 보니 신라국의 계획적인 침략이란 것이 의심할 여지도 없어졌다.

취등왕은 노기가 충천하여 먼저 신발을 옥에 가두게 하였다.

금관군 방면에서 침입하여 온 신라군은 그쪽 국경지대를 수비하고 있던 전금관국(前金官國)의 용장(勇將) 밀쇠(密金)와 그 휘하 장사들에 의하여 맹렬한 반격을 받고 물러갔다. 밀쇠는 본디 금관국 사람이면 누구나 다 추앙하던 명장이요, 그의 휘하 장사들도 고국을 잃은 원한이 서려 있었기 때문에 그들의 반격은 불을 뿜는 듯했다. 밀쇠군의 맹렬한 반격을 받은 신라군은 이내 무너지기 시작하였다. 그리하여 그날 밤까지 그들은 도리어 삼십 리나 후퇴를 하지 않으면 안 되었다. 뿐만 아니라 사상자도 약 일천 명가량이나 생기게 되었다.

이와 같이 서전에 있어 승리를 거두게 된 밀쇠장군과 그의 휘하 장사들은 더욱 용기를 얻어 이튿날도 맹격을 가하여 신라군 약 오천 명을 반이나 궤멸시켜 버렸다.

"너무 나가지 말아. 이겼다고 함부로 디밀다가는 흔히 코를 떼느니라."

밀쇠장군은 장사들의 추격을 중지시켰다. 이리하여 피차가 새로운 진지를 구축하면서부터 이쪽(동부) 전선은 교착상태에 빠지고 말았다.

동부전선의 연속적인 첩보(捷報)는 북부전선(임나가야 국경 근처)의 아리랑군에도 크게 영향을 주었다. 북부전선의 총대장은 대아간 중구요, 수병(水兵)대장은 대사간 영해였다. 복지와 칠보와 석석이도 모두 그들의 아버지를 따라 이쪽 전선에 나와 있었다. 본디 이쪽 전선에는 신라군 약 일만여 기(一萬餘騎)가 집결되어 있다가 동부전선이 궤멸되는 바람에 그쪽으로 삼천을 보내고, 나머지 칠천 명이 수륙으로 나누어 싸우고 있었던 것이다. 본디 단숨에 무찌를 줄 알았던 신라의 정병이지만 아리랑군의 수비는 의외로 강했고, 더구나 대사간 영해가 지휘하는 수군이 어떻게 교묘하던지 신라군은 단단히 혼을 빼는 모양이었다.

동부전선은 교착상태에 빠진 채, 북부전선은 일진일퇴(一進一退)의 격전의 연속으로 그해 겨울을 내고 이듬해 봄이 되었다.

취등왕은 신라군의 공격이 시작되자 이내 임나가야 성산가야 고령가야 소가야 등에 원병과 군량을 청했으나 이에 응한 나라는 소가야뿐이요, 다른 세 나라에서는 소식이 없었다. 백제에도 처음부터 후원을 청했으나 아무런 반응을 보이지 않다가, 이듬해 봄에 와서야, 어디서 가리공주의 미색을 전해 들었는지 가리공주를 백제로 보내면 원병을 보내겠다는 뜻을 전해 왔다.

"돼지 같은 놈들이로군. 환난 중에 있는 사람을 도울려고는 하지 않고 도리어 공주를 달라."

취등왕은 이렇게 백제왕을 원망하는 것이나 아무런 소용도 없는 노릇이었다.

그는 또 법사를 불렀다. 그는 전쟁이 시작되던 직후부터 법사에게 부탁하여 불도의 신이력으로써 신라군을 물리치도록 해달라고 매일같이 조르는 것이다. 법사는 그럴 때마다 담담히 고개를 끄덕이며

"그리 하리다."

하는 것이다. 그리고는 무엇인지 열심으로 경문을 외우는 것이다.

가리공주는 신발이 옥에 갇힌 뒤에도 하루에 한 번씩은 아버지의 눈을 피해가며 그를 찾아 주었다.

"신라 사람들이 먼저 싸움을 걸어 왔어요. 그러니까 부왕께서도 화를 내셨나 봐요. 그렇지만 신라사람들만 돌아가 주면 부왕께서도 화가 풀리실 거에요. 신발님 기다려 주세요."

가리공주는 신발을 위로하는 셈으로 이런 말을 하였다.

"가리님 염려 마세요. 이 몸은 불도를 배웠기 때문에 이런 데 있어도 겁나지 않아요."

이렇게 말하며 신발은 아닌게 아니라 염불을 외우곤 하였다.

"백제왕이 이 몸을 보내 달랜다나요. 그러면 원병을 보낸다고. 그렇지만 백제왕도 바보에요. 이 몸은 신발님 곁을 떠나면 물 밖에 나온 고기가 된다는 것을 모르고 있사와요."

이런 말도 하였다.

백제의 원병이 오면 전선은 더욱 복잡해지는 것이라고 신발은 혼자서 생각하였다. 그는 아리랑국이 결국은 패망할 운명에 놓여 있는

것이라고 보았기 때문에 이왕 망하고 말 것이라면 백제가 말을 걸치기 전에 얼른 신라에게 항복해 주었으면 싶었다.

그러나 결국 백제병이 이르기 전에 아리랑군의 동부전선이 무너지기 시작하였다. 그것은 밀쇠 아래 있던 장병들이 불평을 품고 신라군에 투항해 버렸기 때문이었다. 그 이유는 취등왕이 동부전선과 북부전선에 대하여 보급의 차별을 둔다는 것이었다. 그들에 의하면 취등왕이 동부전선의 장병들은 본디 출신이 아리랑국이 아니라 하여 무기와 식량을 잘 보급해 주지 않는다는 것이다. 그러나 이것은 물론 신라군의 모략선전이었다. 그즈음 아리랑국에는 사실상 군량과 무기가 거의 다 동이 나 있었던 것이다. 이렇게 하여 일부 병사가 투항을 하자 남아 있던 병사들 가운데서는 내응하는 자가 생겼다. 대장 밀쇠는 최후까지 싸웠으나 적은 군사로 더 버틸 수 없게 되었던 것이다.

급보를 받은 취등왕은 북부전선의 병력을 한 부분 동부전선으로 옮기게 하였다. 이리하여 신라군의 진격을 일단 견제하게는 되었으나 그날 밤으로 양면이 다 한꺼번에 무너지는 결과를 초래하게 되었다. 왕은 왕비를 보고

"우리가 이왕 망하게 된다면 공주나 살도록 백제로 보낼까 하오. 이제는 원군이 와도 늦겠지만……."
하였다.

"이왕 그럴 바에야 차라리 신라에 항복을 하는 편이 낫지 않으오."
"항복은 아무데도 하지 않겠소. 공주를 보내는 것은 항복이 아니요."
"……."

왕비는 더 대꾸를 하지 않았다. 공주를 보내는 것도 역시 항복이라 생각하였으나 그런 것으로 이 비경(悲境)에 빠진 왕과 다투고 싶지는 않았던 것이다.

왕이 밖으로 나간 뒤, 왕비는 공주에게 보석 한꾸레미를 내어 주며

"이제 우리가 어떻게 될는지 모르니, 이 보석은 네가 지니고 있거라."
하였다.
"어머니 이 몸은 어떤 일이 있더라도 어머니와 함께 있사와요."
"아니다, 너는 신라나 백제에 가서라도 살아야 한다."
이 말을 들은 공주는 무엇에 찔리기라도 하는 듯이
"어머니 그럼 신발님은 어떻게 해요."
하더니, 그 자리에 쓰러져 흑흑 느껴 울었다.

그날 밤으로 왕은 공주를 백제로 보내고, 신발과 법사는 불에 태워 죽일 작정이었다. 왕의 이러한 계획을 알고 있는 사람은 아무도 없었다.

다만 공주를 백제로 보낸다는 것만은 왕비도 알고 있었던 것이다.

그날 밤 공주는 옥방문 앞으로 달려갔다. 그리하여 전옥에게 말했다.

"이 몸은 부왕의 명령으로 임자와 함께 백제로 떠난다오. 이 보석꾸러미를 빨리 왕비에게 전해서 내 짐 속에 넣어 주십사 하고 임자는 내 말을 곧 몰고 나와요."

공주의 태도에는 조금도 거짓 같은 것이 없었고 또 한 머리 막 불이 붙는 판이라 전옥은 다른 것을 더 생각할 겨를도 없이 공주가 시키는 대로 옥방 쇳대를 그녀에게 주며 그 보석꾸러미를 받아 들고 일단 내전 쪽으로 발을 옮겨 놓았다.

전옥이 어둠 속으로 사라지자, 공주는 곧 옥방 문을 열었다.

"신발님 이몸이에요. 빨리 이리로 나오세요."

신발이 나오자 공주는 곧 그의 손을 잡으며

"이쪽으로 해서 나가세요. 뒷산으로 해서 우물 곁을 돌아 나가세요."
하고 낮은 목소리로 속삭여 주었다.

그때는 이미 공방군이 함께 어우러져 싸우느라고, 아우성 소리, 화살 날으는 소리, 말 달리는 소리, 쇠붙이 부딪는 소리들이 뒤범벅이 되고, 앞뒤에서 불길이 하늘을 사를 듯이 오르고 있었다.

"아아 가리님, 이런 밤에 우리가 서로 헤인다는 것은 서로 만난다는 거와도 같을 것이오. 나는 신라로 가오."

신발은 이렇게 하직을 하고 공주가 가리키던 쪽으로 사라져 버렸다.

그는 뒷산으로 올라가서, 거기서 나무를 타고 다시 담장으로 건너갔다.

마침 달이 없는 밤이라 산비탈과 개울과 논밭을 가로질러 숨이 끊어지도록 달렸다. 그리하여 그가 신라군의 진지에 닿았을 때는 밤도 깊었을 때였다.

그러나 그가 정작 신라군의 진지에 닿았을 때는 자기가 왜 그렇게 미친 것처럼 죽을 둥 살 둥 모르고 달려왔는지 스스로 까닭을 모를 일이었다. 자기는 목숨을 구하려고 달아나 온 것인가. 그렇다, 목숨을 구하기 위해서라면 차라리 궁중의 어느 나무 그늘 속에 웅크리고 있다가 신라군이 들어오기를 기다리는 편이 훨씬 안전했을 것이다. 그러면 무엇을 위해서 뛰어온 것인가.

자기의 사명을 보고하기 위해서인가. 그렇다면 그것은 무덕을 신라로 보낼 때 이미 치른 것이 아닌가. 그렇지 않더라도 지금은 때가 너무 늦지 않은가. 삼년 동안의 간첩생활을 지금 이 순간에 하필 와서 보고해야 할 이유는 무엇인가.

이제 불과 몇 시간이면 전쟁은 끝나고 아리랑국은 없어지고 말 것이 아닌가.

신발은 말 한 마리를 빌려 타고 지금 한창 불길이 오르고 있는 취등왕의 궁전 쪽을 향해 달렸다.

궁성 주위에는 아직도 수천 명의 병사들이 칼과 창을 휘두르며 서로 찌르고 찔려서 쓰러지고 넘어지고 하는 중이었다. 그는 흡사 그러한 살육전과는 관련도 없는 사람처럼 말을 채찍질하여 궁중으로 뛰어들었다. 궁성 안은 불바다였다.

"저기 저 전각(殿閣)에서 왕과 왕비가 자결을 한다."

누가 누구를 위하여 하는 소린지 이러한 말소리가 그의 귀 곁을 스쳤다. 그는 전각 있는 쪽으로 말을 달렸다. 그러자 또 누구인지

"공주를 찾아라."

하는 소리가 들렸다. 그것은 분명히 귀로 들렸다. 그러자 또 누구인지

"공주는 왕이 죽였다. 달아나는 것을 활로 쏘아서 죽였다."

하고 외쳤다.

"저기다, 저기. 연당가에서 공주는 쓰러졌다. 말을 탄 채 화살을 맞았다."

또 누가 이렇게 외쳤다.

그는 또 연당 쪽으로 향해 말을 달렸다. 주위는 뺑 돌아가며 불바다요, 머리 위로는 무수한 화살이 윙윙거리며 날아다닌다.

말이 뛰었다. 말 얼굴에 불이 튕긴 모양이었다. 바로 그 순간이다. 누구의 것인지도 모르는 화살 한 개가 날아와 그의 뒤통수에 꽂히었다. 아아, 이런 밤에 헤인다는 것은 서로 만난다는 것과도 같은 것인가, 그는 뒤통수에 화살이 꽂힌 채 말에서 떨어졌다.

(註) : 김병길은 尸는 鄕札 吏讀等에서 「라」 行으로 읽는다. 「未尸郎」을 「미리랑」으로 읽는 따위.

───────────

* (원)야담1958. 1. 2013년 3《현대문학》김병길 발굴.

■ 평론 | 김동리의 역사소설에 대하여

역사에서 설화로, 설화에서 우화로

진정석 (문학평론가)

1

　반세기 가까운 오랜 기간에 걸쳐 창작된 김동리의 작품을 일별해 보면, 한 가지 특이한 사실이 발견된다. 곧 그의 소설 속에는 시간성이 희박하거나 거의 부재하다는 것이다. 이러한 특징은 다시 두 가지 측면으로 나누어 살펴볼 수 있다. 인간의 보편적인 운명에 깊은 관심을 갖고 구체적인 역사의 시간성에서 일탈한 신화적 공간을 즐겨 그리는 작품의 구성방식이 그 하나라면, 작품 활동의 전 기간에 걸쳐 별다른 변화 없이 일관된 기조를 유지하는 작가 정신의 불변성이 다른 하나에 해당된다. 비유하자면 김동리의 소설은 그 출발점에서부터 이미 완성된 형태로 제출된 것이라고 할 수 있다. 그는 등단을 전후한 시기에 확립한 문학관을 평생 동안 견지했으며, 그의 모든 작품은 자신의 고유한 세계관과 문학관을 다양하게 변주시킨 것이다. 작가로서의 생애가 마무리될 무렵인 1978년에, 40여 년 전에 발표한 출세작 「무녀도」를 전면 개작한 『을화』를 탈고한 것도 이러한 맥락에서 이해할 수 있다. 그럼에도 불구하고 그의 작품에 나타나는 무시간성과 작가정신의 불변성이 역사적인 맥락에서 완전히 자유로운 것은 아니다. 문학사적인 설명이 필요한 지점일 텐데. 여기서 잠시 김동리의 문학적 도정이 시작되는 일제 말기의 문단 상황을 일별할 필요가 있을 것이다.

김동리 문학의 출발점인 1930년대 후반기는 세계사적 규모에 걸친 파시즘의 등장으로 말미암아 문학사의 새로운 지형도가 그려지기 시작하던 시기이다. 파시즘의 도래와 함께 근대 사회가 종언의 위기에 처하게 되었다는 불안감은 당대 지식인들의 시대감각을 배후에서 규정하던 기본적인 인식소로써, 이러한 위기의식은 다시 한국문학의 존재 조건에 대한 자기반성과 문단 재편성으로 이어지게 된다. 경향문학이 퇴조의 기미를 드러내고 그와 쌍생아적 관계에 있는 모더니즘 또한 일정한 한계에 직면하는 문단적 공백을 뚫고 〈순수문학〉으로 통칭되는 새로운 인식 범주가 전면으로 나서고 있었던 것이다. 1930년대 후반기의 문단에 광범한 파급을 가져왔던 〈세대—순수 논쟁〉의 배경에는 이러한 문단 재편성의 움직임이 자리 잡고 있다.

〈세대—순수 논쟁〉에서 신세대의 창작정신을 대변했던 김동리는 순수문학의 입장에 서서 경향문학의 내적 한계와 쇠퇴의 필연성을 지적한다. 경향문학으로 대표되는 구세대의 문학은 외래관념의 수입으로 일관되었으며, 주체적 사유의 결여로 말미암아 본질적인 한계를 드러내게 되었다는 것이다. 김동리는 여기서 멈추지 않고 경향문학의 한계로 지적했던 주체성의 결여를 다시 유물론을 중심으로 한 근대적 사유체계 전체의 한계로 확대시키고 있다. 이처럼 그가 모더니즘과 경향문학을 포함한 근대주의적 문학관에 맞서 당당하게 〈주체적〉 입장을 견지할 수 있었던 배경에는, 재야 철학자이자 민족주의자로 알려져 있는 백형(伯兄) 김범부의 존재가 자리 잡고 있다. 김범부는 음양론의 원리에 입각하여 동서철학을 총정리할 수 있는 새로운 형이상학을 구상했다고 하는데, 이 같은 의도는 동양정신에 의거하여 서구적 근대의 모순을 해결하려고 했다는 점에서는 주체적 자기인식의 단초를 지닌 것이지만, 서양에 대한 이해가 유아론적 태도에 입각하고 있다는 점에서는 한계가 있다. 극복의 대안으로 제시된 주체 강조 또한 구조적으로는 서양 근대성, 곧 〈주체성의 원리〉와 동일한 차원의 것이었다.

　전향기의 위기적 상황을 극복하려는 김동리의 대안은 이처럼 자기분열을 내포한 주체성의 원리를 더욱 강화함으로써 분열을 극복한다는 역설적인 성격을 내포하고 있다. 그러므로 그의 논리는 근대적 사유의 자기반성에 해당하는 것이며, 서양의 사유구조를 뛰어넘어 근본적인 의미에서 새로운 원리의 제시에 이른 것으로 파악하기는 어렵다. 김동리 역시 근대적 주체성의 원리에 입각해 있으며, 이러한 원리가 발현되는 과정에서 파생되는 역설적 결과를 거부하고자 한 것이지 근대성과의 전면적인 단절을 꾀하고 있지는 않기 때문이다. 이 점은 그의 주체 강조가 미학적인 측면에 현저히 기울어져 있다는 점을 보아도 잘 알 수 있는 사실이다. 경향문학이 내포한 〈도구적 합리성〉에 대한 김동리의 비판은 자율적 예술에 대한 옹호로 발전되고 있는 것이다.

　김동리의 유미주의적인 문학관이 합리적 세계관에 기반한 전대의 모든 문학적 성과를 부정한 것이라면, 이러한 비합리적 유미주의의 정신적 근거는 낭만주의의 세계관과 상통하는 측면이 있다. 물론 낭만주의라는 용어는 그 개념의 외연이 매우 넓고 시기나 장소에 따라 서로 다른 양상으로 나타난다는 점으로 인해 일률적으로 규정할 수 없는 어려움이 있지만, 기본적으로는 계몽주의의 합리적 이성에 맞서는 태도를 그 기본항으로 삼고 있는 것이다. 낭만주의자들은 세계의 실체가 계몽주의적 이성을 넘어서는 불가사의함에 기초하고 있다는 인식 아래, 예술의 기능을 이성과 필적하거나 그것을 넘어설 수 있는 진리의 근원으로까지 격상시킨다. 이는 현실 자체보다 그 현실을 시화(詩化)하는 것이 오히려 진실에 가깝다는 문학주의적 세계관으로 연결된다. 김동리의 문학을 근본적으로 규정하는 반계몽 정신과 문학 절대주의는 이 같은 낭만적 세계 인식과 유미주의에 근거한 것이다.

2

낭만주의적 세계관에 기반한 일제 말기 김동리의 소설은 미적 가상의 영역 속에서 주체와 객체의 분열이 통합된 세계를 재구축하려는 시도에서 비롯된 것이라고 할 수 있다. 「무녀도」(1936)와 「황토기」(1939)의 세계가 바로 그것이다. 그러나 8·15 해방 이후, 현실에 대한 발언을 포기하도록 강요했던 일제의 압력이 사라짐으로써 김동리의 소설은 일제 말기의 그것과 일정한 차이를 나타낸다. 급속하게 정치화된 낭만주의는 자유주의 이데올로기와 통합되고, 현실의 역사가 수용된 소설적 공간은 더 이상 폐쇄적이고 완결된 성격을 유지할 수 없게 된다. 「역마」(1948)와 같이 〈무녀도〉적인 세계의 연장선에 서 있는 작품의 맞은편에는 해방 직후의 정치적 갈등에 대한 우익 측의 입장을 거칠게 드러낸 「윤회설」(1946)과 장편소설 『해방』(1949~1950)이 자리 잡고 있는 것이다. 시적 총체성의 세계에 산문적 현실이 개입됨으로써 야기된 결과라고 할 수 있을 터인데, 이러한 분열이 내포한 문제점은 1950년대 후반 이후 발표된 『자유의 역사』(1959~1960), 『해풍』(1963) 등의 통속적 장편소설에서 전형적으로 드러난다. 낭만적 태도로 엄정한 역사 현실을 다루었을 때 생기는 궁극적 결과는 멜로드라마였으며, 이념이 거세되고 형식만 남은 자유주의는 통속소설로 귀결되었던 것이다.

1960년대 중반 이후 김동리의 소설은 당대의 현실에서 한 걸음 물러나 시적 상징의 세계를 회복함으로써 동요하는 정체성을 다시 회복하려는 다양한 시도를 보여 준다. 1950년대 중반 이후 창작된 일군의 〈역사소설〉은 이러한 시도에 대한 예비적 모색의 의미를 갖는다고 할 수 있다. 김동리의 작품 활동에서 역사소설의 유형이 차지하는 비중은 결코 적지 않다. 「용」(1955), 「원왕생가(願往生歌)」(1955), 「목공 요셉」(1957) 등의 단편으로 출발한 이 경향은 장편소설 『사반의 십자가』(1955~1957)와 『춘추(春秋)』(1956~1957)를 거쳐 연작형 역사소설 『김동리 역사소설』(1977)로 집약된 바 있다. 역사소설에 대한 작가의 관심이 꾸준하고도 지속적으로 유지되어 왔음을 보여 주는 증거라고 할 수 있거니와, 김동리의 역사소설관은 일반적인 의미의 그것과 상당한 차이를 내포한 것이다.

일반적인 의미에서의 역사소설이란 역사적 사실을 소재로 하여 이를 소설화시킨 서사형식이라고 규정할 수 있다. 그러나 역사소설이 통속적 전기류(傳記類)나 중세의 로망스와 구분되는 근대적인 소설로써 성립하기 위해서는 진정한 역사의식의 형성이 전제되어야 한다. 이때 역사소설의 개념은 루카치의 지적대로 〈현재와 획기적으로 구분될 수 있는, 적어도 두 세대 이전의 과거사를 명백히 역사적 과거라는 의식 하에 형상화한 소설〉이라는 범주로 제한된다. 그런데 김동리의 역사소설은 과거의 역사를 소재로 취했다는 점을 제외하면 이러한 의미에서의 역사소설과 많은 차이점을 보인다. 그의 역사소설은 과거를 〈현재의 전사〉로서 그려 내는 〈투사〉하는 낭만주의적 세계관에 기반하고 있는 것이라고 할 수 있다.

낭만주의적 역사소설은 당대의 현실과는 동떨어진 과거의 역사를 신비롭게 재현하거나, 역사적 비유를 통해 현재의 당면문제에 대한 주관적 견해를 제시한다는 특징을 지닌다. 이러한 역사소설관을 고수할 경우 작가의 주된 관심은 과거의 역사에 대한 충실한 복원에 있지 않으며, 한 걸음 더 나아가 자신의 의도하는 교훈이나 이념을 도출하기에 용이하도록 사실(史實)을 왜곡할 수도 있다. 역사적 사실보다는 작가적 이념의 진실성이 우위에 서게 되는 상황이 발생하게 되는 것이다. 또한 작가가 이처럼 역사를 변형할 수 있는 문학적 자유를 누리기 위해서는 변형에 많은 제약이 따르는 근세사를 피하고 현재와 되도록 먼 거리에 있는 고대적 배경을 소재로 취하는 것이 좀 더 유리할 것이다. 김동리는 역사적 소재를 취한 소설들의 창작 의도를 〈동서 정신의 창조적 지양〉에서 새로운 〈정신적 원천〉을 찾기 위한 이른바 〈제3(기) 휴머니즘〉으로 표방하고, 그 무대를 고대적 배경으로 설정할 것임을 공언한 바 있다.

> 내가 나의 역사소설 가운데 특히 이 세 편을 여기 함께 넣은 데는 이유가 있다. 「여수」의 주인공 최치원과 「용」의 주인공 강태공과, 「목공 요셉」의 주인공 요셉은 내가 착수하여 있는 〈제삼인간주의(또는 신인간주의)〉의 제이, 제삼, 제사 무대인 고대 신라, 고대 중국, 고대 유대의 3개 동방 지구를 각각 배경으로 한 인물들이기 때문이다.
> ─창작집 『실존무』 후기, 인간사, 1955

물론 이와 같이 당대로부터 지나치게 거리를 둔 과거사를 소재로 한 작품은 여러 가지 창작 상의 난점을 지니게 된다. 우선 소재가 된 과거의 역사에 현재적인 의미를 부여하기가 쉽지 않으며, 더구나 과거를 역사적·사회적으로 조건 지워진 구체적인 모습으로 재현할 수 있을 만큼 풍부한 자료를 확보하기가 어려운 것이다. 그러나 과거의 역사를 충실하게 재현하기보다는 역사를 통해 자신이 의도하는 이념을 도출하려는 입장에 설 경우, 디테일 확보의 어려움은 오히려 작가에게 역사적 사실을 변형할 수 있는 문학적 자유를 부여하는 장점으로 전화된다. 따라서 김동리의 〈역사소설〉에 나타나는 고대적 배경은 단순한 복고 취향에서 나온 것이 아니라 자의대로 변형·해석할 수 있는 대상을 선택하려는 치밀한 작가적 의도의 소산이라고 할 수 있다. 독자적인 발전 논리를 가진 당대의 역사가 작가의 주관적 의도에 저항하고 작품의 단일성을 파괴하는 힘으로 작용하는 반면, 디테일의 복원이 불가능한 고대사는 작가에게 자유로운 변형과 해석의 여지를 부여해 준다. 김동리의 낭만주의적 〈역사소설〉은 이러한 문학적 〈자유〉 위에서 씌어진 것이다. 이렇게 보면 그가 〈역사소설〉의 창작 의도로 표방한 〈제3 휴머니즘〉은 작품의 참된 동기와는 별다른 관련이 없는 표층적 구호의 수준에 머물러 있다고도 볼 수 있다.

김동리가 다루는 〈역사〉는 시·공간적으로 현재와 멀리 떨어져 있는 고대적 배경을 취하고 있을 뿐만 아니라, 실재하는 역사가 아닌 이미 기술된 역사적 텍스트의 권위에 기대고 있다는 점에서 〈두 겹으로 간접화된 역사〉라고 할 수 있다. 『사반의 십자가』는 『신약성서』를, 소설 『춘추』는 유교 경전의 하나인 『춘추』를 원본으로 삼고 있으며, 『김동리 역사소설』에 집대성된 〈신라〉 연작 소설들은 『삼국사기』와 『삼국유사』에 기록된 역사적 사실에 근거한 것이다. 이와 같이 김동리의 〈역사소설〉은 실제 역사가 아닌 텍스트로써의 역사와 관계를 맺는 데서 출발한다.

> 이 책에 묶여진 열여섯 편의 단편소설은 모두가 신라에서 취재한 역사소설들이다. (……) 열여섯 편은 전체적으로 신라 사람들의 생활과 감정과 의지와 지혜와 이상과, 그리고 그 사랑 그 죽음의 현장을 찾아보려는 나의 종래의 계획에 (……) 투철한 기조의 작품들이다. (……) 작품은 막연히 신라 시대의 이야기를 쓴 것이 아니고 어느 거나 다 확실한 역사적 근거(『삼국사기』와 『삼국유사』의 기록을 지칭함―인용자)를 가졌다는 점 (……) 또한 이야기 내용은 전적으로 상상의 산물이라는 점이다.
> ―『김동리 역사소설』 서문, 지소림, 1977

소설의 근거인 텍스트의 권위는 작품의 진실성을 보증하며, 작가는 이것을 모방하고 변형함으로써 자신의 상상적 의도를 관철할 수 있게 된다. 〈풍속〉의 의미가 약화됨에 따라 작품은 주관과 객관의 분열이 없는 신화적 세계에 접근해 간다. 그러므로 김동리에게 있어서 〈역사소설〉이란 역사와 단절된 시적 상징의 세계를 회복하려는 역설적 시도를 지칭하는 개념이라고 할 수 있다. 물론 이러한 작가의 의도와 기획이 작품으로 실현되는 과정에는 다양한 굴절과 낙차가 개입할 것이다. 낙차의 정도는 근거가 되는 원본의 규정력에 따라 차이가 있고, 그에 따라 작가가 누리는 자유의 크기도 제약을 받게 된다.

3

　역사소설에 대한 김동리의 관심이 최초로 드러난 것은 「마리아의 회태」(1954), 『사반의 십자가』(1955~1957), 그리고 「목공 요셉」(1957) 계열의 작품들이다. 『신약성서』에 대한 대결 의식이 이러한 작품군의 창작 동기가 되고 있음을 알 수 있는데, 그렇다면 서양의 장대한 관념 체계를 비유적으로 집약했다고 할 수 있는 『신약성서』와의 소설적 대결은 어떠한 결과로 귀결되었을까? 이 계열의 작품을 대표한다고 할 수 있는 『사반의 십자가』를 통해 원래의 의도와 그 소설적 성과를 가늠해 볼 수 있다.

　『사반의 십자가』는 〈내세주의와 현세주의의 대립〉 혹은 〈외세와 식민지 민족의 대립〉을 그린 작품으로 알려져 있다. 그러나 이러한 표면적 주제는 작가가 이 작품을 통해 형상화하고자 한 주관적 의도일 뿐이며, 실제의 소설은 이러한 작가의 기획과 자꾸만 어긋나고 갈등하다가 결국에는 애초의 의도에서 멀어지게 된다. 김동리 특유의 낭만주의적인 역사소설관과 성경의 완고한 실재성 사이의 길항관계가 이러한 불투명함을 초래한 원인으로 작용하고 있다. 따라서 『사반의 십자가』는 유대 역사의 현실성, 다시 말해 성경의 실재성과 대립하고 성경의 여백을 극대화함으로써 허구적 상상력이 발휘되는 대립적 구성양식을 갖게 된다.

사반과 예수는 장편소설 『사반의 십자가』를 이끌어 가는 중심인물이다. 인간적인 고뇌와 한계를 지닌 사반과 신의 아들인 예수의 대립은 인본주의 대 신본주의, 현세주의 대 내세주의, 육체성 대 영혼의 대립을 그 내용으로 하고 있다. 그러나 사반과 예수로 대변되는 두 세계관은 서로 상이한 층위에 자리 잡고 있기 때문에 어느 쪽이 옳다는 일방적인 평가가 불가능한 성질의 것이다. 물론 작가의 진정한 관심도 여기에 있지 않다. 사반과 예수는 도합 세 번의 만남을 갖는데, 그들의 첫 대면 이후에 이미 〈내세주의와 현세주의의 대립〉은 작품을 추동해 나갈 힘을 상실하게 된다. 매개가 부재한 관계 사이에는 진정한 대립도 가능하지 않기 때문이다.

"우리는 땅 위에 있나이다. 땅 위에 맺은 것을 땅 위에서 이루게 하여 주소서."

(……)

"사람이여 들으라. 사람이 땅 위에 있음은 오직 하늘에 맺기 위함이니라. 사람과 사람이 더불어 맺으면 사람과 함께 멸망할 것이요, 사람과 땅이 더불어 맺으면 땅과 함께 또한 허망할 것이니라. 진실로 내 그대에게 이르노니 사람의 귀중한 생명이 오직 하늘에 맺음으로써 하느님 아버지의 끝없음을 누릴지니라."

(……)

"이스라엘은 하늘에 맺은 땅이요, 백성이외다. 이스라엘을 땅 위에 서게 하소서."

(……)

"사람이여 들으라. 이스라엘이 하늘에 맺었기에 하늘에서 이루어 질 것이니라."
　　　　　—『김동리 전집 5 사반의 십자가』, 민음사, 1995, 105쪽

그러나 사반과 예수의 대립은 두 사람이 십자가에 매달리는 최후의 순간까지 그 해결이 유보되어야 한다. 잠정적인 유보를 위해 작품의 중반부는 성경이라는 텍스트와는 전적으로 무관한 엽기적인 내용으로 채워진다. 납치된 실바아를 구출하기 위한 사반의 지략과 혈맹단 원들의 용맹은, 작품의 또 다른 주제인 〈외세와 식민지의 대립〉과도 별다른 관계가 없는, 사반 자신의 개인적인 욕망을 실현하기 위한 것이다. 권모술수와 미인의 납치, 게릴라식 전투와 극적인 구출 등이 복잡하게 얽힌 중반부의 통속적 면모는 이 소설이 성경이라는 텍스트의 실재성을 감당하지 못하고 대결을 회피한 데서 초래된 현상이다.

그러나 『사반의 십자가』가 성경이라는 텍스트를 근거로 삼고 있는 이상 이러한 잠정적인 유보가 언제까지 지속될 수 없다. 예수의 행적이나 일화 등 성경의 기록이 다량으로 제시되는 후반부로 갈수록 성경의 규정력은 더욱 강화되며, 이에 대한 가공과 변형도 후반부에서 좀 더 본격화된다. 변형과 가공의 기본적인 입장은 성경에 대한 샤머니즘적 해석이라고 할 수 있다. 김동리는 기독교의 원죄 개념이나 예수의 불임 수태에 대해서는 침묵을 지키는 반면, 예수가 행한 수많은 이적(異蹟)에 상당한 관심을 기울이고 있다. 그리고 이는 성경을 샤머니즘의 세계로 윤색하려는 태도와 무관하지 않다. 성경에 대한 샤머니즘적 해석은 예수의 부활에 대한 작가의 설명에서 정점에 이른다.

(……)아무리 찾아도 그의 시체는 간곳이 없었다. 그러고 보면 그 것은 그가 평소에 예언한 바와 같이 부활을 했기 때문인지도 몰랐다.

(……) 그러나 아무리 그의 부활을 믿는 사람일지라도 그 무덤에서 돌을 밀치고 나간 예수의 육신이 그대로 하늘나라로 올라간 것이라고 생각한다면 그것은 너무나 완고한 시(詩)다.
—『김동리 대표작 선집 2』, 삼성출판사, 1967, 283쪽

    작가는 직접 작품의 표면에 나서는 무리를 감수하면서까지 예수의 부활에 관한 의문을 피력하고 있다. 이러한 의문에 대한 일차적인 해답은 연재가 끝난 5년 뒤에 발표된 단편소설 「부활」(1962)에서 제시된다. 예수는 특이체질이었고 십자가형을 받을 당시 숨이 완전히 끊어지지 않은 가사상태에 빠졌다가 다시 살아났다는 것이다. 개정판 『사반의 십자가』(1982)에서는 점성술을 연구하던 요셉의 삼촌이 죽은 지 이틀 만에 재생했으며, 그 후 3년을 더 살다가 죽었다는 기록을 삽입함으로써 이러한 해석을 보충하기에 이른다. 기독교적 원죄 개념은 아예 무시되고 예수의 부활은 심령과학에 비추어 해롭게 해석된다. 원죄와 부활에 기반한 성경의 권위가 부인됨에 따라 예수의 이적은 점성술사의 주술과 동일한 차원으로 떨어지고 만다.
    그렇다면 『사반의 십자가』에서 진정으로 대립하는 인물은 사반과 예수가 아니라 예수와 점성술사 하닷이라고 할 수 있다. 그러나 예수와 하닷의 관계는 기독교와 점성술 사이의 논리적·체계적 대립이 아니라, 동일한 원리에 기초한 두 개의 주술 사이의 명목적 대립에 불과하다. 사반과 예수 사이의 대립이 매개가 부재한 평행적 관계였다면 예수와 하닷 사이의 대립은 애초에 대립이 성립될 수 없는 쌍생아적 관계이다. 소설의 서사구조를 지탱할 구조적 대립과 갈등이 부재할 때 작품 속에 남는 것은 독자의 흥미를 유발하는 통속적 사건과 사반과 마리아 등 주요인물의 운명적 비극성뿐이다. 이처럼 『사반의 십자가』는 성경이라는 원 텍스트를 주관적으로 변형함으로써 〈운명적

비극의 모티프〉를 형상화한 작품이라고 할 수 있다.

4

　텍스트의 규정력과 작가적 자유의 길항 관계는 김동리의 다른 역사소설에서도 쉽게 발견할 수 있다. 그러나 그 양상은 텍스트의 실재성과 저항의 강도에 따라 조금씩 다른 양상을 보인다. 완고한 실재성을 갖춘 성경을 원 텍스트로 삼은 『사반의 십자가』의 경우 주관적 변형과 가공에 따른 무리가 불가피했음에 반해, 근거가 되는 텍스트의 규정력이 미약한 『춘추』나 〈신라〉 연작소설에서는 작가의 상상력이 좀 더 자유롭게 발휘되는 것이다.
　『김동리 역사소설』로 집대성된 〈신라〉 연작소설은 두 가지 점에서 김동리 문학의 한 결절점이라고 할 만하다. 첫째, 경주 또는 신라라는 시공간을 통해 김동리의 자기 정체성 추구가 구체적인 실감을 얻을 수 있게 되었다는 사실이다. 애초에 김동리 문학의 출발은 서구적 근대의 보편성에 대한 회의에서 비롯되었다 해도 과언이 아니다. 합리적인 사고의 영역으로는 한 치도 들어갈 수 없는 「무녀도」와 「황토기」의 세계가 이를 잘 말해 준다. 『사반의 십자가』의 단계에 이르면 사정이 조금 달라진다. 『사반의 십자가』가 소설적 대결의 대상으로 삼은 『신약성서』는 서양의 장대한 관념 체계 그 자체와도 같은 것이어서, 주변부 지식인의 샤머니즘적인 해석으로는 완전히 장악할 수 없는 벅찬 소재였다고 할 수 있다. 그러나 신라의 경우는 사정이 다르다. 자신이 태어나고 자란 실제의 고향일 뿐만 아니라, 서정주의 경우에서 보듯 청년기의 혼돈과 방황이 자연스럽게 귀착될 수 있는 이념적 고향이기도 했던 것이다. 『삼국유사』뿐만 아니라 『삼국사기』 역시 신라를 중심으로 한 역사관에 기울어져 있음은 잘 알려진 사실이거니와, 〈신라〉 연작소설의 담담한 문체와 고전적인 분위기는 기본적으로 이러한 소재의 전환에서 주어진 변화라고 할 수 있을 것이다.

둘째, 소설적 형상화의 대상인 역사의 실재성이 약화됨으로써 작가의 상상력이 한껏 발휘될 수 있었다는 점이다. 〈신라〉 연작소설의 내용은 모두 『삼국사기』와 『삼국유사』의 기록에 근거하고 있다. 『삼국사기』는 기본적으로 중국 정사(正史)를 모방한 기전체(紀傳體)의 서술방식을 취하고 있지만, 〈신라〉 연작소설에서 주로 인용되는 열전(列傳) 항목에는 역사의 실재성이 많이 약화되어 나타난다. 이 연작의 또 다른 원전인 『삼국유사』는 기본적으로 설화적인 역사 기술의 태도에 입각한 것이다. 『삼국유사』의 저자인 일연은 현실의 세계와 불교적 신앙의 세계를 융합시키고 있으며, 천지자연의 혼연일체적인 조화 속에서 역사가 전개되어 왔다는 점을 역설한다. 이에 따라 『삼국유사』는 역사의 사실적 기록이라기보다는 다분히 신비주의적이고 정신사적인 취향을 띤 허구적 서사물로서의 의미가 좀 더 강하게 나타날 수밖에 없다.

허구적 성격이 가미된 『삼국사기』와 『삼국유사』의 세계는 현실 논리의 압력에서 벗어나 설화의 차원으로 변모해 간다. 김동리는 설화의 이러한 비현실적이고 초논리적인 세계를 매개로 하여 인간과 삶의 원형적인 모습을 재구성해 낸다. 〈신라〉 연작소설을 대표하는 「여수(旅愁)」(1957, 「최치원」으로 개제)의 경우 『삼국사기』 열전과 『수이전』의 「최치원 설화」를 모티프로 삼고 있지만, 그 내용은 많은 변화를 겪고 있다. 작가는 액자 형태의 서두에서 최치원 자신이 지었다는 설화집 「쌍녀분후지(雙女墳後志)」를 가공의 원전으로 제시한다. 「쌍녀분후지」는 「최치원 설화」에 비해 좀 더 소설적으로 구성되어 있을 뿐만 아니라, 그 내용 자체에 있어서도 사뭇 윤색과 변개가 심하다. 윤색은 최치원이 만난 두 여인의 내력에 집중되어 있다. 언니인 수랑이 동생 시랑의 미모를 시기하여 장님으로 만들었지만 동생은 이를 이해하고 용서했으며, 이후 운명을 같이하기로 맹세한 두 자매는 최치원에 대한 사모의 정을 못 이겨 함께 자결해 버렸다는 것이다. 도달할 수 없는 아름다움과 예술의 향기, 그리고 운명적 사랑이 내포한 비극적 모티프는 불교적 상상력과 함께 이 연작의 다른 인물들, 예컨대 「회소곡」의 나미와 회소, 「악성」(「우륵」으로 개제)의 우륵, 「호원사기」의 현, 그리고 「원왕생가」의 엄장 등에게도 동일하게 관철된다.

역사소설은 아니지만 「저승새」(1977)에서도 설화적인 모티프가 불교적인 상상력과 연결되고, 이루어질 수 없는 비극적 사랑이라는 주제로 형상화된 또 다른 사례를 확인할 수 있다. 35년을 한결같이 진달래 철만 되면 저승새가 나타나 울었고, 35년이 되던 해 마침내 한 노승이 새를 따라 어디론가 사라져 버렸다는 「저승새」의 줄거리는 〈사랑하던 여인이 죽어서 새로 환생한다〉는 전래의 설화적 모티프를 차용한 것이다. 현존하지 않는 가공의 〈저승새〉는 만허 스님의 첫사랑인 남이의 화신으로 파악될 수 있기 때문이다. 수십 년 동안 불도에 정진하여 온 노승의 마음속에도 이루어지지 않은 사랑에 대한 지순한 감정이 남아 있었다는 설정을 보면 불교를 배경으로 한 이 작품에서도 작가의 관심은 불교적인 것보다 인간의 보편적인 운명에 기울어져 있음을 알 수 있다.

김동리에게 있어 〈신라〉라는 고대 세계는 역사적 실체로서 존재하는 것이 아니라 시간을 초월한 이상적인 세계 상태를 의미한다. 〈신라〉 연작소설은 이처럼 사실의 압력이 사라진 설화적 배경 위에서 씌어진 것이다. 현실 논리가 틈입할 여지가 없도록 시적으로 응축된 세계 속에서, 작가는 인간의 비극적인 사랑과 보편적인 운명을 제시할 수 있었던 것이다.

5

　김동리는 1970년대에 접어들면서 아동문학에도 꾸준한 관심을 보인다. 월간 《아동문학》지의 편집위원을 역임하기도 했으며, 1979년에는 『꿈같은 여름』이라는 표제로 18편의 아동소설을 모아 출간한 것이다. 물론 이 소설집에 묶인 18편의 소설이 모두 아동문학에 포함될 수 있는가 하는 점에는 의문의 여지가 있을 수 있다. 등장인물이 아동이거나 작품의 소재가 아동의 생활을 중심으로 한 것이라는 완화된 기준을 적용하더라도, 「저승새」나 「늪」과 같은 작품은 아동문학의 범주에 포함시키기 어려운 것이 사실이다. 그러나 이 점을 반대로 해석한다면, 김동리는 아동문학을 단순한 동화의 수준에서 파악한 것이 아니라, 자신의 인생관을 적극적으로 표출할 수 있는 유력한 장르 가운데 하나로 생각했다고 볼 수도 있다.

> 나는 처음부터 나의 인생을 처리하는 길로서 문학을 택했다. 문학의 어느 부문이라든가 어느 장르에 매인, 장인적인 기술자로서의 시인이나 소설가나 또는 극작가가 되기보다 자기가 표현코자 하는 그때 그때의 자기 인생의 내용과 성질에 따라 시건 소설이건 또는 희곡이건 양식과 형식의 적합한 것을 자유롭게 택할 수 있는 문학인이 되고자 했다. 그래서 나는 처음 아동문학에 손을 댈 때부터 내가 시나 소설이나 평론이나 수필 따위를 쓰는 것처럼 당연히 해야 할 일을 하는 거라고 생각했다.
> ―『꿈같은 여름』 후기, 자유문화사, 1979

　김동리는 아동문학의 요건을 규정한 한 평론에서 아동문학의 정신적 기조를 이상주의에 둘 것과 현실적인 가치 의식보다 시적인 정서와 분위기를 중시할 것을 강조한 적이 있다. 이상주의와 시적 정서라는 요소가 유독 아동문학에만 국한될 수 없는 김동리 문학의 본질적인 문제의식임은 두말할 필요가 없을 것이다. 오히려 〈우물 속의 얼굴〉에서 보듯 세계의 불가해성에 점차 눈떠 가는 어린아이의 순진한 시선이야말로 다른 어떤 것보다 인간의 원형적인 본질을 더 잘 드러내 주는 매개가 된다. 단짝 동무 선이의 죽음이 어린 창수에게 가져다 준 충격만큼 강렬한 체험은 그의 다른 작품에서도 쉽게 찾아볼 수 없는 것이다. 김동리의 소설 가운데 유독 소년의 시각을 취한 작품이 자주 보이는 것은 이러한 이유에서일 것이다. 그러므로 동심의 세계를 우화적으로 그린 김동리의 동화 역시 본격문학으로써 감상과 분석의 대상이 되어야 할 것이다.

1950년대 중반 이후 김동리의 소설에 드러나는 두드러진 특징은 역사소설에 대한 집중적인 관심이다. 김동리의 역사소설은 역사적 사실의 충실한 재현을 목표로 하는 역사소설의 고전적인 문법에서 다소 벗어나 있다. 그는 역사를 주관적으로 변형하고 그 공백을 극대화함으로써 작가적 자유를 확보하려는 의도로 역사소설 장르를 시험한 것으로 보이는데, 이러한 태도는 역사적 사실보다 작가의 이념을 우위에 두는 낭만주의적 역사소설관을 연상시킨다. 디테일의 복원이 불가능한 고대사를 배경으로 설정한다든지, 실재의 역사가 아닌 역사적 텍스트를 근거로 삼는 독특한 구성방식은 궁극적으로 그의 낭만주의적 소설관에서 비롯된 것이다. 김동리는 이러한 작업을 통해 주관과 객관의 분열이 없는 조화로운 시적 세계를 지향한다. 그러나 아무리 간접화된 역사라 하더라도, 거기에는 역사적 사실이 갖는 엄정한 객관적 규정력이 존재하게 마련이다. 따라서 김동리의 역사소설은 대상을 주관적으로 변형하려는 작가의 의도와 대상이 되는 역사적 텍스트가 서로 의존하고 대립하면서 영향을 주고받는 긴장된 장면을 보여 준다. 이 과정은 김동리의 작품이 변모해 가는 과도기적

특징을 보여 주는 사례임과 동시에, 소설 창작에 있어 작가의 의도와 실제 작품 사이의 괴리라는 문학 원론적인 문제와도 관련되는 중요한 대목이라고 할 수 있을 것이다.

김동리 연보

1913년 음력 11월 24일, 경상북도 경주시 성건동 186번지에서 아버지 김임수(金壬守)와 어머니 허임순(許任順)의 5남매 중 막내로 태어나다. 아명(兒名) 창봉(昌鳳), 호적명 창귀(昌貴), 자(字) 시종(始鍾). 장형(長兄)은 한학자 김기봉(金基鳳·凡夫先生).
1920년 경주제일교회 소속의 계남소학교 입학.
1926년 대구 계성중학교 입학. 아버지 별세.
1928년 서울 경신중학교 3학년에 편입학.
1929년 경신중학교 중퇴. 《매일신보》와 《중외일보》에 시「고독」「방랑의 우수」 등 발표.
1933년 전 5막 극시(劇詩)「연당(連塘)」을 탈고했으나 발표하지 못하고 원고도 분실되다.
1934년 《조선일보》 신춘문예에 시「백로」 입선.
《가톨릭 청년》에 시「망월(望月)」 등을 발표.
1935년 《조선중앙일보》 신춘문예에 소설「화랑의 후예」 당선.
시「폐도시인(廢都詩人)」「생식(生食)」 발표. 사천으로 이사하다.
1936년 《동아일보》 신춘문예에「산화(山火)」 당선.
단편소설「바위」「무녀도」「산제」「허덜풀네」 등 발표.
1937년 〈시인부락-서정주, 김달진 등〉 동인으로 활동.
시「행로」「내 홀로 무어라 중얼거리며 가느뇨」 등과
단편소설「어머니」「솔거」 발표.
해인사의 말사(末寺)였던 다솔사 부설 광명학원에서 교편을 잡음.
1938년 단편소설「생일」「잉여설」 발표.

1939년 단편소설「황토기(黃土記)」「찔레꽃」「두꺼비」, 평론「순수이의(純粹異議)」발표.
1940년 단편소설「동구 앞길」「혼구(昏衢)」「다음 항구」등 발표.
〈문인보국회〉등 일제 어용 문학단체에의 가입을 거부하다.
단편소설「소녀」가 총독부에 의해 전문 삭제당하다.
1941년 단편소설「소년」발표.
1942년 광명학원이 폐쇄되고, 맏형 범부 선생이 구속되다.
이후 8·15까지 절필.
1943년 징용을 피해 사천의 한 양곡배급소 서기로 취직.
1945년 사천 청년회장으로 피선되다.
1946년 〈청년 문학가협회〉결성, 초대 회장에 피선.
단편소설「윤회설」「지연기(紙鳶記)」「미수(未遂)」, 평론「조선문학의 지표」「순수문학의 진의(眞意)」발표.
1947년 공산 계급주의 민족문학론에 대항하여 인간주의 민족문학론을 제창.
〈본격문학〉이란 용어를 최초로 사용, 《경향신문》 문화부장에 취임.
단편소설「혈거부족」「달」, 평론「순수문학과 제 3세계관」「민족문학과 경향문학」등 발표.
제1창작집 『무녀도』 발간.
1948년 《민국일보》 편집국장에 취임.
단편소설「역마」「어머니와 그 아들들」, 평론「문학하는 것에 대한 사고(私考)」「문학적 사상의 주체와 그 환경」「민족문학론」등 발표.
첫 평론집 『문학과 인간』 발간.
1949년 〈한국문학가협회〉결성, 소설분과회장에 피선되다.
순수문학지 《문예》 주간에 취임.
서울대학교와 고려대학교 국문과 강사로 출강.

　　　　　단편소설「형제」「심정」 등 발표.
　　　　　《동아일보》에 장편소설 『해방』을 연재.
　　　　　제2창작집 『황토기』 발간.
1950년　문교부 예술위원과 서울시 문화위원에 피촉.
　　　　　단편소설「인간동의」「하내 마을의 전설」 등 발표.
　　　　　6·25가 발발하자 미처 피난을 떠나지 못하고 서울에 남게 되어 숨어 지내다.
1951년　한국 문총 사무국장에 피선, 문총 구구대 부대장 역임.
　　　　　단편소설「상면」「귀환 장정」 등과 평론「우연성의 연구」 발표.
　　　　　피난지 부산에서 제 3창작집 『귀환 장정』 출판.
1952년　한국문학가협회 부위원장에 피선.
　　　　　평론「전쟁적 사실과 문학적 비판」 발표.
　　　　　『문학개론』 출간.
1953년　환도 후 서라벌예술대학 문예창작과에 출강.
　　　　　중편소설「풍우기」 연재.
1954년　예술원 회원 피선, 한국유네스코 위원 피촉.
　　　　　시「해바라기」「젊은 미국의 깃발」, 단편소설「살벌한 황혼」「마리아의 회태」 발표.
1955년　단편소설「흥남 철수」「밀다원 시대」「실존무(實存舞)」 발표
　　　　　장편소설『사반의 십자가』《현대문학》에 연재.
　　　　　자유문학상 수상.
　　　　　제 4창작집 『실존무(實存舞)』 출간.
1956년　제3회 아시아 자유문학상 수상.
　　　　　단편소설「악성」「원왕생가(願往生家)」 발표.
　　　　　《평화신문》에 장편소설 『춘추』 연재.
1957년　「꽃」 등 시와 단편소설「아가(雅歌)」「목공 요셉」「여수」「남포의 계

	절」 발표.
	장편소설 『사반의 십자가』 완결, 단행본으로 출간.
1958년	『사반의 십자가』로 예술원 문학부문 작품상 수상.
	장편소설 『춘추』 단행본으로 출간.
	단편소설 「강유기」 「고우(故友)」 「자매」 발표.
1959년	장편소설 『자유의 기수』 《자유신문》에 연재.
	단편소설 「달」을 영화 시나리오용으로 개작하여 제목도 「달이와 낭이」로 바뀌다.
	중편소설 「애정의 윤리」 발표.
1960년	장편소설 『이곳에 던져지다』 《한국일보》에 연재.
	단편소설 「어떤 고백」 발표.
1961년	한국문인협회가 전체 문단의 통합단체로 발족, 한국문협 부이사장에 피선.
	중편소설 「비오는 동산」 완결.
	단편소설 「등신불」 「어떤 남」 발표.
1962년	단편 「부활」 발표.
1963년	장편소설 『해풍』 《국제신문》에 연재.
	시조 「분국(盆菊)」 발표.
	제 5창작집 『등신불』 출간.
1964년	단편소설 「천사」 「늪」 「심장에 비 맞다」 「유혼설(遊魂說)」 발표.
1965년	민족문화중앙협의회 부이사장, 민족문화추진위원회 이사 피선.
	시 「연(蓮)」, 단편소설 「꽃」 「허덜풀네」를 개작한 「성문거리」 발표.
1966년	한국예술문화윤리위원회 상임위원에 임명되다.
	단편소설 「송추에서」 「윤사월」 「백설가」 「까치소리」 발표.
	수필집 『자연과 인생』 출간.
1967년	「까치소리」로 3·1문화상 예술부문 본상 수상.

	단편소설 「석노인」 「감람수풀」 발표.
	『김동리 문학전집』 전 5권 출간.
1968년	국민훈장 동백장 수여.
	문예지 《월간문학》 창간.
	단편소설 「꽃피는 아침」 발표.
	중편소설 「극락조」 《중앙일보》에 연재.
1969년	단편소설 「눈 내리는 저녁 때」 발표.
1970년	한국문인협회 이사장에 피선.
	서울시 문화상 문학부문 본상 수상, 국민훈장 모란장 수상.
1971년	장편소설 『아도』 《지성》에 연재.
1972년	서라벌 예술대학장 취임, 한일 문화교류협회장 피선.
	《서울신문》에 장편소설 『삼국기』 연재.
1973년	중앙대학교 예술대학장 취임, 명예문학박사학위 수여.
	문예지 《한국문학》 창간.
	제 6창작집 『까치소리』, 수필집 『사색과 인생』, 시집 『바위』 동시에 출간.
1974년	『삼국기』 후편 『대왕암』 연재 시작.
	장편소설 『이곳에 던져지다』 출간.
1975년	장편소설 『대왕암』 연재 완료.
1976년	단편소설 「선도산」 「꽃이 지는 이야기」 발표.
1977년	단편소설 「이별이 있는 풍경」 「저승새」 발표.
	소설집 『김동리 역사소설』, 수필집 『고독과 인생』 출간.
1978년	장편소설 『을화』를 《문학사상》에 전재 후, 단행본으로 출간.
	단편소설 「참외」 발표.
	작품집 『꽃이 지는 이야기』, 수필집 『취미와 인생』 출간.
1979년	한국소설가협회장 피선.

소년소녀 소설집 『꿈같은 여름』 출간.

중앙대학교 정년 퇴임.

장편소설 『을화』 영역판 출간.

단편소설 「우물 속의 얼굴」 「만자동경(卍字銅鏡)」 발표.

1980년 대한민국 예술원 부회장 피선.

1981년 대한민국 예술원 회장 피선.

1982년 장편소설 『을화』 일어 번역본 출간.

1983년 5·16민족문학상 수상.

한국문인협회 이사장 피선, 대한민국 예술원 원로회원 추대.

시집 『패랭이꽃』 및 장편소설 『사반의 십자가』 불어 번역본 출간.

1985년 수필집 『생각이 흐르는 강물』 출간.

1987년 장편소설 『자유의 기수』를 『자유의 역사』로 제목을 바꿔 출간.

1988년 수필집 『사랑의 샘은 곳마다 솟고』 출간.

1989년 한국문인협회 명예회장 추대.

1990년 7월 30일 뇌졸중으로 쓰러진 이래 투병 시작.

1995년 6월 17일 23시 23분 영면(永眠)

탄생 100주년 기념 김동리 문학전집⑮
검군(劍君)

초판인쇄 2013년 7월 8일
초판발행 2013년 7월 10일

저　　자　김동리
발 행 인　서정환
편 집 인　백시종
주　　간　채문수
편 집 장　김정례
편집차장　박명숙
편　　집　권은경 · 김미림
펴 낸 곳　김동리기념사업회 · 도서출판 계간문예

출판등록　2005년 3월 9일 제300-2005-34호
주　　소　서울시 종로구 익선동 30-6
　　　　　운현신화타워 305호
E-mail　qmyes@naver.com
전　　화 ☎ 02) 3675-5633

국립중앙도서관 출판시도서목록(CIP)

검군 / 저자: 김동리. -- 서울 : 계간문예, 2013
　p. ；　cm. -- (탄생 100주년 기념 김동리 문학전집
；15)

한자표제 : 劍君
"김동리 소설 연보" 수록
ISBN 978-89-6554-085-4 04810 : ₩12000
ISBN 978-89-6554-063-2(세트) 04810

한국 현대 소설[韓國現代小說]

813.61-KDC5
895.733-DDC21　　　　　　　　　　CIP2013011812

ⓒ 김동리 2013. Printed in Korea

파본은 본사나 구입한 서점에서 바꾸어 드립니다.
내용의 재사용은 저작권자의 동의를 받아야 합니다.